지리의 힘 3

The Future of Geography
Copyright © 2024 by Tim Marshall
All rights reserved.

Korean Translation Copyright © 2025 by Sa-I Publishing
Korean edition is published by arrangement with Louisa Pritchard through
Duran Kim Agency, Seoul.

이 책의 한국어판 저작권은 듀란킴 에이전시를 통한 Louisa Pritchard와의 독점계약으로 사이 에 있습니다. 저작권법에 의하여 한국 내에서 보호를 받는 저작물이므로 무단전재와 무단복제를 금합니다.

The Future of Geography

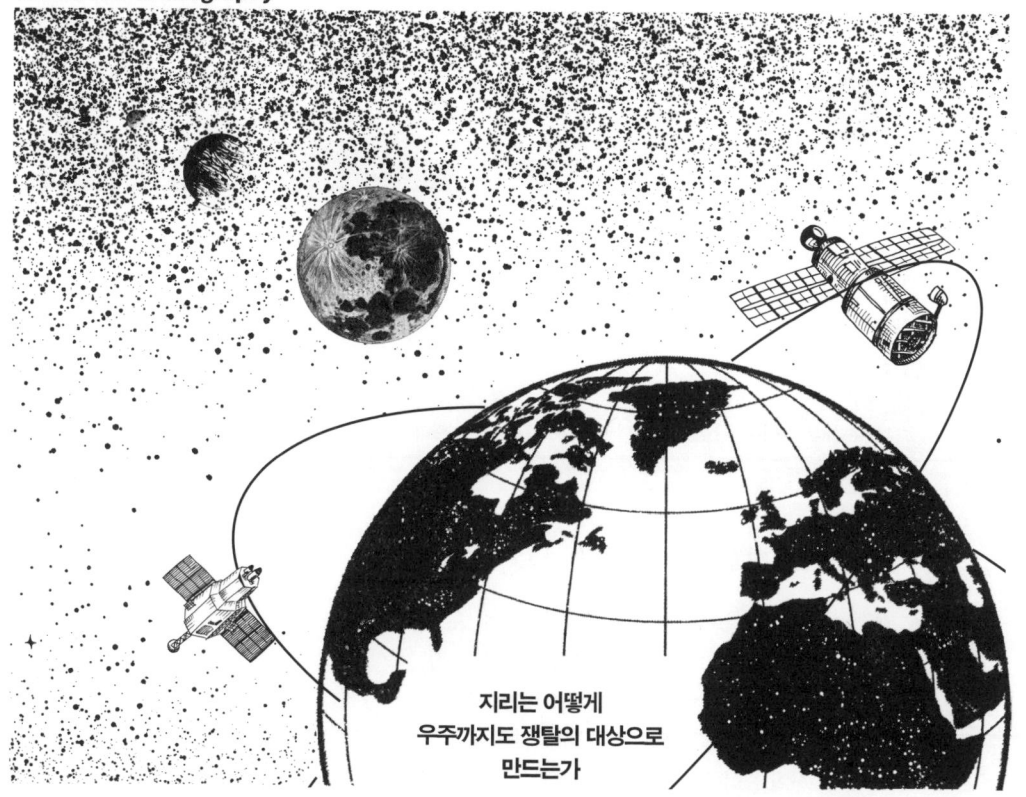

지리는 어떻게
우주까지도 쟁탈의 대상으로
만드는가

지리의 힘 3

팀 마샬 | 윤영호 옮김

사이

목차

서문 | 우주라는 새로운 지정학적 격전장이 등장했다 ⋯ 8

1 인간, 하늘을 올려다보다 ⋯ 15

- 신이 저 위에서 별들을 관장하시리니
- 고대 그리스인들, 신탁이 아닌 수학으로 접근하다
- 이슬람 황금기에서 르네상스 시대까지
- 지구는 돌면 안 된다, 왜냐하면 교황이 금지하니까!
- 신이 물러나고 과학이 지배하다
- 20세기에도 물방울만 알고 바다는 모른다

2 냉전이 우리를 우주로 끌어올렸다 ⋯ 41

- 우주로 가기 위해 첫 번째로 필요한 것, 로켓
- 미소 양국의 로켓 경쟁, 냉전은 그렇게 시작되었다
- 스푸트니크 1호, 미국보다 먼저 그곳에 가다
- 〈최초〉라는 타이틀을 계속해서 빼앗기는 미국
- 이제 남은 건 하나, 누가 먼저 달에 도착하느냐다
- 결국 인류의 거대한 발자국은 미국이 남겼다
- "우리가 추월당했다는 것을 아무도 알지 못하게 해야 한다."
- 달을 두고 벌인 체제 경쟁

3   우주는 21세기의 새로운 부동산이다 ⋯ 77

- 우주의 지리는 지상에서 시작
- 저궤도, 우주에서 가장 매력적인 부동산
- 길 안내를 해주는 중궤도, 나름 분주한 고궤도
- 우주의 주차장
- 달, 아프리카 대륙보다 조금 더 큰
- 먼저 오는 사람이 차지하는 선착순?
- 우주를 장악하는 자가 지구를 지배한다

4   지금 우주는 (사실상) 무법지대다 ⋯ 105

- 아르테미스 협정, 달 표면보다 더 많은 구멍이 있다
- 우주변호사들만 좋아할 구시대적 협정
- 민간기업의 인공위성을 공격해도 될까
- 우주에서 살인사건이 일어난다면
- 케슬러 증후군
- 인공위성을 공격하는 인공위성
- 지구로 추락하지 않는 것이 더 위험
- 저 머나먼 우주에서 다가오는 재난

5   중국, 승자보단 리더가 되고자 한다 ⋯ 143

- 승자로 우쭐대기보다 기술적 진보에 더 관심을 갖다
- "우리를 배제한다고? 음, 그렇다면⋯⋯."
- 우주탐사에 민족주의를 결부시키다
- 중국의 우주 역량이 뛰어난 것은 기정사실
- 미국보다 먼저 달을 점령한다?
- 전 세계에서 유일하게 자국 우주정거장을 보유한 나라

6 미국, 우리가 소유하지 못하면 다른 쪽에게 기회가 간다 … 173

- 예전만큼의 절박함은 없지만
- 우주군 창설
- 우주경찰이 되고픈 나라
- 달로의 복귀, 이번엔 머물려고 간다
- 일론 머스크, 제프 베조스 그리고 우주 상업화 시대

7 러시아, 땅에서도 우주에서도 전성기는 지났다 … 205

- 점점 힘을 잃어가는 붉은 별
- 러시아가 우주에서 일으킨 사건들
- 푸틴, 우주 군사력만큼은 밀릴 수 없다
- 더 절실한 쪽은 중국이 아닌 러시아다
- 야망은 있지만 자금, 장비, 전문성이 없다
- 〈Made in Russia〉의 추락

8 유럽, 중동, 아시아, 아프리카 국가들의 우주 진출 … 235

- 유럽, 따로 또 같이
- 미국에 의존하지 않으려는 프랑스, 우주산업에서는 별로 눈에 띄지 않는 독일
- 지상에서는 강국일지 몰라도 우주에서는 한참 뒤처져 있는 영국
- 미국 GPS를 추월하려는 중국
- 군사적인 측면보다 비군사적 참여가 활발한 일본
- 우주국가 대열에 합류한 대한민국, 고체연료 ICBM 시험비행에 성공한 북한
- 이류 우주강국으로 부상한 인도
- 기상예보도 다른 나라 위성에 의존하는 오스트레일리아
- 대다수 국가와 반대 방향으로 위성을 발사하는 이스라엘

- 자국 우주산업에 중국 기업의 진출을 허용한 아랍에미리트
- 군사적 용도를 위장하는 이란
- 우주기술의 수입국으로 남아 있을 수만은 없는 아프리카

9 2038년, 결국 우주전쟁이 일어나다 … 281

- 2030년, 중국과 미국의 일촉즉발 상황
- 인공위성, 매력적인 공격 대상
- 2038년, 전쟁터가 되어버린 달
- 우주전쟁을 막기 위한 전략들

10 달, 화성, 그리고 인간의 마음 … 307

- 고향에서 38만 5,000킬로미터 떨어진 곳, 우리는 이제 그곳에 살려고 간다
- 2050년 화성, 일론 머스크의 79세 생일파티는 그곳에서!
- 회전하는 우주 도시, 로켓에 달린 돛, 그리고 인간의 마음
- 먼 미래에 우리는
- 그럼, 즐거운 여행 되세요!

맺음말 | 우주가 우리 호모 사피엔스를 기다리고 있다 … 335
감사의 말 … 338
참고문헌 … 339

서문

우주라는
새로운 지정학적 격전장이 등장했다

"나는 모든 곳을 가보지는 못했지만 모든 곳이 내 리스트에 올라 있다."
- 수전 손택

우리는 이 세계를 탐험했고 이곳이 유한하다는 것을 깨달았다. 이제 영토와 자원이 고갈되기 시작하면서 하늘에 떠 있는 커다랗고 아름다운 공 모양의 달이 우리가 필요로 하는 광물과 원소로 가득하다는 것도 알게 되었다. 초기에 인류가 섬과 섬 사이를 이동하며 대양을 횡단했던 것처럼, 달은 우리가 태양계는 물론 그 너머까지도 도달할 수 있게 해주는 일종의 발판과도 같다.

그렇다면 우리가 지금 새로운 〈우주경쟁 Space Race〉을 벌이고 있는 것이 놀랍지는 않다. 이 경쟁에서 승자는 전리품을 차지할 것이다. 난관이라면 인류가 바로 그 승자가 되도록 하는 것이다.

우주는 태초부터 인간의 삶을 형성해 왔다. 하늘은 인류의 초기 창조에 대해 설명해 주었고 인간의 문화에 영향을 미쳤으며 과학의 발전에 영감을 주었다. 하지만 우주에 대한 우리의 관점은 변하고 있다. 지금은 그 어느 때보다 지구의 지리가 〈우주로 확장〉되고 있는 중이다. 인류는 국가와 기업, 역사와 정치, 게다가 각종 분쟁까지 저 위쪽으로 끌어올리고 있다. 이런 상황은 아래쪽 지표면 위 우리의 삶에도 엄청난 변화를 일으킬 수 있다.

우주는 이미 우리의 일상생활에서 많은 것을 바꿔놓았다. 통신, 경제, 군사 전략 등에서 핵심 역할을 하며 국제관계에서도 점점 더 중요해지고 있다. 게다가 이제는 인간들의 치열한 경쟁이 펼쳐질 〈최신 경기장〉이 되고 있다.

우주가 21세기 지정학적 거대담론의 주인공이 되리라는 징후는 계속 쌓여왔다. 최근 몇 년 동안 희귀금속과 물이 달에서 발견되었고, 일론 머스크의 스페이스X(SpaceX, 전체 이름은 Space Exploration Technologies Corp) 같은 민간기업들은 대기권을 돌파하는 데 드는 비용을 대폭 낮추었으며, 강대국들은 신무기를 테스트하기 위해 지상에서 미사일을 발사해 우주에 있는 자국의 인공위성을 폭파하기도 했다. 이 모든 것은 현재 대두되고 있는 더 큰 이야기의 단편들일 뿐이다.

그 이야기를 이해하려면 우주를 하나의 〈지리적 장소〉로 바라보는 것이 도움이 된다. 즉 여행하는 데 적합한 통로가 있고, 주요 자연자산이 매장된 구역이 있고, 개발할 수 있는 부지가 있고, 동시에 회피해야 할 위험 요소 등을 갖추고 있는 장소로 보는 것이다. 지난 수십 년 동안 이 모든 것은 인류의 공동재산으로 간주되었다. 그 어떤 주권국가도 자국의 이름으로 우주에서 무엇 하나라도 부당하게 이용하거나 그에 대한 권리를 주장할 수 없었다. 하지만 비록 시대에 뒤떨어지고 강제력이 없긴 했어도 몇몇 고결한 문서들에 명시된 그와 같은 이념은 이제 심각하게 훼손되고 있다. 현재 지구상의 국가들은 모두 저마다 우주에서 나름의 우위를 점할 방안을 찾고 있다.

유사 이래로 운 좋게 천연자원을 활용할 수 있었던 문명은 스스로 더 강력해지고 결국에는 다른 문명을 지배할 수 있는 기술까지 개발해 왔다. 하지만 지금은 꼭 그럴 필요는 없다. 우리가 우주에서 협력한 사례는 많다. 현재 우주에서 의료와 청정에너지 분야에서 한창 연구 중인 많은 기술은 우리 모두에게 도움이 될 것이다. 또 몇몇 국가는 자칫 이 세계를 파멸시킬 수도 있는 거대한 소행성과 지구의 충돌을 막기 위해 소행성이 경로를 이탈하도록 여러 방법을 연구하고 있는데 이보다 더 큰 인류 공동의 재산은 없을 것이다. 공상과학 소설가 래리 니븐이 말했던 것처럼 "공룡은 우주 프로그램이 없었기 때문에 멸종되었다."[1] 만약 그와 같은 충돌이 한 번 더 일어난다면 그 피해는 상상을 초월할 것이다.

지구 말고
우주 다른 곳으로 이사 갈 수 있을까
—

현재 우리가 있는 곳에 오기까지는 꽤 오랜 세월이 걸렸다. 빅뱅이론에 따르면, 수천 년 정도의 차이는 있겠지만 대략 137억 년 전 오늘날 우주에 존재하는 모든 것은 無의 상태로 존재하는 극도로 작은 하나의 입자로 응축되어 있었다고 한다. 우주와 관련된 일부 개념들은 이해하기 어렵고 무의 상태는 과학자들 사이에서도 끊임없이 논쟁을

---

1 공룡의 멸종 이유가 지구와 소행성의 충돌 때문이라는 견해도 있다.

일으키는 개념이다. 그 개념은 양자진공 같은 이론으로 발전하는데 그 이론을 몇 번이고 반복해서 읽어도 나로서는 도대체 무슨 말을 하는 건지 이해가 되지 않는다. 우주가 팽창하고 있다고 하는데 그럼 팽창해서 뭐가 된다는 거지? 현재의 경계 밖에 있는 건 뭐지? 나는 전혀 상상할 수가 없다. 끝없는 회색의 벽(베이지색도 괜찮을 듯하다)이면 되려나 싶은데, 이런 생각도 잠깐인 이유는 당연히 회색은 무가 아니라 유에 해당하기 때문이고……. 그래, 그럼 나는 이쯤에서 그냥 포기하자. 그래도 물리학자와 우주학자들이 나보다 훨씬 더 결연한 의지를 갖고 있을 테니 그것만으로도 천만다행이다.

무의 상태에서 입자가 폭발했다. 하지만 빅뱅 이후 최초의 빛 입자가 출현하기까지 약 38만 년이 걸렸기 때문에 그 폭발은 〈섬광, 굉음, 충격!〉이 아니라 〈굉음, 충격, 섬광!〉의 순서로 일어났을 것이다. 이것이 바로 마이크로파 형태의 복사에너지인 우주마이크로파배경이다. 과학자들은 현대의 우주망원경을 통해 이것을 관찰할 수 있는데 이를 통해 우주의 나이, 구성 요소, 초기 상태 등을 파악할 수 있다. 당신도 낡은 아날로그 TV에서 채널을 이리저리 바꿔가며 지지직거리는 소리를 조정할 때 직접 그것을 볼 수 있다. 이 대폭발로 우주는 팽창하면서 온도가 낮아졌고 중력으로 인해 가스구름이 모여 응축되면서 별들이 탄생했다.

우리는 이제 태양이 약 46억 년 전에 형성되었다는 것을 알고 있다. 태양은 우주에서는 비교적 신출내기에 해당한다. 이 새로운 별 주위로 소용돌이치며 맴도는 가스와 무거운 파편들로 이루어진 거대한 원반이 우리 태양계의 행성과 그 위성들을 만들었다.

지구는 태양으로부터 세 번째 위치에 있는 행성으로 생명체가 살기에 적당한 곳이다. 실제로 만약 다른 곳이었다면 우리 인간은 존재하지 못했을 것이고, 따라서 현재까지는 지구가 우리가 존재할 수 있는 유일한 장소다. 빅뱅 이후로 일어난 모든 현상이 지금 우리가 보고 있는 지형을 형성했고 현재 우리가 있는 곳으로 진화하도록 이끌었다. 지구는 골디락스 행성(Goldilocks, 생명체가 존재할 가능성이 있는 행성)이다. 너무 뜨겁지도 너무 차갑지도 않아 생명체가 살기에 아주 적합하다. 지구의 입지, 크기, 대기는 모두 우리가 이곳 땅 위에서 살아갈 수 있는 토대가 되어준다. 말 그대로다. 실제로 지구의 크기는 중력이 대기를 지탱할 수 있을 만큼 강하다는 것을 의미한다. 만약 무한한 우주의 다른 곳으로 이사를 간다면 우리는 뜨거운 열기에 타 죽거나 지독한 혹한에 얼어 죽거나 혹은 숨 쉴 수 있는 공기가 없어 질식해 죽을 수도 있다.

지구의 대기에 관해 미국의 위대한 천문학자 칼 세이건은 자신의 저서 『에필로그*Billions and Billions*』에서 이렇게 말했다.

"많은 우주비행사들이 태양빛을 받는 반구의 지평선 위로 전체 대기의 두께를 나타내는 섬세하고 가느다란 푸른빛 후광을 보고 그 즉시 대기의 연약함과 취약함에 대해 고민했다. 그들은 대기에 대해 걱정한다. 그들이 그렇게 생각하는 데는 그럴 만한 이유가 있다." 그러니 우리는 대기 관리에 더 신경을 써야 한다.

하지만 인간은 언제나 방랑자였고 지난 세기부터는 우리의 고향 행성에서 멀리 떨어진 곳까지 이동하기 시작했다. 우주가 방대한 규모의 캔버스라면 인간은 이제 고작 아주 작은 구석에 우리의 존재를 살짝 끄적여 놓았을 뿐이다. 나머지는 장차 인류가 함께 세밀하게 그려 나가야 한다. 만약 다가올 우주시대Space Age를 평화롭고 협력적인 방식으로 이끌어가고자 한다면 우주를 역사적, 정치적, 군사적 맥락에서 이해해야 한다. 즉 우주가 우리의 미래에 어떤 의미를 지닐지 파악해야 한다.

이 책의 구성

이 책 1장에서는 종교에 크게 좌우되던 시대에서 과학혁명 시대에 이르기까지 어떻게 우주가 인류의 문화와 사상을 형성하는 데 영향을 끼쳤는지 시간을 되짚어 간략히 살펴볼 것이다. 이후 인간의 엄청난 노력과 혁신을 이끌어내며 마침내 지구라는 〈한정된 속박〉에서 벗어날 수 있도록 우주개발 경쟁을 촉발시킨 것은 바로 20세기의 냉전이었다. 2장에서 이 내용을 살펴볼 것이다. 일단 지구를 벗어나자 경쟁할 만한 가치가 있는 기회와 자원, 전략적 요충지 등이 보이기 시작했다. 따라서 이제 우리는 바야흐로 〈우주정치astropolitics의 시대〉에 진입한 것이다. 하지만 아직 인류는 이러한 경쟁을 규제할 일련의 규범을 확립하지 못했다. 우주에서의 활동에 대한 합의된 규칙이 없다면 그 무대에서는 엄청난 수준의 분쟁이 발생할 것이다. 3, 4장에서 이러한 내용들을 살펴볼 것이다.

현시대에 우주라는 무대에 오른 선수 중 우리가 알아야 할 주요 세 선수들이 있다. 바로 중국, 미국, 러시아다. 이들은 독자적인 우주비행이 가능한 국가들이며 그들이 어떤 식으로 우주개발을 진행하느냐는 지구상의 모든 사람들에게 영향을 미칠 것이다. 이들 각국은 지상에서, 바다에서, 공중에서 그들 부대에 전쟁 수행 능력을 제공하는 미국의 우주군(Space Force, 대기권 밖 우주에서의 전쟁을 대비해 창설한 군) 같은 자체적인 군대를 보유하고 있다. 그들 모두 다른 나라의 인공위성을 공격하는 동시에 자국의 위성을 방어하기 위한 역량 또한 키워가고 있다. 5, 6, 7장에서 이 세 나라의 우주 역량을 살펴볼 것이다.

나머지 국가들은 이 〈빅 3〉와 경쟁할 수 없다는 것을 알고는 있지만 그래도 자신들만의 발언권을 얻고 싶어 한다. 그래서 그들은 다양한 우주 관련 국제조직이나 기구 혹은 연합체 등에 가입하고 있다. 8장에서는 빅 3를 제외한 이들 나라들의 우주개발 관련 상황들을 살펴볼 것이다. 만약 빅 3와 나머지 국가들이 하나의 단일 행성으로서 나아갈 방법을 찾지 못한다면 우주라는 〈새로운 지정학적 격전장〉에서 우리끼리 경쟁과 충돌을 벌여야 하는 상황을 피하지 못할 것이다.

9장에서는 과연 우주전쟁이 정말로 일어날지, 그렇게 된다면 어떤 방식으로 진행될지 가상의 시나리오를 만들어 살펴보았다. 우주전쟁은 지상에서 중국, 대만, 인도, 일본, 미국 등이 관련된 아시아-태평양 지역의 긴장이 극도로 고조되면서 발생할 가능성이 가장 크다고 전문가들은 예측한다. 마지막으로 10장에서는 더 멀리 미래를 내다보며 달과 화성을 포함하여 그 너머까지 우주가 우리에게 어떤 공간을 제공할지 살펴보고자 한다. 저 먼 우주가 우리 호모 사피엔스를 기다리고 있을지도 모른다.

달은 바닷물을 해안으로 끌어당기고 인간을 자신의 표면으로 끌어당긴다. 늑대는 주둥이를 쳐들고 밤하늘에 드리운 은빛 원반을 향해 울부짖는다. 인간은 고개를 들고 저 멀리 무한한 우주를 바라본다. 우리는 언제나 그렇게 해왔고 이제 또 다른 여정을 시작하고 있다.

인간,
하늘을 올려다보다

앞 페이지 그림: 우리의 태양계

> "우리의 관심을 지구상의 문제에만 국한하는 것은
> 인간의 정신을 제한하는 것이다."
> – 스티븐 호킹

깜빡이는 별빛들은 수많은 이야기를 들려준다. 우리가 우주를 탐험하는 꿈을 꾸기 한참 오래전부터, 눈부신 인공조명이 우리의 시야를 방해하기 훨씬 전부터 우리는 하늘을 올려다보며 이런 의문을 품었다. "어째서 저곳은 아무것도 없이 텅 비어 있는 것이 아니라 무언가가 있는 걸까?" 그동안 인간이 기울인 엄청난 노력은 그 별들에 도달하려는 욕망에서 비롯되었다.

창조, 신, 별자리 등에 관한 최초의 기록된 믿음은 선사시대로 거슬러 올라가는 구전설화에서 비롯된 것이 분명하다. 모든 고대 문화는 무엇이 자신들을 창조했는지, 자신들은 누구인지, 자신들의 역할은 무엇이고 또 어떻게 행동해야 하는지에 대한 해답을 하늘에서 얻었다. 만약 신이 존재한다면, 그리고 눈에 보이는 것을 설명할 수 있는 다른 무엇이 존재한다면 그들 중 일부는 저 위 하늘에 살고 있다고 믿었다.

인간은 사물을 보고 패턴을 이해하는 성향이 강하다. 그래서 사람들은 하늘에 있는 점(별)들을 연결해 그들이 지구에서 본 것과 전설을 통해 알고 있는 것에 상응하는 그림을 그렸다. 그리하여 더운 지역에 사는 사람들은 전갈이나 사자의 형태를 보았을 테고 추운 지역에 사는 사람들은 큰 사슴의 모양을 떠올렸을 것이다. 핀란드에서는 오로라가 여우불fox fires로 알려져 있는데 이는 꼬리를 이용해서 눈을 하늘로 쓸어 올린다는 마법의 여우에 대한 고대 설화에서 기인한다. 반면 아프리카 일부 지역에서는 태양이 밤하늘 뒤에 있고 별들은 태양빛이 새어 나오는 구멍이라는 전설이 있다. 이처럼 별은 우리의 설화와 신화, 전설 등과 뗄 수 없는 불가분의 관계였다.

우리 선조들이 하늘을 분석하고 이해하려고 했다는 최초의 유력한 사례는 마지막 빙하기가 끝나갈 무렵인 약 3만 년 전으로 거슬러 올라간다. 1960년대 초 미국의 고고학자 알렉산더 마샤크는 동물들의 뼈에 새겨진 표시가 음력 달력이었을 거라고 해석했다. 그 뼈에는 28개와 29개의 점으로 이루어진 배열들이 새겨져 있었다. 전문가들은 여전히 후기 구석기 시대의 인류가 정확히 무엇을 알고 있었는지에 대해서는 논쟁을 벌이지만 그들이 별을 연구했다는 증거만큼은 이처럼 확실히 존재한다.

과학자들은 이 초기 천문학자들이 장거리 사냥을 떠나거나 거처를 옮길 때 혹은 의식을 치를 때 휴대용 달력을 사용했을 거라고 추측한다. 따라서 당연히 시간을 표시하는 방법이 발전했을 것이다. 즉 모기가 기승을 부리는 시기가 언제 시작되는지 혹은 과일이 달린 나무들을 언제 찾아 나서야 하는지 알아야 했기 때문이다.

신이 저 위에서 별들을 관장하시리니

―

고대의 수렵채집인들이 점차 정착생활을 하게 되면서 보다 실용적인 이유로 하늘을 관찰하는 것이 중요해졌는데 그 과정은 대략 1만 2,000년 전에 시작되었다. 최초의 농부들은 언제 씨앗을 뿌리고 수확까지는 얼마나 걸리는지 알아야 했다. 유럽에서 발견된 1만 년 이상 된 신석기 시대 동굴벽화 중 일부는 별자리의 모양을 묘사하고 있는 것으로 추정된다. 이러한 주장은 논쟁의 여지가 있긴 하지만 별자리의 형태는 일부 동물 그림들에서 찾아볼 수 있다. 2023년 여름에 나는 프랑스의 도르도뉴 지역에 있는 라스코 동굴을 방문했는데 그곳에 있는 초기 현생인류가 그린 구석기 시대 벽화 중 일부가 실제로 황소자리와 같은 별자리의 패턴을 그렸을 가능성이 크다고 믿게 되었다.

맑은 날 밤마다 별을 바라보았던 우리 선조들은 비록 낮과 밤의 365일 주기가 하나의 시간 단위와 같다는 것을 이해하지는 못했을지라도 별빛이 시간대와 계절에 따라 위치가 달라진다는 것을 인지했음이 분명하다. 물론 당시에 행성과 별의 이동을 정확히 측정했다는 그 어떤 증거도 아직 발견되지 않았다. 심지어 환상열석(stone circle, 거대한 선돌이 둥글게 줄지어 놓인 고대 유적)조차도 그 증거물로는 모호하다.

가장 오래되었다고 알려진 환상열석은 이집트에 있는 나브타 플라야Nabta Playa다. 간혹 〈사하라의 스톤헨지〉라고 불리기도 하는데, 전 세계에서 가장 유명한 영국의 스톤헨지보다 2,000년쯤 앞선 약 7,000년 전에 세워졌는데도 사하라의 스톤헨지라고 불리는 것에는 다소 억울한 측면이 있다. 그렇게 된 이유는 스톤헨지가 1940년대에 발견된 것에 비해 그곳은 훨씬 늦은 1970년대에 발견되어 1990년대에야 비로소 완전히 발굴되었기 때문이다. 나브타 플라야는 반semi유목민 목동들이 스스로 이동해야 할 시기를 파악하려는 목적으로 만든 것으로 보인다. 그 돌들이 밤하늘에서 가장 밝게 빛나는 시리우스 같은 중요한 별들과 방향이 일치하고 있음을 암시하는 징표가 일부 있긴 하다. 하지만 그것들로 그 별들까지의 거리도 측정했으리라는 증거는 발견하기 어렵다. 대체로 전문가들은 그런 것은 없다는 견해를 보인다.

스톤헨지와 북서유럽의 다른 많은 환상열석의 경우도 마찬가지다. 스톤헨지는 대략 5,000년 전에 처음 조성되었는데 그 무렵 농업은 1,000년 동안 그 지역의 주된 생활양식이었다. 스톤헨지가 동지점 및 하지점과 일치한다는 정도로 말하면 무난하겠지만 그 이상 천문학과 연관시키는 것은 추측에 지나지 않는다. 그곳에서 3킬로미터 떨어진 한 정착지에서 3만 8,000개의 버려진 동물뼈들이 발견된 것을 근거로 사람들은 그 주변에서 대규모 축제가 열렸다고 생각한다. 하지만 안타깝게도 드루이드교(고대 갈리아 및 브리튼섬에 살던 켈트족의 종교) 신도들은 그 축제에 참여하지 않은 것으로 추정되는데 그로부터 2,000년이 지나서야 그들이 영국에 처음 등장하기 때문이다. 이것은 오늘날 흰색 가운 차림에 막대기를 들고 스톤헨지를 방문하는 사람들에겐 여간 실망스러운 일이 아닐 수 없을 것이다.

시간이 더 흘러 이제 약 4,000년 전으로 거슬러 올라가면 사람들이 별의 이동을 정확하게 예측하고 동시에 매우 정교하게 하늘을 분석했음을 기록으로 남겨놓은 것을 발견할 수 있다. 상형문자와 수학은 이러한 획기적인 혁신을 가능하게 해준 중요한 수단이었다.

기원전 1800년경에 바빌로니아인들은 자신들이 보았던 별자리에 근거해 황도 12궁(태양이 1년 동안 지나가는 길을 따라 위치한 12개의 별자리)을 기록했다. 그들은 오랫동안 기근과 같은 것은 신들이 하늘에서 경고를 보내는 것이라고 믿었다. 또한 사제들은 점토판에 천체의 움직임을 기록하는 기술을 개발했고 음력 열두 달을 나타내는 달력도 고안했다. 그것은 비교적 쉬운 일이었다. 몇 세대에 걸쳐 정보를 축적하고 수학이 발전하게 되면서 바빌로니아인들은 행성들이 여러 해 연속으로 똑같은 경로로 이동하지는 않지만 오랜 기간 지속되면 반복적인 패턴이 나타난다는 것을 깨달았다. 이런 현상을 통해 미래의 특정한 날짜에 어떤 행성이 하늘의 어디에서 나타날지 알 수 있었다.

우리가 시간을 1주일 7일로 나누게 된 것도 대체로 바빌로니아인들 덕분이다. 그들은 일곱 개의 천체를 보면서 각 천체가 특정한 날을 관장한다고 생각했고 그에 따라 28일의 태음주기(음력)를 네 부분으로 나눴다. 그 당시 이집트인들은 10일 주기를 사용하고 있었는데 만약 그 방식이 지속되었다면 오늘날 우리의 주당 근무시간은 훨씬 더 길어졌을 것이다. 그렇다면 이들의 주말은 어떻게 된 것일까? 바빌로니아 사람들이 하루를 휴일로 지정하기도 했지만, 우리는 하느님이 일곱 번째 날에 휴식 취하기를 원하시면 우리도 그렇게 해야 한다는 것을 알려준 히브리인들에게도 감사의 마음을 가져야 할 것이다. 그 후에 노동조합은 하느님이 휴일로 하루를 원하든 말든, 감사하게도 우리에게 또 하루의 휴일을 얻어주었다.

아시리아인, 이집트인 그리고 그 외 다른 민족들도 천문학에서 비슷한 발전을 이루었지만 여전히 인류는 천문학적 현상이 신들에 의해 일어난다고 믿었다. 천문학과 점성술은 떼려야 뗄 수 없는 관계였다. 고대 그리스인들도 비슷하게 생각했다. 하지만 다른 문명과 달리 그들은 우주론을 발전시켰다. 별들을 올려다보면서 그리스인들은 세계에 대한 우리의 사고방식을 변화시켰다.

고대 그리스인들,
신탁이 아닌 수학으로 접근하다

그리스인들은 수 세기 동안 바빌로니아인들에게서 지식을 습득해 왔다. 피타고라스는 그런 수혜를 입은 사람 중 한 명으로 기원전 550년에 그는 샛별 morning star과 개밥바라기 evening star라고 불리는 별이 사실은 똑같은 별이라는 것을, 즉 금성이라는 것을 알아냈다. 그와 함께 그 외 다른 학자들이 이끌었던 당시의 놀라운 발전은 그들이 기하학과 삼각법을 우주의 문제에 적용하면서 이루어졌다.

그런 위대한 천문학자 중 한 명이 히파르코스였는데 그는 그리스어로 천체 관측기를 의미하는 아스트롤라베 astrolabe를 발명했다고 알려졌다. 그것은 지금으로 치면 고대인들의 스마트폰이나 마찬가지였는데 오늘날의 일부 IT 제품과 달리 고장 걱정 없이 사실상 무한대로 사용할 수 있었다. 아스트롤라베는 거의 2,000년 동안이나 사용되었다. 그것은 당신이 어디에 있는지, 지금 몇 시인지, 언제 해가 지는지, 심지어 운세까지 알려줄 수 있었다. 또한 그것은 일련의 활판을 사용해 작동했는데 그 활판 중 일부는 지구의 위도와 특정한 별의 위치를 표시하고 있었다. 아스트롤라베는 고대 그리스에서 아랍 국가들로 퍼져나갔고 이후에는 서유럽까지 전파되었다. 무슬림들은 그것을 이용해 메카의 방향을 찾았고 콜럼버스는 아메리카로 항해하는 동안 그것을 사용했다.

그리스인들은 기원전 350년에 아리스토텔레스가 그의 저서 『천체에 관하여 De Caelo』에서 서술하기 전에도 몇 세대에 걸쳐 지구가 둥글다고 믿었다. 아리스토텔레스는 월식 때 달에 드리우는 지구의 그림자가 둥글다고 언급했다. 그는 만약 지구가 평평한 원반 형태라면 태양빛이 측면으로 비추는 어느 시점에는 달에 드리우는 지구의 그림자가 선의 형태가 되어야 하는데 그런 현상이 일어나지 않았기 때문에 지구가 둥글다는 논리를 펼쳤다.

아리스토텔레스는 수학자들이 스타디아(stadia, 길이를 나타내는 고대 그리스의 단위로 1스타디아는 157-185미터에 해당) 단위로 거리를 측정하면서 지구의 둘레가 40만 스타디아, 즉 대략 7만 2,000킬로미터라고 계산했다는 기록을 남겼다. 그들은 그 수치에서 3만 2,000킬로미터 정도를 빼야 했지만(오늘날 정밀한 기구로 측정한 지구 둘레는 40,096킬로미터 정도이기 때문에) 그것만으로도 인류의 사고에서 비약적인 발전이 이루어졌다고 볼 수 있다.

그로부터 약 100년 후에 북아프리카의 고대 그리스 식민도시 중 하나인 키레네의 에라토스테네스는 지구의 둘레를 정확하게 측정하는 방법을 생각해 냈다. 그는 이집트의 시에네(오늘날의 아스완에 해당)에 있는 한 우물을 알고 있었는데 그곳은 매년 하지가 되면 태양이 아무 그림자도 드리우지 않고 우물 바닥을 비추었다. 이것은 태양이 바로 머리 위에 있다는 것을 의미했다. 그러자 그는 알렉산드리아에서 하지에 막대기를 세워두고 그림자가 가장 짧아지는 정오에 막대기의 끝과 막대기의 그림자가 이루는 각도를 측정했다. 이를 토대로 그는 두 도시 간에 나타난 태양의 고도 차이가 둥근 지표면에서 이루는 7.2

도의 각도와 같다는 것을 계산했다. 그 수치는 원 360도의 약 50분의 1에 해당했다. 이제 그가 해야 할 일은 알렉산드리아와 시에네 사이의 거리를 정확히 측정하는 것이었다. 그는 일정한 보폭으로 걷는 훈련을 받은 전문 측량사들을 고용했고 그들로부터 두 도시 사이의 거리가 5,000스타디아라는 대답을 들었다. 이를 근거로 그는 지구의 둘레는 40,250에서 45,900킬로미터 정도라는 결론을 내렸다. 즉 실제 지구의 둘레와 거의 유사한 결과를 도출한 것이다.

본질적으로 그리스의 학문은 우주에는 근원적인 질서가 있으며 그것은 관찰과 수학을 통해 발견되고 표현될 수 있다고 주장했다. 이것이 바로 세계는 신탁이 아닌 자연현상을 통해 이해될 수 있다는 사고의 시작이었다. 그리스인들은 달의 둘레, 지구와 달 사이의 거리, 달과 태양 사이의 거리 등을 알아내기 위해 노력했다. 하지만 그들은 그 거리를 엄청나게 과소평가했고 비록 행성의 운행에 관한 이론적인 모델까지 세우기도 했지만 그 모두에서 행성들은 지구의 주위를 돌았다. 이런 믿음은 르네상스 시대까지 지속되었다.

당시 그리스에는 많은 위대한 학자들이 있었는데 그중에서도 천문학을 집대성하고 고대의 별자리를 48개로 분류하고(현재는 88개로 분류) 그것들에 오늘날까지도 널리 통용되는 명칭을 부여한 클라우디오스 프톨레마이오스(서기 100-170년)가 최고로 손꼽힌다. 물병자리, 페가수스자리, 황소자리, 헤르쿨레스자리, 염소자리 등이 모두 프톨레마이오스의 저서『천문학 집대성』에 기록되어 있는데 이 책은 아랍어 제목인『알마게스트 Almagest』라는 이름으로 더 잘 알려져 있다. 하지만 프톨레마이오스 역시 앞선 세대의 과학자들과 동일한 사고방식에 발목이 잡힌 탓에 치명적인 오류를 저질렀다. 바로 지구가 우주의 중심이고 행성들이 지구의 주위를 돈다고 믿었다. 즉 천동설을 주장한 것이다.

　그것은 당시 그들이 알고 있는 지식과 논리 수준에 근거해 판단한 것이었다. 천동설 이론은 1,500년 넘게 지속되었다. 우리는 이 견해에 맞섰던 초기 반론자에 대해서도 알고 있다. 그리스의 천문학자인 사모스의 아리스타르코스(기원전 310년?-230년?)는 지구가 태양 주위를 돈다는 태양 중심적인 이론, 즉 지동설을 주장했다. 물론 당시 학자들은 그의 견해에 동의하지 않았다.

　아리스타르코스와 다른 과학자들은 지구에서 달까지의 거리를 정확하게 측정했다. 하지만 그들은 지구에서 태양까지의 거리는 지구에서 달까지의 거리보다 약 20배 정도 멀다고 계산했다. 실제로는 389배가 더 멀다. 따라서 20배는 너무 적게 계산된 수치지만 그럼에도 당시 기준으로는 상당한 거리다. 그리스인들은 지나칠 만큼 조심스러웠다. 20배라는 수치를 인정하는 것만으로도 그들에게는 엄두조차 낼 수 없는 엄청난 상상력을 요구하는 방대한 규모의 우주를 인정하는 것과 다름없었다. 태양 다음으로 지구에서 가장 가까운 별인 프록시마 켄타우리는 거의 40조 킬로미터나 떨어져 있다. 현존하는 가장 빠른 우주선이라도 그곳에 도착하려면 1만 8,000년이 걸릴 것이다. 심지어 21세기를 살아가는 우리도 그와 같은 거리를 이해하기에는 어려운 것이 사실이다. 그러니 그리스인들의 입장도 이해가 된다. 하지만 그리스인들이 자신들이 갖고 있는 역량으로 그동안 이루어낸 성과는 인류의 오랜 역사에서 가장 위대한 지적, 과학적 업적 중 하나라고 할 수 있다.

　그리스의 힘이 약해지면서 로마인들이 천문학을 발전시킬 기회를 잡았다. 하지만 그들은 그리스만큼 열정적으로 수학을 받아들이지는 못했다. 그리스인들이 점성술에 관심이 있는 정도였다면 로마인들은 특히 기원전 27년에 로마제국을 건국한 이후로 점성술에 집착했다. 로마인들은 5세기에 서로마제국이 멸망할 때까지 줄곧 정치적 예측을 하기 위해 점성술을 이용했지만 정작 자신들의 제국이 멸망하는 사태가 도래할 것이라고는 예상하지 못했다. 또 그들은 지구에서 태양까지의 거리 따위는 신경 쓰지 않았다. 그들은 오히려 화성과 금성이 어떤 관계인지를 궁금해했다. 왜냐하면 황제의 수명이 거기에 달려 있다고 생각했기 때문이다.

이슬람 황금기에서 르네상스 시대까지

같은 시기에 중국인들은 천문학을 발전시키면서 실용적인 용도로 시간을 분할하는 방법을 찾고 있었다. 수학자 조충지(서기 429-500년)는 391년 주기로 그 기간에 144번의 윤달을 두면 되는 1년 365일에 기반한 대명력大明曆을 고안했다. 그는 자신의 결과물이 "유령이나 귀신에게서 얻은 것이 아니라 세심한 관찰과 정확한 수학적 계산을 통해 구한 것"이라고 적었다.

조충지의 방식 이면에는 그리스인들을 이끌었던 것과 같은 정신이 있었다. 즉 세계를 설명하기 위해 실증적인 사실을 연구하는 것이다. 하지만 신과 유령은 여전히 세계 대부분 지역에서 인간의 사고를 지배하고 있었다.

한편 8세기부터 15세기까지 현재 중앙아시아에 해당하는 지역에서

포르투갈과 스페인에 이르기까지 광대한 영역을 가로지른 이슬람 문화는 먼저 그리스 천문학을 받아들인 후에 소위 〈이슬람 학문의 황금기〉로 알려진 시기에 이를 더욱 발전시켰다. 서기 900년에 아랍의 천문학자이자 수학자인 알 바타니는 1년이라는 기간을 몇 분 줄였는데 그렇게 함으로써 지구와 태양 사이의 거리가 변한다는 것을 암시했다. 이것은 결국 행성들이 완벽한 원형 궤도로 움직이지 않을 수도 있다는 것을 시사했다. 또한 일부 학자들은 지구가 움직이지 않는다는 생각에 의문을 제기하기 시작했고 점차 지구가 돈다는 것이 받아들여졌다. 이에 나시르 알딘 알투시라는 뛰어난 학자가 등속원운동(일정한 속력을 유지하는 원운동) 원리에 근거하지 않은 천동설에 부분적으로 이의를 제기하기도 했다. 하지만 이번에도 지구가 태양 주위를 돈다는 지동설이 채택되는 혁신으로 이어지지는 못했다.

이슬람의 황금기가 눈부시게 빛을 발하는 동안 유럽은 흔히 〈암흑기〉라 불리는 시기를 겪고 있었다. 역사가들은 지금은 조금 덜 경멸적인 〈초기 중세시대〉라는 단어를 선호하는데, 이 시기는 대략 5세기부터 10세기 사이로 로마제국이 멸망한 이후부터 유럽에서 도시생활이 재개되기까지의 기간에 해당한다. 이때는 모든 천체는 우주의 중심인 지구 주위를 돈다고 생각했다. 이보다 위에는 신이 있었다. 지상에는 왕, 주교, 영주, 농노가 있었고 모든 사람은 각자의 운명에 만족해야 했다. 농노들은 글을 쓸 줄 모르기 때문에 과연 그들도 만족했는지는 알 수 없다. 암흑기Dark Ages라는 용어는 이탈리아 학자 페트라르카(1304-1374년)가 처음 사용했는데 그는 당시 유럽인들이 그리스와 로마시대의 찬란함에 비하면 암흑 속에서 살고 있다고 느꼈다. 자신의 서사시 「아프리카Africa」에서 그는 이렇게 적었다.

"이 망각의 잠이 영원히 지속되지는 않을 것이다. 어둠이 걷히고 나면 우리의 후손들은 다시 과거의 순수한 광채를 되찾을 것이다."

페트라르카는 자신이 순수한 광채의 시기라고 생각한 르네상스 태동기에 살았다. 르네상스 시대에는 확실히 천문학이 발전했는데 천문학은 우주에서 인간의 위치를 이해하는 데 중요한 역할을 했다.

하지만 천문학에 관한 위대한 서적 중 그 어느 것도 중세 초기 유럽인들은 읽을 수가 없었다. 이런 상황은 크레모나의 제라드(1114-1187년) 같은 사람들이 아랍어로 된 책들을 라틴어로 번역해 출간하면서 바뀌기 시작했다. 제라드는 그 당시 칼리프의 영토였던 톨레도로 넘어가 아랍어를 열심히 배운 후에 프톨레마이오스의 『알마게스트』를 라틴어로 번역했다. (그 책의 그리스어 원본은 수년 동안 소실된 상태였다.) 이것은 그와 그의 제자들이 번역했던 80권의 책 중 첫 번째 작품이었다.

학문의 부활은 르네상스의 주요 기반 중 하나로 지식에 이르는 문을 열어주었고, 세대를 거듭하며 유입되는 정보는 앞서 들어온 정보 위에 축적되면서 이후 16세기에 시작된 과학혁명에 크게 이바지했다. 하지만 그렇게 되기까지의 과정은 아주 험난했다. 이 당시 가톨릭 교회는 지구 중심적인 우주론을 채택했는데 이를 반박하고자 하는 자에게는 크나큰 재앙이 닥치기도 했다.

**지구는 돌면 안 된다,
왜냐하면 교황이 금지하니까!**
—

유럽의 천문학이 고대 그리스와 이슬람 황금기 때와 같은 수준에 도달하기 위해서는 몇 세기 동안의 시간이 필요했다. 1543년이 되어서야 유럽은 비로소 눈부신 신기원을 이루어냈다. 그해 폴란드의 천문학자인 니콜라우스 코페르니쿠스는 총 여섯 권으로 구성된 『천구의 회전에 관하여 De revolutionibus orbium coelestium』라는 책을 출간하며 지구 중심적인 우주론이 잘못되었다고 시사했다.

코페르니쿠스는 "만약 지구가 움직인다면"이라는 문구를 신중을 기하며 적었다. 처음에는 잠잠했다. 그는 교회의 충직한 일원이었고 조심스럽게 〈만약〉이라고 가정했다. 게다가 그는 다행히도 책이 출간된 지 두 달 만에 세상을 떠났다. 하지만 이후 가톨릭과 프로테스탄트 성직자들은 그의 주장을 폄훼하고자 혈안이 되었고, 과학은 교회의 가르침에 도전할 수 없다는 사실을 알게 되었다.

1584년에 이탈리아의 철학자이자 사제였던 조르다노 브루노는 『무한한 우주와 세계에 관하여 Dell' infinito universo e mondi』를 출간했는데, 이 책에서 그는 코페르니쿠스를 옹호하면서 지적인 존재들이 사는 무한한 세계가 있는 우주는 무한하다고 주장했다. 그는 결국 재판을 받았고 8년 동안 수감된 후에도 자신의 견해를 포기하지 않자 이교도로 선고되어 화형을 당했다. 비록 우주론에 대한 그의 견해보다 가톨릭 교리에 대해 근본적인 의문을 제기한 것이 그의 죽음에 더 큰 역할을 했을 가능성이 있기는 했지만 말이다.

다음 차례는 갈릴레오 갈릴레이로, 그는 새로 발명된 망원경을 사용해 밤하늘을 관측한 결과를 체계적으로 기록한 최초의 인물이었다. 1610년에 그는 『별의 전령 Sidereus Nuncius』을 출간했다. 이 책으로 유명해졌지만 정작 그 자신은 지구 중심적인 우주론에 대한 도전으로 거의 목숨을 잃을 뻔했다.

태양계 다른 행성들의 움직임에 관한 갈릴레오의 연구는 지구가 태양 주위를 돈다는 코페르니쿠스의 견해와 일치하는 것처럼 보였다. 결국 그도 얼마 지나지 않아 이단으로 고발되었다. 그의 믿음이 성경, 특히 전투에서 승리할 때까지 태양이 움직이는 것을 멈추도록 한 신의 계시가 이루어진 여호수아 10장 12절과 13절에 위배된다는 혐의였다. "태양이 머물고 달이 멈추기를 백성이 그 대적에게 원수를 갚기까지 하였느니라." 만약 성경에서 태양이 움직인다고 말한다면 감히 누가 아니라고 말할 수 있었겠는가.

교황은 태양 중심적인 우주론을 금지하도록 지시했다. 교회는 이런 위험한 사상이 사회의 계층구조와 그것의 정당성, 그리고 결국 자신들의 권력까지 무너뜨리는 격변을 일으킬 수 있다고 판단했다. 만약 지구가 우주의 중심이 아니고 실제로 알려지지 않은 중심이 있다면, 과연 인간이 그토록 중요할까? 프랑스의 신학자이자 철학자인 블레즈 파스칼(1623-1662년)은 그 의미를 깨달았다. 그리고 다음과 같이 말했다.

"내가 전혀 알지 못하고 나를 전혀 알지 못하는 무한한 우주의 방대함에 빠져들 때, 나는 두려움을 느낀다."

갈릴레오는 한동안 논쟁에서 벗어나 있었지만 1623년에 새로운 교황으로 선출된 우르바노 8세는 갈릴레오에게 그 주제에 대한 글을 쓰도록 독려했다. 교황이 갈릴레오에게 본질적으로 요구한 것은 지구 중심적인 관점(천동설)에 대한 그의 지지를 보여 달라는 것이었다. 그리하여 갈릴레오는 1632년에 『프톨레마이오스와 코페르니쿠스의 2대 세계 체계에 관한 대화*Dialogo sopra i due massimi sistemi del mondo, tolemaico e copernicaon*』를 출간했다. 하지만 오히려 이 책에서 그는 지구가 움직이고 있을 가능성에 교묘하게 찬성하는 입장을 내비쳤다. 교황은 이런 그의 견해가 유쾌하지 않았고 결국 갈릴레오에 대한 두 달에 걸친 재판이 시작되었다.

갈릴레오는 자신의 의도는 코페르니쿠스의 견해를 지지하는 것이 아니며 자신의 저서는 단지 그 견해를 논의하기 위한 수단일 뿐이라고 항변했다. 하지만 아무 소용없었다. 그는 "지구는 움직이며 또한 지구가 세계의 중심이 아니라는 학설(이것은 잘못된 것으로 신성한 성경에 위배된다)을 신봉하고 고수했다"는 명목으로 유죄 판결을 받았다. 결국 그에게는 가택연금형이 내려졌고 1642년 사망할 때까지 "일주일에 한 번씩 일곱 개의 참회의 시편을 암송하라"는 명령이 내려졌다.

그나마 불행 중 다행이었다. 만약 갈릴레오가 그 당시 세계에서 가장 유명한 과학자가 아니었다면 그는 아마도 조르다노 브루노와 같은 처참한 죽음을 맞았을 것이다. 그의 재판이 있은 지 359년이 지난 1992년, 마침내 바티칸은 당시 판결이 잘못되었음을 인정했다.

신이 물러나고 과학이 지배하다

교황의 분노에도(하지만 아마도 신의 분노는 아닐 것이다) 불구하고 이제 지식의 물결은 성직자들에게는 우호적이지 않은 방향으로 흘러가고 있었다. 하늘에 관한 인류의 연구는 지난 몇 세기 동안 인정되던 이론을 뒤집었고 마침내 전혀 새로운 세계관으로 이끌었다. 그것이 의도한 것이었든 아니었든 간에, 고대의 신들은 도전을 받고 있었다.

갈릴레오가 죽고 1년이 지난 후에 아이작 뉴턴이 태어났다. 그는 과거보다 더 깊이, 더 자세히 우주를 볼 수 있는 새로운 망원경을 발명했다. 또 그가 집필한 『프린키피아 Principica』(1687년)와 그 외 다른 저서들은 운동과 중력의 법칙을 세상에 알리고 물리학과 천문학의 새로운 시대를 여는 데 큰 역할을 했다.

뉴턴은 신을 매장하기 위해 온 것이 아니라 그를 찬양하기 위해 왔다. 그는 우주에 대해 더 많이 알게 될수록 설계자 없이는 우주의 이 장엄함을 설계할 수 없었을 거라고 더 확신하게 되었다. 그래서 이렇게 덧붙였다.

"태양, 행성, 혜성으로 이루어진 더없이 아름다운 이 체계는 오직 지적이고 강력한 그 어떤 존재의 계획과 통제가 있어야만 생겨날 수 있다."

뉴턴은 지구가 태양 주위를 돈다는 것에 동의했다. 갈릴레오는 현재 우리가 중력이라고 부르는 것에 대한 실험(피사의 사탑에서 물체를 떨어뜨린 것)을 수행했지만, 뉴턴이 거둔 위대한 도약은 중력의 법칙이 지구상의 모든 물체에 적용되는 동시에 우주에서도 작용한다는 이론을 세운 점이다. 앞선 시대의 위대한 학자들처럼 그도 실증적인 연구와 신중한 추론을 통해 역사의 한 페이지를 장식했다.

왜 사과는 수직으로 땅에 떨어질까? 왜 포탄은 속도가 줄면서 곡선으로 떨어질까? 어떤 미지의 힘이 그것들을 끌어당기는 걸까? 뉴턴의 만유인력 법칙에 따르면 모든 물체는 서로를 끌어당기는데 그 힘은 물체의 질량과 물체 사이의 거리에 따라 달라진다. 그래서 가장 높은 산에서 앞으로 계속 뻗어나갈 정도의 속도로 사과를 힘껏 던져도 그것은 직선으로 곧장 우주까지 날아가지 못하고 라틴어로 무게를 의미하는 단어 gravitas에서 유래한 중력이라는 미지의 힘에 의해 지상에서 멀리 벗어나지 못한 채 곡선을 그리며 땅으로 떨어질 것이다. 뉴턴에 의하면, 중력은 행성들이 단지 우주를 떠도는 대신 태양 주위를 끊임없이 도는 이유에 대한 설명이 된다는 것이다. 즉 더 큰 물체가 작은 물체에 가까워질수록 그것이 지닌 중력의 힘은 더 강해진다는 것이다.

이 같은 뉴턴의 견해는 몇몇 과학자들의 반발을 샀는데 그들이 내세운 근거는 뉴턴이 말하는 중력이 초자연적인 힘에 대한 미신과 유사하다는 것이다. 이에 대해 뉴턴은 자신의 견해를 합리적으로 증명하고 자신의 신을 믿는 것으로 만족했다.

워낙 많은 업적을 이루었기에 뉴턴은 과학사상 가장 큰 공헌을 한 것으로 여겨지기도 한다. 1727년에 그가 죽었을 때 그의 시신은 웨스트민스터 사원에 일주일 동안 안치되었다. 영국의 위대한 시인 알렉산더 포프는 이렇게 적었다.

"주께서 뉴턴이 있으라 하시매! 모든 것이 밝아졌도다."

이 시기는 과학의 발전이라는 측면에서 흥미진진한 시대였는데 고대 그리스 시대와 이슬람 황금기 때와 분위기는 유사했지만 앞선 그 어느 시대보다 지식이 빠른 속도로 발전했다는 점에서 차이가 있었다. 매번 새로운 발견이 이루어질 때마다 조직화된 종교와 〈종교의 권력〉이라는 갑옷에는 새로운 허점이 생겨났다. 이성의 시대에 성경에 위배된다는 이유로 과학자들에게 참회의 시편을 암송하도록 명령하는 것은 그야말로 비이성적인 처사였다.

하늘을 올려다보는 것은 우리의 사고방식과 삶의 방식에 완전한 혁명을 불러일으켰고 더 높은 수준의 과학을 연구할 수 있는 길을 열어주었다. 비록 전적으로 그랬던 것은 아니지만 이제 기술이 발전한 국가들에서 조직화된 종교는 사원으로 물러나고 과학이 세속적인 영역을 차지하게 되었다.

20세기에도
물방울만 알고 바다는 모른다
—

이 시기는 기적과 경이로움의 시대였다. 그 후로 우리는 엄청나게 많은 것들을 더 배웠고 이제 우리에겐 별을 관찰할 때 훨씬 더 많은 것을 볼 수 있게 해주는 과학의 보배도 생겼다. 바로 우주망원경이다. 현대의 우주망원경은 시간을 거슬러 올라가 무려 130억 년 이상 이동해온 빛까지 감지할 수 있게 해준다.

1931년에 벨기에의 천문학자인 조르주 르메트르는 자신이 원시 원자primeval atom라고 부른 하나의 작은 입자의 폭발로 우주가 시작되었다고 주장했다. 이 견해는 1920년대에 에드윈 허블(미국의 천문학자)이 캘리포니아 마운트 윌슨 천문대에 있는 거대한 망원경으로 포착한 증거를 통해 입증되었다. 그 망원경은 관측 가능한 모든 은하들이 모든 방향에서 빠른 속도로 지구로부터 멀어지고 있다는 것을 보여주는 듯했고 그에 따라 당연히 은하들이 특정 시점에 한 지점에서 시작된 것이 분명하다고 결론 내릴 수 있었다. 이 이론은 〈빅뱅Big Bang〉으로 알려지게 되었다. 그 당시 일반적인 통념은 대체로 우주는 항상 존재해 왔고 앞으로도 항상 존재할 것이라는 정상우주론Steady State theory을 지지했다. 하지만 1950년대에 은하의 이동속도를 새롭게 측정한 결과 은하의 탄생일이 약 137억 년 전이라는 것이 밝혀졌다. 이것은 우주에 관한 우리의 이해에서 엄청난 혁명과도 같은 것이었다.

1990년에는 12톤에 달하는 허블 우주망원경이 궤도에 진입했다. 지구 대기의 제한적이고 왜곡된 영향에서 벗어난 이 망원경은 더 선명하게 우주에 초점을 맞추고 우주와 인류의 탄생을 마이크로초(100만분의 1초) 오차범위 안까지 좁히며 우주의 과거를 점점 더 깊이 들여다보기 시작했다. 게다가 이제는 적외선 망원경이 우주먼지를 통과할 수는 있지만 인간의 눈이나 허블 같은 가시광선 망원경으로는 볼 수 없는 복사선의 빛까지 탐지할 수 있다. 그것의 파장과 성분을 분석하면 우주에 관한 수많은 데이터를 얻을 수 있다.

이 모든 발견은 〈어떻게?〉, 〈왜?〉라는 질문에 대답하려는 욕구에서 시작되었다. 과학은 놀라울 만큼 〈어떻게〉라는 질문에 대한 대답을 잘 제시하지만 그 대답을 찾아내고도 종종 또다시 〈왜?〉라는 질문을 던진다. 지식이 발전했음에도 불구하고 여전히 우리는 우주의 신비를 밝혀내지 못하고 있다. 여러 면에서 20세기의 이론과 발견은 오직 우주의 물리적인 실체를 탐험해야만 해소할 수 있는 질문들을 남기면서 단지 그 신비로움만 더했을 뿐이다.

지난 세기의 첫 20년 동안 세계는 양자역학과 알베르트 아인슈타인의 상대성 이론 및 시공간 이론이라는 기묘한 이론을 접하게 되었다. 양자 이론은 작은 입자들의 불가사의한 아원자 세계가 완전한 무작위성에 의해 지배된다는 것을 암시하는데, 이것은 보편적인 법칙이 존재한다는 뉴턴과 아인슈타인의 견해와는 상충한다. 이 논쟁은 간략히 살펴볼 만한 가치가 있다. 간략히 살펴보는 이유는 어차피 우리 대부분은 양자역학을 제대로 이해하지 못하기 때문이다. 그럼에도 아인슈타인의 답변과 그가 발견한 것들은 왜 우리의 운명이 우주에 있는지에 대해 의미하는 바가 크다.

양자얽힘 이론에 따르면 하나의 입자는 순식간에 수억 킬로미터 떨어져 있는 다른 입자에 영향을 미칠 수 있다. 여기서 핵심 단어는 바로 〈순식간〉이다. 하지만 이것은 보편적인 과학법칙이 존재한다는 일반적인 통념에는 맞지 않는다. 예를 들면, 아인슈타인이 설명했던 것처럼 그 어떤 것도 빛의 속도보다 빠르게 이동할 수는 없다.

이런 이유에서 그는 양자역학을 "유령과 같은 원격작용 spooky action at a distance"이라며 부정했고 과학자들 또한 그 타당성에 대해 계속 논쟁을 벌이고 있다. 그럼에도 양자역학은 과학의 법칙이 보편적이지 않을 수도 있다는 가능성을 열어두고 있다. 만약 그렇다면, 설령 무언가가 빛의 속도보다 빠르게 이동할 수 있다고 해도 선뜻 받아들이기는 쉽지 않을 듯하다. 아래에 나오는 말은 아인슈타인이 한 유명한 말 중 하나로 이 딜레마에 대한 그의 답변이라고 할 수 있다.

"신은 우주와 주사위 놀이를 하지 않는다."

아인슈타인은 우주에 높이, 너비, 길이의 세 가지 차원이 있다는 뉴턴의 견해에 동의했다. 하지만 뉴턴은 우주에 있는 물체들이 이러한 차원들에 영향을 미치지 않는다고 생각했다. 반면 아인슈타인은 영향을 미친다고 말했다. 그의 특수상대성 이론은 여기에 네 번째 차원인 시간을 추가하며 이 네 가지 차원의 결합을 시공간이라고 지칭했다. 새로운 네 번째 차원은 대규모 질량에 의해 빨라지거나 느려질 정도로 왜곡될 수 있다. 우주를 푹신한 매트리스라고 생각해 보자. 당신은 매트리스 위에 올라간다. 당신의 체중(질량)은 공간이 움푹 들어가게 만든다. 아인슈타인에 의하면, 이때 중력은 시공간의 형태에 일어난 왜곡이다.

우리 선조들은 하늘을 향해 고개를 들어 미지의 우주를 바라보았고 그 이치를 이용해 땅 위의 세계를 이해하려고 했다. 그에 비해 지금의 우리는 훨씬 더 많은 것을 알고 있지만 여전히 무한한 우주는 암흑물질, 블랙홀, 시공간 구조의 왜곡을 포함한 온갖 미스터리로 가득하다. 또한 질서와 규칙의 개념에 관한 난제도 남아 있다. 이러한 상황을 뉴턴은 다음과 같이 말했다.

"우리가 알고 있는 것은 물방울이고, 우리가 모르는 것은 바다다."

양자역학과 시공간 이론이 우주비행에서 무엇이 가능하고 무엇이 불가능할지에 대해 미치는 영향은 아직 알려지지 않았지만 그것은 아마도 먼 미래에는 새로운 길을 열어줄 것이다. 왜냐하면 수천 년 동안 이토록 많은 발견이 이루어졌는데도 여전히 대답보다 질문이 더 많고 아직 우리가 알지도 못하는 더 많은 질문들이 남아 있기 때문이다. 그런 질문과 대답 중 일부는 오직 우리가 지구에서 더 멀리 벗어난 후에야 찾을 수 있을 것이다. 그리고 더 많이 발견하고 싶고, 더 많이 알고 싶고, 심지어 직접 그곳에 가고자 하는 열망은 억누를 수 없는 것임이 입증되었다.

냉전이 우리를
우주로 끌어올렸다

앞 페이지 그림: 1969년 7월 21일 우주비행사 에드윈 올드린이 달 표면에서 성조기 옆에 서 있다.

"저기, 지구가 보인다! 너무나도 아름답다!"
- 유리 가가린

우리가 처음 우주와의 경계를 허문 것은 불과 한 세기도 채 되지 않았다. 수천 년에 걸쳐 서서히 발전을 거듭하다가 20세기에 들어 불과 수십 년 동안 온갖 기적과 경이를 이루어내며 폭발적으로 질주한 끝에 달성했다. 하지만 결국 우리를 우주에 도달하게끔 이끈 것은 바로 지상에서 벌어진 분쟁 때문이었다. 즉 우리를 하늘로 끌어올린 기술은 냉전시대의 군비경쟁에서 촉발되었다.

인류 역사의 대부분 동안 우주는 아주 가깝고도 멀었다. 1979년에 영국의 천문학자 프레드 호일이 말했던 것처럼 "우주는 전혀 멀지 않다. 만약 당신의 차가 위로 곧장 올라갈 수 있다면 고작 한 시간 정도 떨어진 거리일 뿐이다." 세계 최고의 자동차 경주 대회인 포뮬러 원의 엔지니어는 원하는 만큼 자동차 엔진의 출력을 높일 수 있다. 하지만 지표면을 벗어나 궤도에 오르는 데 필요한 초속 7.9킬로미터에는 이르지 못할 것이다. 반면 로켓 엔진은……

우주로 가기 위해 첫 번째로 필요한 것, 로켓

로켓은 정말 단순한 물건이다. 너무 단순해서 우리는 마트에서 로켓을 사다가 생일이나 새해맞이를 축하하며 뒷마당에서 발사할 수도 있다. 하지만 로켓에 사람을 태우고 우주로 발사하는 일은 극도로 어렵고 복잡해 오직 세 나라만 성공했다.

인간의 우주비행에서 해결해야 할 난제 중 하나는 최첨단 기술을 가동하려면 결국 거대한 연료탱크 위에 사람들을 태워야 한다는 것이다. 그런 다음 연료를 점화해야 한다. 우주비행사 마이크 마시미노는 자신의 회고록 『스페이스맨 Spaceman』에서 이에 대한 마음을 다음과 같이 잘 표현했다. 그는 쾌활한 모습으로 발사대로 향하고 있는 동료들을 보면서 이렇게 적었다.

"이 사람들이 지금 제정신인가? 이제 곧 수백 마일 위 상공으로 날려보낼 폭탄에다 우리를 결박하려고 하는 게 안 보인단 말인가?"

그건 사실이었다. 그가 탄 우주왕복선의 외부 연료탱크에는 65만 리터의 액체산소와 170만 리터의 액체수소가 실려 있었다. 그리고 엔진은 이 연료를 10초당 가족용 수영장 하나를 비우는 것과 같은 속도로 연소했다.

이 기본적인 기술은 9세기에 중국의 승려들이 유황, 질산칼륨, 목탄을 혼합해 화약을 만들어 사용하는 과정에서 발견한 기술과 크게 다르지 않다. 처음에 화약은 불꽃놀이에나 사용되는 정도였지만 중국은 13세기에 자체 추진로켓이라고도 할 수 있는 비화창(flying fire lances, 통에 화약을 넣고 발사하면 날아가는 불창)을 만들어내는 수준까지 발전했다. 16세기에는 심지어 한 남자가 이것을 이용해 별에 도달하려는 시도를 하기도 했다. 중국의 전설에 따르면, 완후라는 남자가 화약을 가득 채운 비화창 47개를 대나무 의자에 붙들어 매고 자신 또한 그 의자에 앉아 스스로 결박한 후에 하인들에게 푸른색 도화선에 불을 붙이라고 명령했다. 화약에 불이 붙으면서 연소하자 그는 공중으로 살짝 튀어올랐다가 엄청난 폭발과 함께 연기 속으로 사라졌다. 그의 모습은 다시 볼 수 없었고 대나무 의자 또한 마찬가지였다. 물론 실제 이 사건이 일어났다는 그 어떤 기록된 자료도 없다. 하지만 현재 달에는 완후라고 명명되는 크레이터[2](crater, 달, 위성, 행성 표면에 있는 크고 작은 구멍)가 있다.

이후 몇 세기에 걸쳐 다양한 방식으로 로켓을 설계하려는 시도들이 있었고 성공의 정도 또한 각기 달랐다. 하지만 현대 로켓에 관한 경우라면 우주비행 역사가들은 대체로 콘스탄틴 치올콥스키(1857-1935년), 로버트 고더드(1882-1945년), 헤르만 오베르트(1894-1989년), 이 세 사람의 이름을 언급한다. 이들은 모두 각자의 분야에서 뛰어난 선구자들이었다. 미국인인 고더드는 9세기에 중국에서 발명된 이래로 줄곧 사용되던 압축된 가루 고체연료인 화약 대신 액체연료를 사용해 지상에서 로켓을 발사한 최초의 인물이었다. 오베르트는 독일 과학자로 나치에 부역했다는 이유로 명성이 실추되었는데, 나치는 로켓에 관한 그의 연구를 활용해 베르겔퉁스바페 2(Vergeltungswaffe 2, 보복무기 2호) 혹은 V-2로 불리는 로켓을 개발했고 이것은 제2차 세계대전 때 영국의 민간인들을 대상으로 발사되기도 했다. 그 로켓의 파괴력은

---

2 분화구는 보통 화산활동으로 형성된 지형을 말하지만, 크레이터는 운석 충돌, 화산 폭발 등 다양한 원인으로 생긴 구덩이를 포괄적으로 의미한다. 따라서 이 책에서는 crater를 〈크레이터〉라는 용어로 통일한다.

엄청났다. 또한 그는 인간이 무중력 같은 우주비행에서 오는 신체적 스트레스 상황에서도 생존할 수 있다는 자신의 이론을 입증하기 위해 스스로에게 직접 의학실험을 진행하기도 했다. 하지만 온전히 뛰어난 상상력으로만 따지자면 이 세 사람 중 가장 인상적인 인물은 단연 치올콥스키일 것이다.

1903년 동력을 갖춘 최초의 비행기가 하늘로 날아오르기 6개월 전, 독학으로 깨우친 한 무명의 러시아 과학자가 우주비행의 가능성을 이론적으로 증명한 최초의 논문을 발표했다. 그해 말 라이트 형제는 비행에 성공하며 역사에 이름을 남겼지만 치올콥스키는 역사상 가장 뛰어난 선견지명을 갖춘 과학자 중 한 명이었음에도 사실상 알려지지 않았다.

평범한 집안의 18남매 중 다섯째로 태어난 그는 어린 시절 병으로 10살 때 청력을 잃었고, 14살에 학교를 그만둔 이후로는 공공도서관에서 물리학, 천문학 서적뿐만 아니라 쥘 베른의 공상과학 소설까지 두루 섭렵하면서 과학을 공부했다. 그는 나중에 이렇게 적었다.

"책 말고 내겐 다른 선생님은 없었다."

그의 초기 저서에는 태양에너지로 가동되는 우주정거장 건설하는 방법, 우주선의 방향을 제어하는 자이로스코프(바퀴의 축을 삼중의 고리에 연결해 어느 방향이든 회전할 수 있도록 만든 장치) 스케치, 우주선이 서로 도킹할 수 있도록 하는 에어로크, 우주비행사가 우주선 밖에서도 활동할 수 있게 해주는 기밀(공기가 밖으로 누출되지 않도록 밀폐하는 것) 구조의 우주복 같은 발상이 포함되어 있었다. 또한 1895년이라는 이른 시기에 그는 우주 엘리베이터라는 개념도 이론화하고 있었다. 그는 훗날 러시아에서 자신의 명성을 드높여준 1903년의 논문을 포함한 놀라운 저작물들을 계속해서 내놓았다. 「반작용 장치를 이용한 우주공간 탐험Exploration of World Space with Reaction Machines」에서는 로켓이 대기권을 돌파해 지구의 궤도를 돌 수 있다는 것을 최초로 이론적으로 증명했다. 치올콥스키는 지구 궤도에 진입하는 데 필요한 수평속도를 계산해 냈는데 그 속도는 연료로 액체수소와 액체산소를 혼합하여 사용하는 로켓을 이용해 달성할 수 있다는 사실까지 알아냈다. 〈치올콥스키 로켓 방정식〉으로 알려진 그의 공식은 로켓의 속도, 로켓과 연료의 질량 변화, 로켓이 배출하는 가스의 속도 간의 관계를 상세히 설명하는데 이것이 바로 우주비행의 기반이 된다.

1917년에 소비에트가 권력을 장악한 이후 그들은 우주비행에 대한 유사신학적인 치올콥스키의 생각을 의심했다. 그것이 공산주의 철학과 상충한다는 이유에서였다. 「신은 있는가?Is There God?」에서 치올콥스키는 이렇게 주장했다.

"우리는 우주의 뜻에 좌우되고 우주의 통제를 받는다······. 우리는 마리오네트, 그러니까 꼭두각시 인형이다."

실제로 그는 공산당의 통제를 받았다. 어느 날 비밀경찰이 그를 체포했고 반체제 선전 혐의로 고발되어 악명 높은 모스크바의 루비앙카 감옥에 몇 주 동안 수감되기도 했다.

하지만 이제 막 로켓 산업이 새롭게 진척되면서 소련은 해당 분야의 선구자가 자국민임을 주장하는 홍보가 얼마나 큰 이득을 가져다주는지 깨달았고, 그 결과 1929년에 치올콥스키가 최초로 다단계 로켓 추진장치의 개념을 제안하는 논문을 출간할 수 있도록 허용했다.

이 선각자에게 명예가 뒤따르지 않은 것은 아니다. 특히 그의 출생지에는 〈우주비행의 아버지〉부터 〈로켓공학의 아버지〉에 이르기까지 많은 비문이 남겨져 있다. 그의 허름한 오두막집은 대중에게 공개되고 있으며 인근에는 그의 이름이 들어간 국립우주비행역사박물관도 있다. 또한 달의 뒷면에는 소련의 우주선 루나Luna 3호가 발견한, 공상과학 소설에나 나올 법한 내용들이 실제 과학적 사실이 될 수 있다는 것을 알았던 한 남자의 이름을 딴 거대한 크레이터가 있다.

박식한 공상과학 전문가들은 이 모든 것을 알고 있었다. 만화책 시리즈 『어쌔신 크리드 Assassin's Creed』에서 주인공은 치올콥스키의 『우주의 의도 The Will of the Universe』를 읽는다. 「스타트렉 Star Trek」의 한 에피소드는 그의 이름을 따서 제목을 지었다. 또한 그는 게임 프로듀서인 시드 마이어의 비디오게임 두 편에서도 인용되었고 공상과학 소설가 윌리엄 깁슨의 단편소설에서도 이름이 언급되었다. 마이어와 깁슨은 치올콥스키의 다음과 같은 가장 유명한 말을 이미 알고 있는 것이 분명하다.

"지구는 인류의 요람이지만 영원히 요람에서 머물 수는 없다."

그는 죽기 직전에 이렇게 적었다.

"평생 나는 내 연구를 통해 최소한 인류가 조금이나마 진보하기를 꿈꿔왔다."

그의 꿈은 실현되었다.

미소 양국의 로켓 경쟁,
냉전은 그렇게 시작되었다
—

이론을 현실로 만드는 것은 쉽지 않았다. 치올콥스키의 방정식을 실현하려면 반드시 가속을 해야 한다. 가속을 하려면 연료가 필요한데 더 빠르게 가속할수록 더 많은 연료가 필요하다. 결국 더 많은 연료가 필요할수록 그것을 싣는 우주선은 더 무거워진다.

20세기 초반 수십 년에 걸쳐 많은 과학자들이 이 문제와 씨름해 왔다. 그 결과 제2차 세계대전에 앞서 다양한 발전이 이루어졌지만 바로 그 전쟁과 뒤이어 발생한 냉전이 승리에 대한 열망에 불을 지피며 기술의 급격한 발전을 이끌었다.

소련과 일본은 로켓 추진 비행기를 실험했으며 일본은 심지어 이를 이용한 가미카제의 자살폭격기까지 개발했다. 하지만 이를 주도한 것은 독일의 로켓 프로그램이었다. 이 프로그램을 총괄한 인물은 베르너 폰 브라운으로, 프로이센의 귀족 출신인 그는 헤르만 오베르트의 연구에서 영감을 받았다. 오베르트와 마찬가지로 폰 브라운도 나치당에 가입했고 나치 친위대의 소령이 되었다.

1942년에 그는 최초로 로켓을 약 100킬로미터 상공의 준궤도 sub-orbital[3]로 발사하는 임무를 총괄 지휘했지만 그의 팀은 아직 궤도 진입에 필요한 속도를 낼 수 있는 로켓을 설계할 수 없었다. 하지만 그의 V-2 로켓은 다시 지구로 떨어지기 전까지 최대 시속 5,300킬로미터로 320킬로미터 거리(떨어진 지점까지)를 비행할 수 있었다. 폰 브라운의 이 같은 획기적인 성과를 보고받은 아돌프 히틀러는 그에게 탄두를 장착한 V-2 로켓 수천 기를 제작하라는 임무를 부여했다. 그리

---

[3] 준궤도는 로켓이나 우주선이 우주로 발사되었을 때 지구 궤도에 완전히 진입하지 않고 대기권 밖을 통과한 후 지구로 다시 돌아오는 경로를 말한다. 따라서 준궤도 비행에서는 로켓이나 우주선이 대기권을 벗어나 우주공간에 도달하기는 하지만 지구 궤도에 진입하지 않고 다시 지구로 돌아온다. 때문에 준궤도 비행은 민간 우주 관광 등에 주로 활용된다.

하여 1944년에 실전에서는 처음으로 다수의 V-2 로켓이 독일의 보복 공격의 일환으로 영국과 벨기에 등에 발사되었다. 그것은 음속보다 빠른 속도로 비행하기 때문에 요격하는 것이 거의 불가능했고 발사 후 3분도 채 지나지 않아 목표물을 명중시켰다. V-2 로켓은 대체로 폰 브라운이 직접 부헨발트 강제수용소에서 선발한 포로 노동자들이 만들었고 결국 그 로켓은 무고한 수천 명의 민간인을 사망케 했다.

하지만 히틀러의 천년제국이 수립된 지 9년 만에 붕괴하기 시작하자 폰 브라운과 그의 팀은 바이에른으로 이동해 미국에 투항했다. 그것 말고는 대안이 러시아에 항복하는 것뿐이었다는 점을 고려하면 미국으로 향한 것은 훌륭한 선택이었다. 당시 러시아와 미국 두 강대국은 모두 나치의 비밀무기와 그것을 개발한 과학자들을 찾아내는 임무를 수행하는 정보장교들을 따로 두고 있을 정도였다.

소위 〈페이퍼클립 작전〉(Operation Paperclip, 제2차 세계대전 직후 독일 과학자들을 포섭해 미국으로 수송한 비밀 작전)으로 알려진 계획에서 폰 브라운과 약 120명의 독일 과학자들은 비밀리에 미국으로 이송되어 미국의 탄도미사일 개발 프로그램에 착수했다. 그들의 과거는 철저히 은폐되었다. 그들 중 다수는 열성적인 나치 당원이었지만 뉘른베르크 전범 재판에서 실형을 선고받은 다른 동료들과 달리 교수형을 당하는 대신 오히려 일자리를 얻었다.

쾌활하고 말솜씨가 좋은 폰 브라운은 결국 NASA의 마셜우주비행센터 책임자이자 미국 우주 프로그램을 대표하는 얼굴이 되었다. 그는 자신의 V-2 로켓에 대해 "잘못된 장소에 떨어진 것을 제외하면 완벽하게 작동했다"라고 언급한 것으로 알려졌다. 그의 도덕적 무심함은 미국인들에게 필적했는데, 그들은 파우스트의 계약을 제시하면서 자국이 직면한 새로운 전쟁, 즉 냉전을 치르는 데 도움을 주는 대가로 그의 과거를 세탁해 주었다.

러시아도 비슷한 생각을 가졌다. 미국의 페이퍼클립 작전에 해당하는 러시아의 계획은 〈오소아비아킴 작전Operation Osoaviakhim〉이었다. 1946년 10월, 소련의 군대와 정보원들은 2,200명이 넘는 독일의 과학자들과 그 가족들을 러시아로 데려갔고 그들에게 로켓 프로그램을 비롯한 다양한 프로젝트를 진행시켰다. 이렇게 냉전이 시작되었다.

이때는 전 세계 사람들이 버섯구름(핵폭발이 일어날 때 생기는 버섯 모양의 구름)의 그늘에서 살아가던 시대였다. 아이들은 핵공격에서 살아남기 위해 머리를 숙이고 덮개로 가리는 훈련을 받았고, 비록 수소폭탄을 주고받는 상황에서는 아무런 도움이 되지 않을지라도 사람들은 저마다 공습 대피소를 만들라는 권유도 받았다. 1949년 8월, 소련은 카자흐스탄의 외딴 시험장에서 첫 번째 원자폭탄 실험을 시행했다. 그 당시 시베리아 해안을 비행하던 미국의 정찰기가 방사능의 흔적을 포착했는데 몇 주 후에 해리 트루먼 미 대통령은 전 세계에 소련이 핵보유국이 되었다고 발표했다. 이제 두 국가 간의 핵전쟁은 실제로도 일어날 수 있는 상황이었다. 양측 모두 원자폭탄보다 더 강력한 수소폭탄을 개발하면서 핵 대참사의 위험은 훨씬 더 커지고 있었다.

스푸트니크 1호,
미국보다 먼저 그곳에 가다
—

냉전시대에 사용된 무기 중에는 〈기술technology〉이라는 것도 있었는데 양측은 이를 자국의 정치 체제와 군사력이 우월하다는 것을 입증하기 위해 사용했다. 1950년대에 미국과 소련은 대기의 밀도를 조사하고, 전파의 송신을 연구하고, 궤도를 도는 물체들을 추적하는 임무 등을 수행하는 인공위성을 우주로 발사할 수 있는 탄도미사일을 개발하고 있었다. 물론 그 미사일은 다른 용도로도 사용될 수 있다.

소련의 우주 프로그램은 세르게이 코롤료프가 주도했다. 1930년대에 모국에 저항하며 반反혁명주의자임을 자백하면서 고문을 당하기도 한 그는 잔혹하기로 악명 높은 시베리아의 강제수용소로 보내졌다. 그곳에서 그는 굶주리고 이가 빠지고 턱이 부러졌지만 독일과의 전쟁이 임박해지자 모스크바에 있는 감옥으로 이송되었고 그곳에서 제2차 세계대전 동안 로켓의 설계를 담당했다. 그에게 내려진 지시는 다음과 같았다.

"미국인들을 이기고 〈그곳〉에 먼저 도착해야 한다."

그는 4개월 빨리 목표를 달성했다.

1957년 10월 초, 미국 동부의 몇몇 아마추어 무선통신 애호가들은 각자의 단파수신기에서 잇달아 삐삐삐 울리는 소리를 포착했다. 그들 중 일부는 그 소리를 녹음했고, 몇 시간 후에 미국인들은 텔레비전과 라디오를 통해 인간이 만든 물체로는 최초로 지구 궤도를 도는 스푸트니크Sputnik 1호에서 전송되는 송신음을 듣게 되었다. 마침내 인류는 한계를 뛰어넘은 것이다. 바야흐로 〈우주시대〉의 서막이 열린 것이다.

스푸트니크 1호는 1957년 10월 4일 카자흐스탄에서 발사되었다. 크기는 비치볼보다 조금 더 컸고 무게는 고작 85킬로그램에 불과했다. 외부에는 구체에서 돌출된 네 개의 긴 안테나가 있었고 내부에는 온도계, 배터리 몇 개, 무선송신기, 온도 유지를 위한 냉각용 팬이 있었다. 이 역사적인 사건으로 미국인들은 몹시 당황했다.

그것은 러시아와 소련 그리고 공산주의의 승리라고 인정되었다. 소련 공산당 중앙 기관지인 《프라우다》는 이렇게 언급했다.

"전 세계가 인공 달(스푸트니크 1호의 공과 같은 모양에 빗댄 표현)의 발사 소식을 들었다."

당시 소련 공산당 서기장이었던 니키타 흐루쇼프는 키이우의 마린스키 궁전에서 열린 만찬회에서 스푸트니크 1호의 성공 소식을 들었다. 그의 아들 세르게이는 전화가 걸려 왔다는 말을 듣고 아버지가 방을 나갔다가 몇 분 후에 환한 얼굴로 돌아왔다고 회상했다. 이윽고 그는 한동안 말없이 자리에 앉아 있다가 조용히 하라는 의미로 손을 들었다.

"동지 여러분"

그가 아직 상황을 모르고 있는 사람들에게 말했다.

"조금 전에 지구의 인공위성이 발사되었습니다."

백악관은 대수롭지 않은 척했다. 아이젠하워 대통령은 스푸트니크 1호를 "하늘에 떠 있는 작은 공"이라고 지칭했고, 한 보좌관은 미국은 "우주에서 농구 경기를 하지 않을 것"이라고 말했으며, 또 다른 보좌관은 심지어 스푸트니크를 "우스꽝스러운 구슬"이라고 폄하했다. 하지만 비공식적으로는 소련이 이룬 업적이 매우 중요한 것이라고 인식되었고, 미국 언론의 헤드라인은 이 사건이 갖는 엄청난 영향력에 대해 여전히 의심의 눈초리를 보내는 사람들의 시선을 단숨에 사로잡았다. 《뉴욕 헤럴드 트리뷴》은 "심각한 패배"라고 단언했고 《더 리포터》는 "국가적 비상사태"라고 경고했다. 하늘에 떠 있는 그 작은 공이 난공불락이라는 미국에 대한 인식을 산산조각 내버린 것이다.

스푸트니크 1호는 외피가 매우 눈부시게 빛나는 고광택의 알루미늄으로 되어 있다. 그래서 지구의 대기권에 재진입해 불타버릴 때까지 미국인들은 3개월 동안 매일 90분마다 그것이 머리 위로 지나갈 때면 그 모습을 볼 수 있었다. 스푸트니크 1호는 그럴 때마다 소련이 미국의 기술을 능가했다는 것을 재차 상기시켰다. 여기서 미국의 걱정은 인공위성 그 자체라기보다는 그것을 싣고 우주로 올라간 거대한 로켓에 관한 것이었다. 러시아인들이 〈지구의 인공위성〉이라고 불렀던 것은 그야말로 게임 체인저였다. 스푸트니크가 등장하기 전에 미국은 소련의 핵무장 항공기를 요격할 수 있다고 생각했다. 하지만 스푸트니크는 사실상 탄도미사일과 다름없는 물체의 최상단에 실려 우주로 발사되었고 그 같은 로켓은 이제 미국에까지 도달할 수 있다는 것이 명백해졌다.

역사학자 월터 맥두걸은 훗날 스푸트니크 관련 뉴스가 미국 정부와 미국인들에게 미친 영향에 대해 이렇게 말했다.

"공산주의자들이 기술에서 우리보다 앞서간다고요? 무한한 규모의 새로운 미개척지를 그들이 개척한다고요? 어떤 의미에서는 그들이 미래를 장악하는 것이라고요?⋯⋯. 이게 도대체 무슨 의미인가요? 미래는 공산주의자들의 것이라는 말입니까?"

이제 적색분자들은 그저 침대 밑에 들어가 있지 않았다. 그들은 우리의 머리 위에 있다.

스푸트니크가 발사되고 며칠 후 〈기밀〉이라고 표시되어 백악관에 전달된 보고서를 보면 당시 아이젠하워 정부가 무엇을 위태롭게 여겼는지를 알 수 있다. 「소련의 인공위성에 대한 반응」이라는 제목이 달린 그 문서에는 이렇게 적혀 있다.

"우방국가들의 여론은 미소 양국 군사력의 균형에 변화가 일어났을 가능성에 상당한 우려를 표명한다." 그리고 다음과 같이 끝을 맺는다. "전반적으로 소련의 신뢰도가 급격히 상승되었다."

몇 주 후, 소련은 이에 그치지 않고 스푸트니크 2호까지 성공적으로 발사했다. 이번에는 라이카라는 이름의 개 한 마리가 탑승했는데 그 개는 우주에 진출한 최초의 동물이 되었지만 애석하게도 우주에서 귀환한 최초가 되지는 못했다. 끝내 지구로 돌아오지 못했기 때문이다.

〈최초〉라는 타이틀을 계속해서 빼앗기는 미국

아이젠하워는 최대한 빨리 미국도 인공위성을 발사하도록 지시했다. 스푸트니크 1호가 우주로 발사된 지 두 달 후에 미국의 뱅가드 실험 발사체 3호를 실은 로켓이 플로리다의 케이프 커내버럴에서 발사되었지만 고작 1미터 남짓 솟구치다가 지상으로 내려앉으며 폭발했다. 소련에서 일어났던 상황과는 대조적이었다. 이 행사를 촬영하기 위해 카메라맨들이 현장에 자리를 잡았는데 결국 몇 시간 안에 이 폭발 장면이 전국에 방송되었다. 언론은 "카푸트니크!"(Kaputnik, 고장난 스푸트니크), "플로프니크"(Flopnik, 자빠진 스푸트니크) 같은 헤드라인을 쏟아내며 실컷 조롱했다. 이에 소련은 자국의 〈후진국을 위한 기술 지원 프로그램〉을 미국에 제안하기도 했다.

아이젠하워는 이 상황이 달갑지 않았다. 미국의 우주 프로그램 예산은 연간 5억 달러에서 105억 달러 이상으로 치솟았다. 결국 1958년 1월, 폰 브라운이 설계한 주피터 1호 로켓이 미국 최초의 인공위성 익스플로러 1호를 궤도에 성공적으로 진입시켰다. 하지만 소련이 이미 두 차례의 〈최초 업적〉을 달성한 후였다. 이제 양측은 모두 그 다음을 내다보고 있었다.

이후 수년 동안 두 나라는 몇몇 시도를 했지만 그 어떤 것도 스푸트니크 1호만큼 대단하지는 못했다. 1958년 12월, 아이젠하워 대통령이 녹음한 크리스마스 메시지가 미국의 인공위성에서 전송되었는데 이는 우주에서 인간의 목소리가 송출된 최초의 사례였다. 몇 주 후 소련의 루나 1호 달 탐사선은 애초에 의도한 목표 지점인 달을 놓치고 지나치면서 지구가 아닌 태양 궤도에 진입했다. 결국 그것은 태양 궤도를 도는 최초의 인공위성이 되었지만 이는 원래 계획이 실패하면서 발생한 우연의 결과였다.

이후 소련은 1959년 후반에 루나 2호가 달 표면에 도달한 최초의 탐사선이 되었을 때 말 그대로 히트를 쳤다. 그것은 연착륙을 목표로 했지만 과학적인 표현으로는 〈충돌〉이라 할 수 있는 경착륙을 하면서 달의 고요의 바다(Mare Tranquillitatis, 달의 동쪽에 위치한 평탄한 지형)와 충돌했는데, 결과적으로는 소련의 상징물(소련의 휘장이 그려져 있는 금속공)을 탑재한 은색 패널을 깨뜨려 달 표면에 흩뿌리기 위해 계획된 것이기에 임무는 완수한 셈이다. 흐루쇼프는 루나 2호의 모형 하나를 아이젠하워 대통령에게 선물로 보냈다. 그해에는 코롤료프가 설계한 또 다른 탐사선인 루나 3호가 달의 뒷면에 도달하기도 했다.

1960년에는 미국이 기상연구를 위해 타이로스TIROS라는 위성을 발사했다. 타이로스는 불과 며칠 만에 마다가스카르 해안 인근에서 폭풍을 감지하고 추적했는데 이후 현재 일기예보에 사용되는 글로벌 시스템의 원형이 되었다. 타이로스는 오직 대규모의 특징들만 포착할 수 있었지만 그 정도로도 모스크바를 긴장하게끔 만들기에는 충분했다.

그해 말에 스푸트니크 5호는 벨카와 스트렐카라는 두 마리의 개를 태운 채 우주로 발사되었는데 이번에는 다행히도 두 마리 모두 무사히 지구로 귀환했다. 한동안 셀럽 대우를 받은 스트렐카는 공적 생활에서 은퇴하고 여섯 마리의 강아지를 낳았는데 그중 한 마리는 푸신카(Pushinka, 러시아어로 털이 복슬복슬하다는 의미)라는 이름으로 불렸다. 흐루쇼프는 1961년에 존 F. 케네디 대통령과 오스트리아에서 회담 중 잠시 휴식 시간에 미국의 퍼스트레이디인 재클린 케네디와 담소를 나누던 중에 그녀가 스트렐카의 안부를 물었던 것을 기억했다. 이제 선물하는 기술을 익힌 그는 소련 여권까지 챙겨 스트렐카의 자식인 푸신카를 백악관에 보냈다. 케네디 대통령은 그에게 감사의 편지로 화답했다.

"제 아내와 저는 푸신카를 만나게 되어 매우 기쁩니다. 소련에서 미국까지 이동하는 푸신카의 비행은 어미의 우주비행만큼 극적이지는 않았어도 어쨌든 그것은 긴 여정이었고 푸신카는 아주 잘 견뎌냈습니다. 우리 두 사람은 바쁘신 와중에도 아내의 말을 기억해준 당신에게 진심으로 감사의 마음을 전합니다."

푸신카는 케네디가 이미 기르고 있던 애완견 중 하나인 찰리와 사이좋게 지냈는데 그 결과 둘 사이에는 존 F. 케네디가 푸프닉pupniks이라고 부른 네 마리의 강아지가 태어나기도 했다. 냉전이라는 극도의 긴장상태를 고려하면 드물게 진심을 주고받는 이런 순간들은 가히 환영받을 만하다.

하지만 여전히 승리를 쟁취해야 할 우주경쟁이 있었다. 미국은 소련의 벨카와 스트렐카를 보면서 햄이라는 이름의 침팬지를 키웠는데, 햄은 1961년 1월 31일에 우주로 보내진 최초의 영장류가 되었다. 하지만 아무도 햄을 기억하지 못한다. 왜냐하면 우주에 보내진 두 번째 영장류가 바로 우주에 간 〈최초의 인간〉이 되었기 때문이다. 미국인들은 불행하게도 자국의 프로젝트에 〈인간을 우주에 가장 빨리 보내기Man in Space Soonest〉 혹은 MISS라는 명칭을 붙였다.

1961년 4월 12일, 소련의 유리 알렉세예비치 가가린은 보스토크Vostok 1호 우주선에 다가가면서 자신을 발사대까지 데려다준 차량의 오른쪽 뒷바퀴에 소변을 보기 위해 잠시 멈추었다. 오늘날까지도 러시아의 우주비행사들은 그에게 경의를 표하는 마음으로 이와 똑같은 행동을 한다. (여성 우주비행사들은 병에 담아와 바퀴에 뿌린다.) 이윽고 가가린은 캡슐에 올라 탑승한 후 대기했다. 카운트다운은 없었고(세르게이 코롤료프는 그것을 미국인들의 허세라고 생각했다) 모스크바 시각으로 오전 9시 7분에 발사 버튼이 눌러졌다. 가가린은 "포예칼리Poyekhali!"(가자!)라고 소리쳤고, 그는 이륙하면서 지구의 강력한 속박에서 벗어나 미국의 시인이자 전투기 조종사 출신인 존 길레스피 매기가 "저 높이 아무도 지나가지 않은 우주의 성역"이라고 지칭한 공간 속으로 들어가며 인류의 역사에 자신의 이름을 아로새겼다. 그는 인류 최초로 〈우주비행〉에 성공했다.

비행은 가가린이 지구 궤도를 한 바퀴 도는 데 걸린 108분 동안 이어졌다. 이후 지구에 재진입하는 과정에서 그는 약 7킬로미터 상공에 도달할 즈음 캡슐에서 탈출했고 볼가강 인근의 시골 마을에 낙하산을 펴고 착륙했다. 몇 분 후, 안나 타크타로바라는 여성과 그녀의 다섯 살 된 손녀는 자신들의 감자밭을 가로질러 다가오는 밝은 오렌지색 우주복에 흰색 헬멧을 착용한 우주인을 보았다. 훗날 가가린은 이렇게 회상했다.

"그들은 우주복을 입고 낙하산을 질질 끌며 걸어오는 나를 보고 공포에 질려 뒤로 물러나기 시작했어요. 그래서 내가 말했죠. '겁내지 마세요, 나도 당신들처럼 소련 국민입니다. 나는 우주에서 내려왔고 모스크바에 연락할 전화기를 찾고 있습니다!'"

가가린은 소련의 영웅이자 냉전시대 공산주의자들의 중요한 자산으로 세계적인 유명인사가 되었다. 그는 당시 27세에 불과했으며 매력적이고 항상 미소 짓는 얼굴이었다. 더욱이 그는 소규모 집단농장 노동자의 아들로 태어나 전투기 조종사를 준비하다가 우주비행사가 되었고 마침내 우주를 비행한 최초의 인간이 되었다. 과연 이것 말고 서구의 자본주의보다 소련의 체제가 우월하다는 것을 입증할 더 좋은 증거가 있을까?

가가린은 소련의 우주비행 프로그램에 등록한 200명의 전투기 조종사 중에서 선발되었다. 발사를 앞두고 두 명이 최종 후보로 추려졌다. 그의 경쟁자는 게르만 티토프로 모든 면에서 가가린에 필적하는 능력을 지녔지만 그에겐 한 가지 약점이 있었다. 바로 유복한 중산층의 고학력 집안 출신이라는 것이다. 흐루쇼프는 "집단농장에서 우주까지" 이어지는 서사를 통한 홍보의 가치를 알고 있었기에 결국 집단농장 노동자의 아들이 보스토크 1호에 탑승해 대기를 뚫고 우주로 나아갔다. 붉은 광장에서 열린 축하 퍼레이드에 참석하기 전에 가가린의 부모는 행사에 수수한 옷차림으로 가라는 지시를 받았다.

이제 남은 건 하나,
누가 먼저 달에 도착하느냐다

가가린의 우주비행 성공 소식은 새벽 이른 시간에 미국에 알려졌고 미국의 전 언론사들은 이 상황에 대한 NASA의 논평을 듣기 위해 전화를 걸어댔다. 당시 NASA의 당직 장교인 존 쇼티 파워스는 잠을 설치게 된 것에 화가 난 나머지 한 기자에게 이렇게 소리쳤다.

"이게 도대체 뭡니까? 우리 모두 지금 여기서 자고 있단 말입니다!" 그 말은 아주 기가 막힌 헤드라인으로 이어졌다.

"소련은 인간을 우주에 보냈다. 미 대변인은 미국이 자고 있다고 말한다."

이것은 굉장히 충격적인 소식이었다. 몇 달 전 취임연설에서 케네디 대통령은 이렇게 말했다.

"자유의 생존과 성공을 보장하기 위해 우리는 그 어떤 대가도 치르고, 그 어떤 부담도 지고, 그 어떤 어려움도 겪고, 그 어떤 친구도 지원하고, 그 어떤 적과도 맞설 것입니다."

가가린이 우주비행에 성공하기 전만 해도 NASA에 대한 대규모의 재정적 지원은 그런 대가에 포함되지 않았다. 하지만 이제는 사정이 달라졌다.

1961년 5월 5일, 가가린이 지구로 귀환한 지 불과 3주 후에 앨런 셰퍼드는 우주를 비행한 〈최초의 미국인〉이 되었다. 하지만 인간으로는 두 번째였다. 케네디는 자국의 목표를 더 높게 설정했다. 그와 린든 존슨 부통령은 미국의 기술적인 역량과 우위를 증명하려면 달 궤도 진입이나 우주정거장 건설로는 부족하다는 결론을 내렸다. 그런 차원에서 그들은 미국인을 달에 착륙시키고 전 세계에 그들이 성공하는 모습을 보여주어야만 했다. 케네디 대통령은 같은 달에 열린 의회 연설에서 그와 같은 계획을 제시하면서 이렇게 말했다.

"만약 우리가 겨우 절반밖에 가지 못하거나 난관에 직면해 목표를 낮춰야 한다면, 내 판단으로는, 아예 하지 않는 것이 낫습니다."

그는 냉전과의 연관성도 명확하게 밝혔다.

"만약 우리가 현재 전 세계에서 벌어지고 있는 자유와 폭정 간의 대결에서 승리하고자 한다면, 최근 몇 주 동안 일어난 우주에서의 극적인 성과가 1957년에 스푸트니크가 그랬던 것처럼 우리 모두에게 확실하게 인식되었어야 했습니다. 이 모험이 전 세계 사람들의 생각에 어떤 영향을 미쳤는지 말입니다……. 나는 이 나라가 1960년대가 끝나기 전에 인간을 달에 착륙시키고 무사히 지구로 귀환시키는 목표를 달성하는 데 전념해야 한다고 믿고 있습니다……. 달에 가는 것은 한 사람이 아닐 것입니다. 만약 우리가 이에 대해 긍정적으로 판단한다면, 달에 가는 것은 이 나라 전체가 될 것입니다."

당시의 시대정신은 이듬해 그가 휴스턴에서 한 「우리는 달에 가기로 결정했습니다」라는 연설에서도 포착되었다.

"우리는 이번 10년 안에 달에 가기로 결정했고 그 외 다른 일들도 할 것입니다. 그것들이 쉽기 때문이 아니라 오히려 어렵기 때문에 하는 것입니다."

베르너 폰 브라운은 즉시 임무에 착수했다.

하지만 세르게이 코롤료프 또한 이미 분주하게 움직이고 있었다. 비록 그가 스푸트니크 1호를 비롯해 수많은 성공을 거두었음에도 소련 로켓 프로그램의 수석 설계자로서 그의 역할은 대중에게 알려지지 않았다. 그의 업적은 1966년에 그가 수술을 받던 도중 합병증으로 사망한 후에야 드러났다. 의사들은 호흡관을 사용하려고 노력했지만 그의 목구멍이 강제수용소 시절에 워낙 심하게 손상된 탓에 삽입할 수가 없었다. 코롤료프의 장례는 국가장으로 치러졌고 그의 유골은 크렘린 성벽 아래 묘지에 안장되었다. 유리 가가린이 추도사를 낭독했다.

2년 후에는 가가린도 세상을 떠났다. 그는 "나는 영원히 우주를 비행할 수도 있었을 것이다"라고 말했지만 34세의 젊은 나이에 그를 죽음에 이르게 한 것도 바로 비행이었다. 그는 미그-15 전투기로 시험비행을 하던 중에 목숨을 잃고 말았다. 수만 명의 사람들이 붉은 광장에서 치러진 그의 장례식에 참석했고 그의 유해는 코롤료프의 묘지 근처에 묻혔다.

케네디의 연설과 코롤료프의 사망 그 사이에도 소련은 계속해서 최초의 업적을 쌓아갔는데 그 모든 것에는 러시아 엔지니어들의 자취가 담겨 있었다. 1962년에는 최초로 2인 우주비행에 성공했고, 1963년에는 발렌티나 테레시코바가 최초로 우주를 비행한 여성이 되었으며, 1965년에는 알렉세이 레오노프가 최초로 우주유영(우주선 밖으로 나가 활동하는 것)에 성공했다. 레오노프의 우주유영은 무척이나 극적이었다. 그가 우주선 밖에 있는 동안 그의 우주복이 팽창하면서 캡슐로 복귀하는 것이 불가능해졌기 때문이다. 결국 그가 우주복 안의 산소를 배출해 폭 1미터의 에어로크로 간신히 들어오기까지 몇 분 동안 팽팽한 긴장감이 감돌았다. 그로부터 1년 후에는 루나 9호가 최초로 달 표면에 연착륙하는 성과를 달성하면서 최초로 달 표면을 근접 촬영한 사진을 전송했다.

케네디의 1961년 연설에 대해 흐루쇼프는 소련이 미국과 달을 향한 경쟁을 벌인다는 것을 확인하지도 부인하지도 않았다. 대신 그는 비밀리에 지시를 내렸다. 만약 미국인들이 1960년대가 끝나기 전에 달에 가겠다고 말했다면, 소련은 1968년을 목표로 해서 그들보다 먼저 달에 도착해야 한다. 하지만 그들의 수석 설계자이자 최고의 귀감이던 세르게이 코롤료프가 없다면 성공하기 힘들 것이다.

코롤료프가 사망한 이후에 소련에는 기술적인 실패가 잇따랐는데 1967년에 일어난 소유스Soyuz 1호의 우주비행사 블라디미르 코마로프의 비극적인 죽음이 그 대표적인 사례였다. 몇 번의 사고 후에 그의 임무는 중단되었고 끝내 지구로 귀환하기로 결정했다. 하지만 우주선의 주요 낙하산이 펼쳐지지 않았고 예비 낙하산 또한 뒤엉켜 있었다. 결국 소유스 1호는 고속으로 지표면에 충돌한 후 폭발했다. 엔지니어들이 18개월 동안 문제점을 발견해 수정할 때까지 소련의 유인 우주비행 임무는 재개되지 않았다. 한편 미국의 NASA도 비극적인 사고들을 겪었는데 1967년에 지상에서의 실험 도중에 우주선 내부 화재로 버질 그리솜, 에드 화이트, 로저 채피가 숨졌던 아폴로 1호의 사고가 대표적인 경우였다. 이때 확인된 결함이 해결되기까지 거의 2년이라는 시간이 걸렸다.

결국 인류의 거대한 발자국은 미국이 남겼다

하지만 최초의 유인 우주선 달 착륙 경쟁은 계속해서 진행되고 있었다. 소련은 미국 NASA가 발사용으로 준비 중인 새턴 5호 로켓과 달 착륙선 개발에 어려움을 겪고 있다는 사실을 인지하고 있었다. 따라서 미국이 자체적으로 정해놓은 최종 기한을 지키지 못할 것이 뻔하고 아무리 빨라도 1970년까지는 시도하지 못할 거라고 자체 결론을 내렸다. NASA의 여러 관계자들도 같은 생각이었다. 반면 코롤료프 사후에 소련이 직면한 문제의 실상을 알지 못했던 미국은 소련이 1968년 12월에 우주선 발사를 위한 최적의 발사가능시간대launch window[4]를 이용할 것이라고 걱정했다. 그 이후에는 1969년까지 달이 우주선이 비행하기에 적당한 위치에 있지 않을 것이기 때문이다.

하지만 그 기회의 문은 열렸다 닫혀버렸다. 소련 측에서는 아무런 움직임도 없었다. 오히려 같은 달에 세 명의 미국인이 달의 궤도에 오른 최초의 인간이 되었다. 아폴로 8호는 프랭크 보먼, 짐 로벨, 빌 앤더스를 태우고 달 주위를 열 바퀴 돌았다. 이때 앤더스는 그 유명한 〈지구돋이Earthrise〉 사진을 찍었고 훗날 자신들은 달에 갔지만 지구를 발견했다고 말했다. 옅은 대기층의 보호를 받으며 허공에 불안정하게 떠 있는 "창백한 푸른 점"과도 같은 사진 속 지구의 이미지는 그것을 본 사람들에게 엄청난 심리적 영향을 미쳤고 새로이 부상하던 환경운동에 크게 힘을 실어주는 역할을 했다는 평가를 받았다. 크리스마스이브에 지구의 집으로 돌아가기 전에 세 사람은 가져간 카메라를 통해 아폴로 8호에서 생방송에 참여했다. 당시 그들은 차례로 창세기의 구절을 읽었다.

---

[4] 로켓이나 우주선이 발사되어야 하는 특정 시간대를 의미한다. 이 시간대는 궤도 역학, 행성의 위치, 지구의 자전, 날씨 조건 등 여러 요인에 따라 결정된다. 성공적인 발사를 위해서는 모든 조건이 적절해야 하며, 이 때문에 발사 기회를 놓치게 되면 다음 가능한 시간대를 기다려야 한다.

하나님이 이르시되 빛이 있으라 하시니 빛이 있었고

빛이 하나님이 보시기에 좋았더라: 하나님이 빛과 어둠을 나누사

다수의 자료에 의하면 전 세계에서 이 방송을 시청한 사람은 10억 명에 달한다고 한다. 전 세계 인구 네 명 중 한 명은 보았던 셈이다. 이는 믿을 수 없을 만큼 놀라운 수치였지만 확실히 대규모의 시청자가 이 놀라운 사건을 보고 싶어 했다는 것만큼은 입증한 셈이다. 인간은 달 주위를 돌다가 돌아왔다. 이 다음 단계로는 가장 중요한 목표가 남아 있었다. 시간은 계속해서 흐르고 있었다.

"10, 9, 8, 7……." 드디어 1969년 7월 16일 그날이었다. 아폴로 11호 발사를 위한 카운트다운이 진행 중이었다. 코롤료프의 말이 맞았다. 카운트다운은 미국인의 허세, 더 정확히 말하자면 미국계 독일인의 허세였다. 1929년에 프리츠 랑 감독은 영화 「달의 여인Frau im Mond」에서 긴장감을 고조시키기 위해 최초로 로켓 발사 카운트다운 장면을 연출했는데 "10초 전"부터 절정을 나타내는 "발사!"에 이르는 순간까지 자막을 넣었다. 그 영화를 누가 보았을지 생각해 보라. 바로 어린 베르너 폰 브라운이었고 그는 그 아이디어에 상당히 매료되었다. 그것은 텔레비전 시대에 극적인 상황과 스펙터클한 장면을 선호하는 미국인의 감각과 잘 맞아떨어졌다. 그 장면은 플로리다 공공서비스 위원회에도 깊은 인상을 남겼다. 1998년에 전화번호의 지역번호로 3-2-1을 사용할 수 있는지 문의하는 요청에 플로리다 공공서비스 위원회는 그 번호를 케이프 커내버럴이 포함된 스페이스 코스트Space Coast 지역의 공식 지역번호로 승인했다.

이처럼 유인 우주선이 발사되는 과정보다 더 극적인 순간은 없다.

닐 암스트롱, 에드윈 버즈 올드린, 마이클 콜린스가 케네디 우주센터에서 체감한 당시 상황을 이해하기 위해서는 NASA의 우주비행사 마이크 마시미노의 회고록을 다시 살펴볼 필요가 있다.

발사 6초 전, 주 엔진의 점화로 요란한 진동을 느낄 수 있다. 우주선 전체가 한순간 앞으로 요동친다. 이윽고 카운트다운이 제로가 되면 우주선은 뒤로 기울어지며 다시 똑바로 서는데, 바로 그 순간 액체연료 로켓 추진장치가 점화되고 곧장 우주선은 이륙한다. 우주선이 움직이고 있다는 것은 의심의 여지가 없다. 이건 "와, 벌써 출발했어?" 같은 느낌이 아니다. 그냥 펑! 소리와 함께 멀리 사라져 버린다……. 마치 공상과학 영화에 나오는 거대한 괴물이 내려와 내 몸을 붙잡은 후에 아주 세게 위로 내던지는 것 같은……. 이 모든 과정을 요약하자면, 통제된 폭력이자 인간이 만든 최대의 힘과 속도의 표출이라고 할 수 있다.

NASA가 개발한 새턴 5호는 당시 기준으로 가장 강력한 발사체였다. 그것은 3단 구조로 되어 있다. 1단 로켓이 엔진을 점화하고 1초당 18,000킬로그램의 연료를 연소하면서 높이 111미터의 발사체를 땅 위로 끌어올렸다. 우주선은 발사대를 벗어나기도 전에 시속 100킬로미터가 넘는 속도로 솟구쳐 올랐다. 2분 30초 후 68킬로미터 상공에 도달하면 연료를 전부 소진한 1단 로켓은 떨어져 나가고 2단 로켓이 엔진을 점화한다. 다시 6분이 지나고 새턴 5호는 고도 175킬로미터에 이르면서 궤도 속도(천체 궤도를 따라 회전하는 속도)로 가속하기 시작했다. 2단 로켓이 떨어져 나가면서 3단 로켓이 임무를 이어받아 암스트롱, 콜린스, 올드린을 시속 28,000킬로미터의 속도로 궤도로 이동시켰다.

달로 향하는 나머지 여정은 불과 3일 남짓한 시간이 걸렸다. 그 과정에서 그들은 갈릴레오에게도 익숙한 도구인 망원경과 뱃사람들에게 알려진 육분의(六分儀, 각도와 거리를 정확하게 재는 데 쓰이는 광학 기계)를 사용해 올바른 경로로 가고 있는지 확인했다. 아폴로 11호는 달 착륙선, 사령선, 기계선으로 이루어졌는데 사령선에 탑재된 컴퓨터는 현대의 휴대용 계산기보다 성능이 떨어졌다. 암스트롱과 올드린이 사령선에서 달 착륙선으로 옮겨 타 암석이 흩어져 있는 달 표면으로 내려가는 과정은 긴장의 연속이었다. 그들이 내려가는 동안 착륙선의 연료탱크에 남은 연료는 고작 15초 정도 사용할 양뿐이었다. 6시간 39분 후, 암스트롱은 고요의 바다 표면에 작은 발자국을 남기면서 인류 역사에 거대한 도약을 이루었다.

1969년 7월 20일, 이날은 수많은 전쟁과 혁명, 주가 폭락, 전염병 등이 우리의 망각 속으로 사라진 후에도 인류 역사상 가장 놀라운 순간으로 기록될 것이다. 암스트롱 자체도 대단히 중요한 인물이지만 그는 자신이 가가린, 치올콥스키, 고더드, 오베르트, 코롤료프, 폰 브라운 같은 위인들, 그리고 그들보다 앞선 여러 시대 위대한 과학자들의 노고에 힘입어 역사적인 위업을 달성했다는 것을 알고 있었다. 또한 그는 냉전시대 상황에서 그 순간이 지니는 의미를 잘 이해했는데 훗날 이렇게 말하기도 했다.

"나는 이것이 10년이 넘는 세월 동안 30만 혹은 40만 명에 달하는 사람들이 기울인 노력의 결실이고, 이 나라의 희망과 위엄은 그 결과가 어떻게 나오느냐에 따라 크게 좌우된다는 것을 명확히 알고 있었습니다."

그 많은 사람 중에는 아폴로 11호가 달에 착륙할 수 있도록 정확한 궤도를 계산해낸 뛰어난 수학자 캐서린 존슨과 〈소프트웨어 엔지니어링〉이라는 말을 만들어냈고 달 착륙선을 제어하는 프로그램을 만든 마거릿 해밀턴 같은 드러나지 않은 영웅들도 있었다.

**"우리가 추월당했다는 것을
아무도 알지 못하게 해야 한다."**
—

한편 암스트롱은 또 다른 의미에서 자신이 혼자가 아니라는 것도 알고 있었다. 바로 소련이 있었다. 최소한 우주선을 달 표면에 착륙시켰다가 되돌아오게 하는 최후의 경쟁에서 소련은 아폴로 11호가 이륙하기 며칠 전에 이미 무인 우주선을 발사했다.

소련은 최초로 인간을 달에 착륙시킨다는 자신들의 꿈이 거의 확실히 날아갔다는 것을 몇 개월 전부터 알고 있었다. 더 정확히 말하자면, 화염 속으로 사라진 것이다. 그들은 그해 미국의 새턴 5호와 경쟁하던 거대한 N-1 로켓과 관련된 두 차례의 참사가 벌어지기 전에도 미국보다 한참 뒤떨어져 있었다. 첫 번째 사고는 1969년 2월에 로켓과 무인 착륙선이 카자흐스탄의 바이코누르 우주센터에서 이륙해 약 2분 동안 상승하다가 고도 14킬로미터에 이르자 점차 속도가 줄어들면서 발사 지점에서 조금 떨어진 지상으로 추락해 폭발한 사건이었다.

1969년 7월 초, 아폴로 11호의 발사일을 불과 2주 앞두고 소련은 재시도에 나섰다. 중간 직책 관리들이 수뇌부에 여러 잠재적인 문제들에 대해 보고하려고 했지만 오히려 침묵하라는 경고를 받았다. 모스크바의 정치국에는 고위 관료들이 듣고 싶어 하는 말만 전달되었다. 이번에는 로켓과 달 착륙선이 고작 지상에서 100미터 정도 상승하다가 공중에서 얼어붙은 것처럼 멈추더니 한쪽으로 기울며 아래로 추락한 후에 폭발했다. 이로 인해 발사센터 대부분이 파괴되었고 35킬로미터나 떨어진 엔지니어 주거 지역의 유리창까지 깨졌다.

만약 미국의 아폴로 11호가 실패했다고 해도 소련이 유리한 고지를 점하지는 못했을 것이다. N-1 로켓의 발사대를 재건하는 작업에만 1년 이상의 시간이 걸렸다. 하지만 그들은 여전히 프로톤-K 로켓과 달에서 이륙과 착륙을 할 수 있는 루나 착륙선을 보유하고 있었다. 그들은 여기에 통신 시스템과 달의 토양을 수집하기 위한 시추 장치와 카메라를 설치할 수 있었고, 게다가 그것을 아폴로 11호보다 먼저 발사해서 귀환시킬 수 있었다. 〈최초의 귀환〉은 최초로 인간을 달에 보낸 것만큼은 돋보이지 않을 수 있지만 그래도 어쩌면 미국인들이 곧 하려는 것의 효과를 희석시킬 수도 있었다.

그리하여 아폴로 11호가 케네디 우주센터에서 이륙하기 3일 전에 무인 우주선 루나 15호가 바이코누르에서 발사되었다. 미국은 루나의 발사 목적이 무엇인지 알지 못했지만 소련은 두 나라 간 우주경쟁이 시작되었다는 것을 알고 있었다. 소련의 우주선은 도중에 기술적인 문제를 겪느라 달 궤도를 돌면서 시간을 지체했고 소련 전문가들은 루나의 착륙 경로가 험한 지역으로 유도되어 자칫 추락할 수도 있다는 것을 깨달았다. 그래서 그들은 착륙 절차를 두 차례나 연기했는데 그 사이에 아폴로 11호가 이륙한 것이다.

소련의 과학자들이 이제 루나 15호를 착륙시킬 수 있다고 확신했을 무렵 미국의 암스트롱과 올드린은 달 표면을 걷기 위해 착륙선 밖으로 나갔다. 이후 그들은 22킬로그램의 달 토양과 암석을 채집했고, 달 표면에 성조기를 꽂았으며, 전 세계 10억 명이 넘는 TV 시청자들 앞에서 리처드 닉슨 미 대통령과 대화를 나누고 우주선으로 돌아왔다. 아폴로 11호가 달에서 이륙하기 두 시간 전에 루나 15호는 52바퀴째 달 궤도를 돌다가 하강하기 시작했다.

극적인 사건들이 펼쳐지고 있는 동안 조드럴 뱅크 천문대 소속 영국 과학자들은 전파망원경을 통해 두 탐사선에서 전송되는 무전을 듣고 있었다. 모스크바에서 들려온 소문에 따르면 루나 15호는 착륙할 준비가 되어 있었던 듯했는데 조드럴 뱅크 천문대에서 녹음한 것을 통해 당시의 상황을 들을 수 있었다. 그 과학자 중 한 명이 지극히 영국적인 톤으로 말했다.

"이제 착륙하네요! …… 이거야말로 정말 끝내주는 드라마네요."

하지만 그것은 착륙이 아니라 추락에 가까웠다. 루나 15호는 비스듬히 하강했다. 데이터에 의하면, 마지막 송신이 들어왔을 때 루나 15호는 달 표면에서 약 3킬로미터 상공에 있었던 것으로 추정된다. 아마도 그것은 시속 약 480킬로미터의 속도로 달의 측면으로 추락했을 것이다. 추락 지점은 위난의 바다(Mare Crisium, 달의 앞면 북동부 반구에 위치한 분지)였다. 그 직후, 미국의 암스트롱과 올드린은 가가린의 이름과 우주경쟁에서 목숨을 잃은 다른 우주비행사들의 이름을 새겨넣은 기념 메달을 달에 남겨둔 채 무사히 이륙했다.

케네디 대통령이 유인 우주선의 달 착륙 성공을 위한 최종 기한을 제시한 지 정확히 2,982일이 지났다. 미국은 161일을 남겨두고 그 목표를 달성했다.

마침내 경쟁은 끝났다. 미국이 승리를 거두었고, 소련은 마치 애초부터 일방적인 경쟁이었던 척했다. 크렘린은 전 세계 노동자들의 수호자인 소련은 인민의 돈을 결코 그처럼 "비싸고 위험한 쇼"에 허비하지 않을 것이라고 일축했다. 라디오 모스크바는 앙골라, 쿠바, 베트남 같은 마르크스-레닌주의 동맹국들에게 아폴로 11호는 "개발도상국의 억압받는 인민들에게서 약탈한 부를 광적으로 허비한 행위"였다는 메시지를 전달했다.

정반대의 증거에도 불구하고 소련의 이런 거짓말은 일부 서구사회에서 신뢰와 지지를 받았다. 1964년에 《뉴욕 타임스》는 "한 국가의 독주가 되어버린 경쟁을 그만두어야 할 시간이다"라는 논평을 내보냈고, 1974년에 뉴스 진행자인 월터 크롱카이트는 CBS 시청자들에게 "러시아인들은 결코 우주경쟁에 뛰어들지 않았던 것으로 밝혀졌습니다"라고 말했다. 이 같은 견해는 소련이 개방정책인 글라스노스트Glasnost를 시작하는 1989년까지 이어졌다. 그즈음 미국의 항공우주 엔지니어팀은 모스크바항공연구소의 초청을 받아 소련이 자국의 우주비행사들을 달에 최초로 보내기 위해 제작했던 달 착륙선을 시찰했다. 당시 《뉴욕 타임스》는 1면 헤드라인을 다음과 같이 내보냈다. "이제 소련이 달을 향한 경쟁을 인정하고 있다."

1969년 이후, 소련은 2등을 할 거라면 굳이 막대한 돈을 지출할 가치가 없다는 결론을 서서히 내렸다. 그 결과 우주비행사 훈련 프로그램은 폐지되었지만 그래도 로켓 엔지니어들은 연구를 계속했다. 하지만 1970년대 소련의 달 착륙은 그저 그들이 계속 시도해 오고 있었다는 것과 그들의 기술이 열등하다는 것만 입증했을 뿐이다. 《프라우다》의 기자 야로슬라프 골로바노프는 훗날 이렇게 지적했다.

"아무도 우리를 추월하지 못하도록 비밀을 유지해야 했습니다. 하지만 나중에 그들이 우리를 추월했을 때도 우리가 추월당했다는 것을 아무도 알지 못하도록 비밀을 유지했어야 했습니다."

달을 두고 벌인 체제 경쟁

미국인들은 계속해서 여섯 차례의 유인 우주비행선 발사에 성공하면서 총 열두 명의 우주비행사를 달 표면에 착륙시켰다. 1972년 12월 14일에 떠난 아폴로 17호가 마지막이었고 그 이후로는 아무도 달에 갔다온 적이 없다. 우주 프로그램이 미 국고에서 무려 300억 달러를 소모했고, 베트남전이 맹위를 떨치고, 대도시들에서 폭동이 일어나면서 달 착륙에 대한 대중의 관심은 시들해졌다.

미국과 소련의 지도자들(닉슨 대통령과 브레즈네프 서기장)은 각각 자국의 우주 예산을 삭감했고 냉전이 다소 해빙되는 동안에 양국은 소유스와 아폴로의 도킹을 시도하는 공동임무를 계획했다. 두 우주선은 1975년에 도킹에 성공했고 두 나라의 우주비행사들은 20세기 초에 치올콥스키가 설계했던 것과 다르지 않은 에어로크를 통해 서로의 우주선을 오가며 선물을 교환했다. 그때부터 양국은 모두 우주왕복선과 우주정거장에 치중했다.

그러면 달은 어떻게 되었을까? 물론 달은 여전히 그 자리에 있다. 더불어 미국인들이 남겨둔 세 대의 월면차(Moon Buggy, 달 표면을 탐사할 때 이용하는 자동차)와 토양과 암석 표본을 싣고 올 공간을 마련하기 위해 버려둔 도구들과 방송 장비도 여전히 그곳에 있다. 어쩌면 그것들은 언젠가 달 표면에 흩어져 있는 많은 다른 물건들과 함께 달에 세워질 박물관에 전시될지도 모른다. 그곳에는 또한 몇 개의 성조기와 아폴로 11호의 임무("여기 지구에서 온 사람들이 서기 1969년 7월에 달에 처음으로 발을 디뎠다. 우리는 모든 인류의 평화를 위해 여기에 왔다.")가 새겨진 명판도 있다.

달에는 망치와 깃털도 남아 있다. 아폴로 15호의 우주비행사 데이비드 스콧은 16세기에 피사의 사탑에서 무게가 다른 두 물체를 떨어뜨렸던 갈릴레오의 실험에 경의를 표했다. 스콧은 갈릴레오가 달 착륙에 중요한 역할을 했다고 말했다. 그가 깃털과 망치를 달 표면 위로 떨어뜨렸을 때 텔레비전을 보던 시청자들은 그 두 개가 같은 속도로 떨어지는 모습을 보았다. 그 깃털은 미 공군사관학교를 상징하는 마스코트인 매에게서 뽑아온 것이다.

그리고 골프공도 두 개 있다. 앨런 셰퍼드는 아폴로 14호에 골프채의 헤드를 몰래 가져갔는데 그것을 달 암석 채집 시 사용하는 집게에 부착한 후 달 표면에서 역사에 남을 스윙 모습을 선보였다. 이 모든 물품은 우주탐험의 낭만을 이야기하고 있지만 달에 남겨둔 100여 개 안팎의 소변과 대변 주머니들은 다소 민망하기도 하다. 미래의 달 박물관에 한두 개 정도는 전시될지 모르겠지만 확실히 전부는 안 될 것이다.

그러면 이런 잔해들은 제쳐두고 과연 달 착륙을 통해 성취했던 것은 무엇일까? 일단 지정학적인 측면이 존재한다. 우주경쟁은 수십 년에 걸친 오랜 냉전 기간에 벌어진 주요 대결이었다. 그 대결에서 승리하는 데 필요한 기술적 역량을 달성하고 자금을 조달하는 데 성공한 체제는 다른 체제에 심리적 타격을 입혔다. 흔히 냉전은 "총 한 발 쏘지 않고 승리했다"고 말한다. 하지만 냉전으로 인해 세계 전역에서 일어난 대리전의 수를 고려하면 그 말은 결코 사실이 아니며 오히려 또 다른 발사 경쟁, 소위 달 탐사선 발사 경쟁이 냉전의 종식에 상당한 역할을 했다.

또한 과학적 성취도 이루었다. 우주경쟁이 광범위하게 진행되면서 양측은 모두 상당한 발전을 이루었다. 컴퓨터과학, 통신, 마이크로공학, 태양광 발전 기술은 모두 지구에서 달까지 왕복하는 데 필요한 엔지니어링의 연구와 개발을 통해 급속도로 발전했다. 현대의 휴대용 정수 시스템 또한 NASA에서 개발한 시스템에서 비롯된 것이다. 전 세계의 소방관들이 착용하는 경량 호흡 마스크와 내열 소방복도 마찬가지다. 그렇다면 노트북 컴퓨터, 무선 헤드셋, LED 조명, 메모리 폼 매트리스는? 이 모든 것들도 그 기원을 찾으면 우주경쟁의 과학과 연결될 수 있는데 일부는 직접 연관되기도 한다.

하지만 무선 헤드셋과 호흡 마스크는 그저 역사의 사소한 것에 불과하고 냉전조차도 결국에는 뒷전으로 밀릴 것이다. 지금까지 약 1,100억 명의 사람들이 지구의 표면을 걸었다고 추산된다. 그들은 거의 모두 경이로운 시선으로 달을 바라보았을 것이다. 하지만 달의 표면을 직접 걸어본 사람은 오직 열두 명뿐이다. 따라서 올드린이 "장엄한 황무지"의 한 장면이라고 말했던 공간에 암스트롱이 발을 내디딘 그 순간은 시대를 초월해 역사에 길이 남을 것이다.

우주는
21세기의 새로운 부동산이다

앞 페이지 그림: 우주왕복선 애틀란티스호가 2009년 11월 16일 플로리다의 케네디 우주센터에서 국제우주정거장을 향해 이륙하고 있다.

> "첫날에 우리는 모두 각자의 나라를 손으로 가리켰다.
> 사나흘쯤 되자 우리는 각자의 대륙을 가리켰다.
> 닷새째 되자 우리는 그저 하나의 지구라는 것을 알게 되었다."
> – 술탄 빈 살만 알 사우드, 사우디아라비아의 왕자이자 우주비행사

우리 중 다수는 여전히 우주를 〈저 멀리〉에 있어 〈미래〉에나 갈 수 있는 곳이라고 생각한다. 하지만 우주는 〈지금 여기〉에 있다. 우주로 진입하는 경계는 이제 손만 뻗으면 닿을 수 있을 만큼 우리 곁에 가까이 와 있다.

우주경쟁은 속도를 높여 지구를 벗어나는 것이 관건이다. 그리고 이제 우리는 그곳에 있는 것들에 대한 권리를 주장하고 있다. 또 우주를 비행하는 국가들이 점점 더 많아지면서 장차 그들 간의 경쟁과 협력 또한 치열해질 것이다. 그 과정에서 필연적으로 자신들에게 이익이 되는 세력권을 형성하게 될 것이며, 지구에서의 경쟁과 동맹, 갈등이 우주로까지 확장되면서 심지어 그곳에서도 자신들의 주권을 행사하려 하는 것은 물론 우주가 자신들의 영토라며 소유권을 주장하기도 할 것이다. 이미 군사 영역과 민간 영역에서 주요 국가들은 모두 인공위성 벨트부터 달과 그 너머에 이르기까지 우주에서 기회를 엿보고 있다.

바야흐로 〈우주정치의 시대〉다.

미 해군 제독 알프레드 세이어 마한과 지리학자 해퍼드 매킨더 같은 19세기와 20세기의 위대한 지정학자들은 한 국가가 성취할 수 있는 역량의 한계, 그리고 한 국가의 역량이 국제관계에 미치는 영향을 평가할 때 장소, 거리, 보급을 주요 변수로 보았다.

우주정치에도 유사한 원리가 적용된다. 지정학과 마찬가지로 우주정치도 지리에 기반을 두고 있기 때문이다. 우주공간은 아무런 특색이 없는 곳이 아니다. 그곳에는 방사능이 강한 지대도 있고, 광활한 바다도 있으며, 행성의 중력이 우주선을 가속시킬 수 있는 슈퍼하이웨이도 있고, 군사적 및 상업적 장비를 배치할 수 있는 전략적 회랑도 있고, 천연자원이 풍부한 땅도 있다. 이 모두가 강대국의 관심을 끌고 있으며 따라서 그들은 어떻게 해서든 그곳에서 우위를 확보하려 할 것이다. 그리고 각 국가들이 〈우주 쟁탈전〉을 준비하는 과정에서 다음과 같은 중요한 질문들이 제기된다.

우주에서는 어떤 전략적 지점이 가장 유용할까? 어떤 행성에 물이나 광물이 존재할까? 우리가 식민지를 건설할 수 있는 생존이 가능한 행성이 존재할까?

따라서 우주정치를 이해하고자 한다면 〈우주의 지리〉에 대한 이해부터 선행되어야 한다.

우주의 지리는 지상에서 시작

우주의 지리는 일단 지구에서 시작한다. 먼저 지상에서 우주로 올라

갈 방법을 찾아야 하기 때문이다. 그에 필요한 비용과 노력은 아폴로 우주선 시대 이후로 확실히 줄어들긴 했지만 우주비행 국가나 기업이 되고자 한다면 상당한 자금에다 로켓을 발사할 수 있는 능력을 갖추어야 한다. 거기에다 로켓을 발사하기에 적합한 지역에 접근할 수 있는 권한 또한 있어야 한다.

따라서 우리는 사실상 로켓을 발사하기에 최적의 장소를 갖춘 육지에서부터 시작하고자 한다. 그곳을 항해에 나서는 선박이 이용하는 항구라고 생각하면 된다. 로켓을 발사하는 데 가장 최적의 장소는 연료를 덜 사용하면서 우주에 가능한 한 빨리 진입할 수 있도록 지구의 자전 속도를 최대한으로 이용할 수 있는 곳이어야 한다. 이는 곧 지구의 자전 속도가 가장 빠른(시속 약 1,669킬로미터) 적도에 인접한 곳을 의미한다. 그래서 미국은 자국 국경 안에서 적도에 가장 근접한 플로리다의 케네디 우주센터를 이용하고 있는데 그곳의 자전 속도는 시속 1,440킬로미터다. 유럽연합 같은 경우는 남미의 프랑스령 기아나를 이용하며 러시아는 카자흐스탄을 이용하고 있다. 지구는 서쪽에서 동쪽으로 자전하기 때문에 로켓을 동쪽으로 발사하면 지구의 자전 속도에서 추가로 추진력을 얻어 그만큼 연료와 시간을 절약할 수 있다. 또한 로켓 추진장치의 낙하 지점이 거의 사람이 거주하지 않는 지역이어야 한다는 점도 중요하다. 이런 이유에서 많은 발사대 부지가 동쪽 해안지대에 위치해 있다.

이상적이라면 국가는 넓은 영토를 바탕으로 전문지식과 엔지니어링 기술, 최첨단 과학, 희토류 같은 자원을 충분히 보유해야 외부에 의존하지 않고 우주 프로그램을 운영할 수 있다. 당연히 국민들도 우주 프로그램에 관심을 갖고 과학과 기술 발전의 가치를 굳게 믿어야 한다. 더불어 국가의 영토가 넓을수록 지상에서 하늘의 더 많은 부분을 관측할 수 있고 더 쉽게 인공위성과 우주선을 추적할 수 있다.

위에서 언급한 사항들을 고려하면 현재 우주에서 중국, 미국, 러시아가 군과 민간 영역에서 상당한 존재감을 드러내는 유력한 우주강대국인 이유를 이해할 수 있을 것이다. 만약 유럽연합이 그 대열에 합류하기 위한 장기적인 전략적 선택을 내린다면 유럽연합도 아마 그 목표를 달성할 수 있을 것이다. 인도 역시 잠재력을 지니고 있다.

지구 표면에서 벗어날 수 있는 방법을 찾았기 때문에 이제 우리는 구름을 뚫고 올라가 빠른 속도로 상업용 비행기의 최대 순항고도(안전한 비행을 위해 유지해야 하는 적절한 해발고도)인 약 12킬로미터 상공을 넘어서까지 상승할 수 있다. 여기서 다시 60킬로미터를 더 올라가면 우주에 근접하게 되는데, NASA의 정의에 따르면 해발 80킬로미터 상공부터 우주가 시작되며 그 아래에 있는 것은 전부 지구다. 하지만 각종 우주비행 기록을 승인하는 국제항공연맹(FAI)은 우주가 100킬로미터 상공부터 시작된다고 정의한다. 그곳이 바로 카르만 라인Karman line[5]이며 우주선이 지구의 중력에서 벗어나기 시작하는 지점이라는 것이다. 어쨌든 이제 우리는 지구와 38만 5,000킬로미터 떨어진 달 사이의 시스루나 공간cislunar space에 진입하고 있다. 〈시스루나〉라는 단어는 라틴어가 어원으로 〈달 가까이〉라는 뜻이다.

---

[5] 미국의 물리학자인 시어도어 폰 카르만이 정의한 지구 대기권과 우주의 경계선을 뜻한다. 우주의 경계에 대해서는 논란이 있는데 그 이유는 우주가 아닌 다른 국가의 영공을 지나는 경우 법적 분쟁이 일어날 수 있기 때문이다.

저궤도,
우주에서 가장 매력적인 부동산

─

더 위로 올라가 약 160킬로미터에서 2,000킬로미터에 이르는 상공인 저궤도에 진입하면 평균 400킬로미터 상공에서 궤도를 순환하는 국제우주정거장(International Space Station, 일명 ISS라고 많이 함)[6]이 시야에 들어올 것이다. 이곳은 스푸트니크가 발사된 이후로 많은 변화가 일어났는데 특히 정치적인 측면에서 더욱 두드러졌다. 1993년에 미국, 러시아, 유럽, 일본, 캐나다의 우주 관련 기관들은 정치적, 문화적 분열을 극복하기 위해 국제우주정거장을 건설하는 협약에 합의했다. 이에 1998년에 러시아가 첫 번째 모듈을 쏘아올렸고 2년 후에는 탑승자들이 입주할 수 있는 충분한 공간이 확보되었다. 그 후로 150명 이상의 미국인들과 50명이 넘는 러시아인들이 11명의 일본인, 9명의 캐나다인, 5명의 이탈리아인, 각각 4명의 프랑스인과 독일인을 포함한 수십 명의 다른 나라 우주비행사들과 거주 공간과 실험실을 공유했다. 벨기에, 브라질, 덴마크, 영국, 이스라엘, 카자흐스탄, 말레이시아, 네덜란드, 남아프리카공화국, 대한민국, 스페인, 스웨덴, 아랍에미리트 등 다른 국가들도 그곳에서 진행되는 연구에 참여하기 위해 사람들을 올려보냈다. 한번에 동시에 머문 국가의 수는 13개국이 최고 기록이다. 모스크바와 휴스턴의 관제센터에서는 각국의 우주인들이 주로 러시아의 소유스 캡슐을 타고 국제우주정거장을 왔다갔다하

---

6 중국은 배제한 채 유럽 국가와 미국, 러시아, 캐나다, 일본 등 세계 각국이 참여하여 건설한 다국적 우주정거장을 말한다. 현재 중국은 유일하게 자국의 우주정거장을 따로 보유하고 있다.

는 것을 지켜보았다. 이 우주정거장은 인류가 우주에서 협력을 통해 무언가를 이룰 수 있음을 보여준 상징이라 할 수 있다. 하지만 불행히도 국제우주정거장은 거의 수명이 끝나가고 있고 2031년에는 퇴역할 예정이다. 소위 포인트 니모Point Nemo[7]라고 알려진 태평양의 외딴 지점에 추락해 그곳에서 물고기들과 함께 영원히 잠들게 될 것이다.

하지만 다른 모든 인공위성들이 지구 궤도를 돌고 있기 때문에 우리는 국제우주정거장이 그리울지도 모른다. 저궤도는 대부분의 인공위성이 운용되고 있는 곳이라는 점에서 매력적인 부동산 부지다. 인공위성이 없다면 국제 통신망과 GPS는 존재하지 못할 것이다. 인공위성을 전파교란하거나 해킹하거나 혹은 파괴한다면 택배 차량은 당신의 집을 찾지 못할 것이고, 응급 구조 시스템은 마비될 게 뻔하고, 선박은 항로를 이탈해 헤맬 것이고, 영국 같은 주요 산업 국가는 하루에 약 10억 파운드의 손실을 보게 될 것이다. 따라서 현대 생활에서 인공위성의 중요성은 아무리 강조해도 지나치지 않으며 현대전에서 그들은 이제 핵심 중의 핵심 역할을 담당한다.

오늘날 인공위성은 고작 1.3킬로그램에 불과한 루빅 큐브(여섯 가지 색깔의 사각형들로 구성된 정육면체 모양의 퍼즐) 크기 정도의 소형 위성부터 전통적인 산업용 기계처럼 1,000킬로그램을 상회하는 대형 위성까지 그 형태와 무게가 매우 다양하다. 대부분의 모델은 태양으로부터 전력을 공급받기 위한 태양전지판과 고온의 열기로부터 전자장비를 보호하기 위한 패널을 갖추고 있다. 또한 통신장비, 고도와 방향을 포함

---

7 임무를 끝낸 인공위성이 회수되는 지점으로, 인적이 없고 육지로부터 멀리 떨어져 있어 인공위성이 추락해도 피해를 최소화할 수 있다. 흔히 〈인공위성의 공동묘지〉라고도 한다.

한 광범위한 수치를 제어하기 위한 컴퓨터, 정상적인 궤도에서 이탈해 표류할 경우 경로를 수정하기 위한 추진장치 등도 갖추고 있어야 한다.

인공위성은 연료 소모를 최소화하면서 가능한 한 빨리 대기권을 뚫고 나가기 위해 수직으로 발사되는 로켓에 실려 궤도로 진입한다. 그 후에는 대부분 지구의 자전 방향을 따라 서쪽에서 동쪽으로 비행한다. 북극에서 남극으로 이어지는 극궤도를 비행하는 인공위성들의 숫자가 적은 이유는 그 방향으로 발사하면 궤도에 진입하는 데 더 많은 연료가 필요하기 때문이다. 극궤도를 순환하는 인공위성들은 주로 지도 제작, 기상 관측, 정찰의 용도로 사용되며 궤도를 완전히 한 바퀴 도는 데는 약 90분 정도 소요된다. 이런 인공위성들은 마치 지구가 푸르고 창백한 초대형 귤인 것처럼 지구를 하나씩 구역별로 분할해 관찰하는데 이것이 가능한 이유는 인공위성과 지구가 서로 다른 방향으로 회전하기 때문이다. 이런 식으로 지표면 전체를 24시간 이내에 매핑할 수 있다.

서쪽에서 동쪽으로 이어지는 일반적인 궤도에 있는 인공위성들은 지구에서 얼마나 멀리 떨어져 있느냐에 따라 지구 한 바퀴를 도는 데 90분에서 2시간 정도 소요되며 매번 목표한 지역 위에서 몇 분 정도만 머무른다. 이들 인공위성은 집단 혹은 무리를 이루어 작업하며 영구적인 활동 범위를 구축하기 위해 간혹 지상의 기지국뿐만 아니라 서로 간에도 통신을 주고받기도 한다. 미국의 GPS 시스템은 이런 목적으로 지구 주위에 고르게 분포되어 있는 최소 24대의 인공위성을 이용하고 있다.

저궤도는 위성 영상을 촬영하기 위해 가장 많이 이용하는 곳이기도 하다. 왜냐하면 지표면에서 가까울수록 화질이 보다 선명하기 때문이다. 저궤도에 있는 군사용 인공위성에 탑재된 카메라가 포착할 수 있는 디테일은 매우 놀라운 수준이다. 보통 민간 기상 인공위성은 1킬로미터의 해상도를 지니는데 이는 1킬로미터보다 작은 대상물은 볼 수 없다는 뜻이다. 즉 이런 위성은 해수면의 온도를 측정하는 데는 충분할 수 있지만 건물에서 걸어 나오는 첩보영화의 주인공인 제이슨 본을 식별하기에는 턱없이 부족하다는 의미다. 해상도가 50미터를 초과하면 저해상도로 여겨진다. 현대의 최첨단 군사용 인공위성 카메라의 해상도는 0.15미터까지 높아졌다고 하는데 그 덕분에 이제는 제이슨 본이 어떤 브랜드의 선글라스를 꼈는지도 확인할 수 있다. 이런 기술은 보안상의 이유로 상업적 판매는 허용되지 않는다. 만약 어떤 인공위성이 감시용으로 사용되고 있다면, 그것을 포착하거나 언제 그것이 우리 머리 위를 지나가는지 파악하는 것은 감시당하기 싫어하는 사람들에게는 매우 중요한 일일 것이다. 그런 위성 중 일부는 육안으로도 볼 수 있지만 다른 위성들은 내부 정보를 알아야 위치를 파악할 수 있다.

전략적으로 저궤도는 유력한 〈요충지〉이자 〈관문〉이 될 수 있다. 우리는 지상에서 수에즈 운하와 호르무즈 해협 같은 요충지들에 대해 익히 잘 알고 있다. 그 두 지역은 지형상 바닷길이 협소해 쉽게 봉쇄할 수 있는 곳들이다. 우주의 저궤도를 지상의 수에즈 운하나 호르무즈 해협에 비유하는 것은 정확한 비유는 아닐 수 있지만 효과적인 비유는 된다. 왜냐하면 우주로 탐험을 떠나기 위해서는 로켓 발사장을 지켜내야 하는 것처럼, 광활한 우주의 바다로 나아가기 위해서는 저궤도에 있는 인공위성들이 제공하는 통신망에 접근할 수 있어야 하며 동시에 저궤도를 통과해서 이동해야 하기 때문이다.

우주로 올라가는 여정을 계속하는 동안 밴앨런복사대(Van Allen radiation belt, 지구를 이중으로 둘러싸고 있는 방사능대)에서 어슬렁어슬렁 늑장을 부려서는 안 된다. 두 개의 도넛 모양 형태인 이 구역은 지구에서 수천 킬로미터 상공까지 이어지며 지구의 자기장에 갇힌 고에너지 입자들을 포함하고 있다. 이곳 방사능의 농도는 고르진 않지만 일부 구역에서는 우주선의 전자장비를 망가뜨리고 장시간 노출되면 인체 세포의 화학적 결합까지 깨뜨릴 정도로 매우 높다. 그러니 더더욱 그곳에서 꾸물거려선 안 된다.

길 안내를 해주는 중궤도, 나름 분주한 고궤도

지상에서 약 2,000킬로미터 상공에 이르면 이제 중궤도에 진입하는데 이 궤도는 약 35,786킬로미터 상공까지 이어진다. 이곳에 위치한 인공위성들은 지구를 한 바퀴 도는 데 대략 12시간 정도 걸리는데 그들 중 다수는 지구에 위치 확인 및 길 찾기 등의 서비스를 제공한다. 이 위성들은 원자의 진동에 따라 시간을 측정하는 원자시계를 탑재하고 있는데 그 시계는 고도로 정확해서 수백만 년 동안 단 1초의 오차도 허용하지 않는다고 한다. 또 스마트폰이나 자동차의 내비게이션을 포함한 지구의 수신기에 빛의 속도로 전파 신호를 전송하는데 이런 방식으로 사람들이 이동할 때마다 위치를 파악해서 현재 내 자동차가 어디를 지나가고 있는지, 목적지까지 어떻게 이동해야 하는지를 알려준다. 보통은 그렇다.

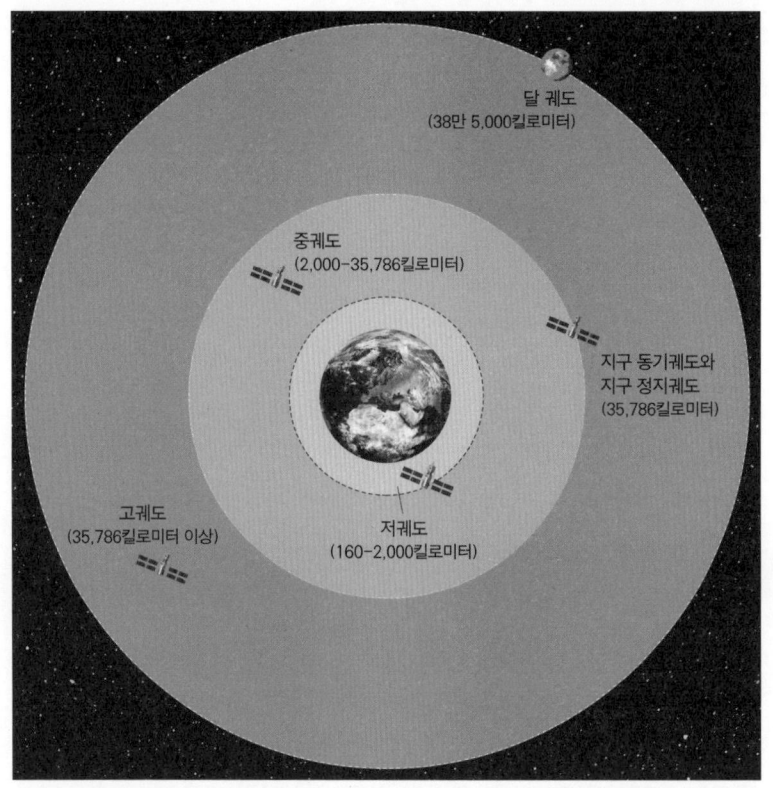

지구 주위를 도는 인공위성들이 머무는 궤도

계속 위로 올라가 35,786킬로미터 상공을 넘으면 지구 동기궤도와 지구 정지궤도가 시작되는 고궤도에 도달한다. 이 둘의 유일한 차이라면 동기궤도에 있는 인공위성은 어떤 경사각에서도 지구를 돌 수 있는 반면, 정지궤도에 있는 인공위성은 항상 적도를 따라 돈다는 것이다.

저궤도는 통신용 인공위성을 운용하기에는 어려운 곳이다. 고도가 낮아 위성의 이동속도가 워낙 빠른 탓에 지상의 기지국에서 위성의 위치를 계속 추적하기가 어렵기 때문이다. 하지만 정지궤도에서는 인공위성의 속도가 지구의 자전 속도와 일치하기 때문에 인공위성은 항상 같은 장소 위에 위치한다. 그래서 만약 당신이 지상에서 그런 인공위성을 본다면 마치 정지해 있는 것처럼 보일 것이다. 이곳에 있는 인공위성 한 대는 지표면의 최대 42퍼센트까지 관측할 수 있다. 또한 이곳에는 군사용 통신위성과 도청위성이 TV 위성, 라디오 위성, 광역 기상위성 등과 함께 머물고 있다. 고궤도는 나름 분주하지만 그래도 저궤도에는 훨씬 못 미친다. 그저 자리만 많을 뿐이지 신호 간섭 때문에 기기로 통신할 수 있는 주파수는 제한적이다. 그래서 유엔 국제전기통신연합은 자리와 주파수를 지정해서 이곳을 함부로 진입하거나 점유하지 못하도록 했다.

바로 여기 정지궤도에서 미국은 군사용과 민간 상업용을 겸한 최첨단 초고주파 인공위성 여섯 대를 운용하고 있다. 그 위성들은 자국 전투기를 비롯해 영국, 네덜란드, 캐나다, 오스트레일리아의 군대 그리고 미국의 핵 조기경보 시스템과도 통신을 주고받는다. 러시아의 조기경보 통합위성 통신 시스템도 같은 궤도에 위치하고 있으며, 중국의 베이더우(BeiDou, 중국판 GPS) 위성 시스템의 일부도 유사한 능력을 갖고 있는 것으로 알려져 있다.

고궤도에서 훨씬 더 올라가면 이제 많은 인공위성들이 최후를 맞이하러 가는 곳이 나온다. 인공위성은 각자 정해진 수명이 끝나가면 내부에 탑재된 추진장치를 통해 정지궤도 밖으로 벗어나 다른 인공위성들에 위협이 되지 않도록 더 깊은 우주로 나아간다.

지구 위는 점점 분주해지고 있고 앞으로도 훨씬 더 분주해질 예정이다. 80개 이상의 나라가 로켓을 발사할 수 있는 능력을 갖춘(혹은 갖추었던) 11개 나라의 도움을 받아 우주에 인공위성을 쏘아올렸다. 가장 앞서 나가는 국가는 중국, 미국, 러시아이며 일본, 인도, 독일, 영국도 자력으로 선두권에 자리하고 있다. 한편 튀니지, 가나, 앙골라, 볼리비아, 페루, 라오스, 이라크와 대체로 지구 궤도를 도는 기계, 즉 인공위성과 별다른 연관이 없는 다른 수십 개의 나라들도 인공위성 벨트에서 자국의 입지를 주장하고 있다. 이들 인공위성 중 다수는 국가가 아닌 민간기업이 발사한 것이다. 전문가들에 의하면, 현재 8,000개를 훨씬 상회하는 인공위성이 지구 주위를 돌고 있으며 그중 60퍼센트가 현역으로 활동하고 있고 장차 훨씬 더 많은 위성이 그 대열에 합류할 것으로 전망된다. 물론 우주에는 수십만 개의 인공위성을 수용할 충분한 공간이 있지만 새로운 위성이 합류할 때마다 그들 간의 충돌과 노골적인 갈등의 위험 또한 커질 것이다.

우주의 주차장

고궤도에서 한참 벗어나면 위성들에게 중요한 또 다른 영역인 라그랑주 점 Lagrange Points이 나온다. 이곳은 일명 〈우주 주차장〉으로, 서로 공전하고 있는 두 개의 거대한 질량체, 즉 두 천체(여기서는 지구와 달)의 중력이 평형을 이루는 지점이다. 이 말은 곧 이곳에서는 인공위성이나 우주선 같은 작은 제3의 물체가 최소한의 연료만 소비하며 최적의 지점에서 안정적으로 머물 수 있다는 뜻이다. 또 미래에 우리는 소행성에서 채굴한 천연자원이나 우주정거장을 건설하는 데 필요한 장비를 다시 돌아와도 그 자리에 있으리라고 믿으면서 이곳으로 운반해 놓을 수 있다.

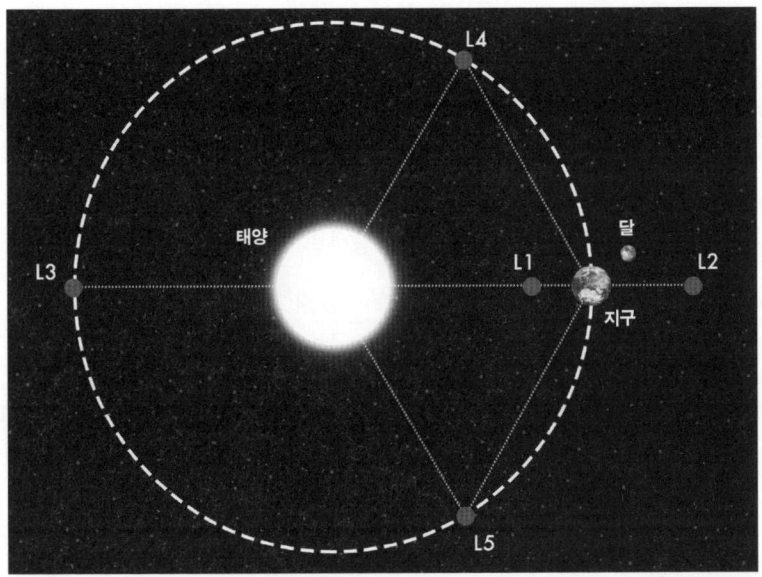

지구와 태양 사이의 라그랑주 점들은 인공위성을 배치하기에 유리한 지점이다. 이런 점들은 지구와 달을 포함한 모든 두 천체 사이에 존재한다.

모든 두 개의 천체 사이, 예를 들면 태양과 목성 사이에도 다섯 개의 라그랑주 점이 존재하지만 우리의 관심을 끄는 것은 당연히 태양과 지구, 지구와 달 사이의 라그랑주 점일 것이다. 태양과 지구 사이에 있는 L1[8]은 지구에서 150만 킬로미터 떨어져 있지만 유럽과 미국이 공동 제작한 태양 관측위성인 소호SOHO가 안전한 거리를 유지하며 그 근처에 머물고 있다. 제임스웹 우주망원경은 2022년에 L2에 도착했는데 그 망원경은 태양과 지구, 달과는 멀리 떨어져 반대쪽을 향하고 있기 때문에 머나먼 우주까지 막힘없이 볼 수 있다. 또 미세한

---

8 라그랑주 점을 표기하는 약칭으로, 라그랑주 점은 두 천체 사이에 다섯 개씩 존재하기 때문에 L1부터 L5까지 있다.

조정도 가능하고 연료도 거의 소모하지 않아 향후 20년 동안 그곳에 두고 사용할 수 있다.

L4와 L5는 아직 활용되고 있지 않고 L3는 태양의 반대편에 가려져 있다는 이유로 관심을 보이는 사람이 거의 없다. 하지만 L3는 그곳에 지구와 대칭되는 세계가 있다고 상상하던 공상과학 소설가들에게는 제법 쓸모가 있었는데, 그런 발상은 미국에서는 「태양 저편으로의 여행Journey to the Far Side of the Sun」이라는 제목으로 알려진 1969년 영화 「도플갱어Doppelgänger」에서 가장 잘 표현되었다. 이 영화는 곳곳에서 탁월한 솜씨가 돋보인다. 지구의 용감한 우주비행사는 자신이 우여곡절 끝에 불시착해서 지구로 다시 돌아왔다고 착각했다……. 하지만 그는 글자가 반대로 적혀 있고 심지어 사람들이 반대 방향에서 운전하고 있다는 것을 깨닫는다!

다시 현실로 돌아오면, 내 생각에는 지구와 달 간의 L1과 L2는 모두 달 착륙을 위한 전초기지, 즉 관문과 같은 역할을 하는 우주정거장을 건설할 수 있는 입지로 중요해질 수 있다. 특히 L2는 달의 뒷면에 있는데 그런 환경은 일종의 〈무선 침묵〉(radio silence, 특정 기간 통신 기기나 네트워크를 이용한 통신을 중단하는 상태)과도 같은 효과를 발휘한다. 이는 과학자들이 지구의 통신으로부터 방해받지 않고 우주를 연구할 수 있다는 뜻이다. 라그랑주 점들의 이런 전략적 이점은 그들을 두고 경쟁이 발생할 수도 있음을 시사한다. 하지만 다행히도 이곳은 폭이 약 80만 킬로미터에 이를 정도로 방대하기 때문에 비록 그곳에 진출한 우주강국들이 서로 경계의 시선을 거두지 않더라도 여유 공간이 충분히 있다.

L3는 달에서 볼 때 지구 반대편에 있기 때문에 상대적으로 효용성

이 떨어진다. L4와 L5도 아직 활용되지는 않고 있지만 지구와 비교적 가깝기 때문에 미래에 우주식민지(우주의 다른 행성이나 위성에 인간이 거주할 수 있도록 건설하는 도시)를 건설할 만한 잠재적인 후보지로 논의되고 있다. 1970-80년대에는 그 이름이 다소 기괴하고 편파적인 느낌을 주기도 하는 〈L5 소사이어티L5 Society〉라는 단체가 있었는데, 실제로 이 단체는 프린스턴 대학의 물리학 교수 제러드 K. 오닐의 아이디어를 홍보하기 위해 진지한 과학자들이 설립한 것이다. 그들은 유머감각도 꽤 있었다. "우리의 확실한 장기 목표는 장차 L5에서 열릴 대규모 집회에서 이 단체를 해산하는 것입니다." (이 말에는 L5에 우주식민지를 건설해 그곳에 인간이 갈 수 있게 된다는 가정이 함축되어 있다.) 1986년에 이 단체와 1만 명의 회원은 2만 5,000명의 회원을 보유한 국립우주연구소와 합병되었다. 이 연구소는 다름 아닌 오닐 교수가 설립했다.

달, 아프리카 대륙보다 조금 더 큰

지구와 달 사이를 가로지르는 이 여정의 종착지는 바로 지구에서 38만 5,000킬로미터 떨어진 달이다. 빛의 속도로는 고작 1.3광초light second[9]에 불과한 거리인데 그 짧은 순간에 빛은 지구에서 달까지 이동한다. 시속 100킬로미터로 운전한다면 지구에서 우주로 진입하는 데는 한 시간이 채 걸리지 않지만 거기서부터 달까지는 6개월을 더 가야 한다. 현재까지 가장 빠른 기록은 뉴호라이즌스호가 세운 8시간

---

9 빛이 진공 상태에서 1초 동안 가는 거리로 1초에 약 30만 킬로미터를 간다.

35분이었지만 대부분의 유인 우주선은 달까지 가는 데 대략 3일 정도의 시간이 소요된다.

　이제 우리는 달의 표면과 형태를 자세히 알 수 있다. 달은 산, 능선, 계곡, 평원, 거대한 동굴 등이 있는 아주 놀라운 곳이다. 달의 표면적은 3,800만 제곱킬로미터에 약간 못 미쳐 아프리카 대륙보다 조금 더 큰 수준이다. 10억 년 동안 달은 끊임없이 운석과 충돌해 왔는데 그 중 일부는 워낙 크기가 컸던 나머지 오늘날 우리가 지구에서 육안으로도 볼 수 있는 여러 겹의 고리 모양을 한 분지와 산을 형성하기도 했다. 또한 우리는 달에서 밝은 지대와 어두운 지대도 볼 수 있다. 밝은 지대는 고지대이며 어두운 지대는 라틴어로 바다를 의미하는 〈마리아Maria〉로 불리는데, 초기 천문학자들은 그 어두운 곳을 보며 바다라고 생각했을지도 모른다. 실제로 1969년에 아폴로 11호가 달의 고요의 바다에 착륙했을 때 우리는 물보라를 일으키며 착륙하지 않았다는 것을 알고 있다. 이는 운석의 충돌로 화산활동이 일어나 달 표면에 용암류가 생겼는데 화산암은 철 함량이 높아 다른 지대보다 햇빛이 덜 반사되기 때문에 이런 용암류는 더 어둡게 보이는 것이다. 만약 맑은 날 밤에 북반구에서 보름달을 올려다본다면 달의 중앙에서 동쪽으로 폭 800킬로미터에 달하는 고요의 바다를 발견할 수 있을 것이다. 달 표면의 나머지 부분은 산악지대도 포함하고 있는데 일부는 평균 고도보다 5킬로미터 높은 곳도 있다.

　최근에는 일부 대형 크레이터에 금속산화물의 퇴적물이 있다는 증거가 발견되기도 했다. 이것은 달 표면 아래에 있는 것이 운석의 충돌로 드러나게 된 것일 수도 있다. 만약 그렇다면 더 깊은 지하에 금속산화물이 대량으로 매장되어 있을 가능성도 있다. 또한 달에는 규소,

티타늄, 알루미늄, 희토류 등이 매장되어 있다고 알려져 있다. 따라서 인류는 중요한 최첨단 제품에 사용되는 이런 금속들을 채굴하기 위해 달에서 더 많은 시간을 보내려 할 것이다. 많은 국가들이 이 같은 채굴에 뛰어들고 있는데, 특히 현재 전 세계 희토류 매장량의 3분의 1을 보유하고 있는 중국에 더 이상 의존하지 않으려는 국가들이 보다 적극적인 모습을 보인다.

한편 달에는 그곳에 세워질 달 기지에 전력을 공급하고 지구로도 가져올 수 있을 만큼의 상당한 에너지가 있을 수 있다. 그 가능성은 헬륨에서 찾을 수 있다. 이 희귀한 불활성가스의 이름은 태양을 의미하는 그리스어 헬리오스helios에서 유래하는데 처음에 태양에서 발견되었기 때문이다. 헬륨-4 동위원소는 지구에서 발견되는 천연 헬륨의 99퍼센트 이상을 차지하는데 이것도 매우 유용한 자원이다. 이 동위원소는 아이들의 파티에서 사용하는 풍선뿐만 아니라 항공기 타이어와 자동차 에어백에도 사용되고 자기공명영상MRI 장치의 냉각제로도 사용된다. 하지만 이것은 헬륨-3가 아니다. 우리가 찾는 것은 바로 헬륨-3다.

이론적으로 헬륨-3는 핵융합을 일으키는 연료로 사용될 수 있다. 핵융합은 핵분열보다 더 많은 에너지를 만들어 내면서도 방사능은 훨씬 덜 배출하기 때문에 에너지 생산에 있어서는 거의 성배나 다름없다. 지구에서는 헬륨-3가 전체 헬륨 중 고작 0.0001퍼센트에 불과하지만 달에는 무려 100만 톤이 존재한다고 한다. 그 이유는 달에는 대기가 부족하여 수십억 년 동안 태양풍에 실려온 헬륨-3가 달 표면에 잔뜩 쌓여 있을 것이기 때문이다.

중국 달 탐험 프로그램의 수석 과학자인 오우양 지유안 박사는 만약 우리가 헬륨-3를 이용할 수 있다면 "약 1만 년 동안 인류의 에너지 문제를 해결할 수 있을 것"이라고 믿고 있다. 이는 미래를 내다보는 진취적인 생각인 동시에 현재의 에너지 위기와 기후변화도 고려한 것이다. 과학자들은 X만큼의 에너지를 만드는 데 필요한 헬륨-3의 양에 대해서는 정확한 수치를 제시하지 못하지만 1톤의 헬륨-3가 5,000만 배럴의 석유에 상당하는 에너지를 생산할 것이라고 추산한다.

실제로 그렇게 실현만 된다면 굉장할 듯하다. 하지만 우리가 아직 핵융합의 문제를 해결하지 못했고 설령 그것을 해결한다고 해도 고작 1그램의 헬륨-3를 추출하는 데 무려 150톤의 토양과 암석을 필요로 할 수도 있다는 것이 걸림돌이다. 그야말로 엄청난 채굴과 선별 작업이 요구되는 것이다.

또 과학자들은 40년 동안 핵융합로에 대해 연구해 왔고 그에 관한 기본형 모델도 존재하지만 깜짝 놀랄 만한 혁신이 일어나지 않는다면 핵융합로를 완성하는 데 필요한 기술은 이번 2020년대가 아닌 2030년대에나 개발될 것이다. 달에서 채굴하는 데 필요한 기술도 마찬가지일 테지만 그래도 그 과정은 일단 시작되었다.

물론 달을 채굴하는 것에 대한 법적, 윤리적 반대도 존재한다. 하지만 그 어떤 국가도 일부라도 달을 소유할 수 없다는 합의에 대체로 동의하지만, 달을 채굴하는 것은 그 합의를 약화시킬 수는 있어도 그런 행위가 반드시 합의를 위반하는 것은 아니다.

그러면 달을 훼손하는 문제는 어떨까? 사실 달 크기를 고려하면 채굴 현장이 수십 곳에 달하더라도 달 표면에서 차지하는 비중은 아주 미미한 수준이며 지구에서 우리가 그것을 육안으로 식별할 수 있는 방법은 없다. 더불어 지구의 친환경 기술에 필요한 자원을 얻기 위해

서라면 달에서 그 정도 미미한 영토를 훼손하는 것이 우리의 고향 행성을 심각하게 훼손하는 것보다 훨씬 더 낫다. 어떤 사람들은 달을 채굴하는 과정에서 많은 구멍을 뚫고 달의 토양을 상당량 제거하는 것이 지구에 사는 우리에게도 영향을 미칠 수 있다고 걱정한다. 하지만 그럴 필요는 없다. 우리가 날마다 달에서 1톤의 토양을 제거한다고 가정해 보자. 이제 우리가 2억 2,000만 년 동안 그렇게 하고 있다고 가정해 보자. 그럼 우리는 지금까지 달 질량의 1퍼센트를 제거해 온 것이다. 이것은 지구 주위를 도는 달의 궤도나 지구의 조수에 전혀 영향을 미치지 않을 것이다. 한편 달에서는 금속도 발견되었다.

그리고 달에는 많은 양의 물도 존재한다고 추정된다. 달의 적도에서 남쪽으로 약 2,700킬로미터 떨어진 곳에 폭 2,500킬로미터에 깊이 13킬로미터에 달하는 남극-에이킨South Pole-Aitken 분지가 자리하고 있다. 그 안에는 우뚝 솟은 산들이 있는데 달 자전축이 기울어져 있어 그중 일부는 최대 80퍼센트에 이르는 시간 동안 햇빛을 받는다. 1800년대 후반에 이런 산들은 영구적으로 빛날 수도 있다는 이론이 제기되면서 〈영원한 빛의 봉우리〉라는 이름으로도 불렸지만 이제는 가장 높은 봉우리조차 이따금 어둠 속에 잠기는 것처럼 보인다. 하지만 그런 봉우리들 근처에 있는 크레이터는 워낙 깊숙해서 낮은 각도에서 비치는 햇빛이 깊은 지점들에는 아예 닿지도 못한다. 영구적으로 그늘진 이 지점들은 태양계에서 관측된 가장 추운 곳으로 최저온도가 영하 238도까지 기록되었는데 이 수치는 명왕성 표면의 온도보다 더 낮은 수준이다. 따라서 몹시 추운 동굴 안에는 얼음결정이 맺혀 있을 것이고 얼음 안에는 산소와 수소가 포함되어 있어 그것으로 로켓의 연료를 만들 수 있다.

만약 달 표면에서 얼음을 얻을 수 있다면 그 얼음에 전기를 흘려보내 액체산소와 액체수소로 분해할 수 있다. 물론 다른 방법도 있지만 우리는 이미 알고 있다. 달의 각 극지점에 물로 사용할 수 있는 얼음이 6억 킬로그램 정도 있을 것으로 추정된다는 점을 감안하면 이것이 아주 좋은 생각일 수도 있음을 말이다. 달에서는 지구의 중력을 벗어나는 데 필요한 것보다 훨씬 적은 소량의 연료만 있어도 로켓을 발사할 수 있기 때문에 일단 기반시설이 마련되고 궤도를 순환하는 정거장을 이용하게 된다면 지구와 달 사이를 비행할 때 굳이 귀환에 필요한 연료를 많이 실어야 할 필요가 없다. NASA의 대형 SLS 로켓은 지상에서 저궤도에 도달하는 데 80만 2,500갤런의 연료를 연소하도록 설계되었는데 이것은 올림픽 수영장 1.2개의 물을 약 9분 만에 비우는 것과 다름없다. 이런 이유에서 달 표면에 기지를 건설하면 장거리 로켓 발사에도 유용하게 활용할 수 있다.

먼저 오는 사람이 차지하는 선착순?

그러면 달 너머의 지리는 어떤가? 일단 그 한계는 무한대다. 즉 한계가 없다는 뜻이다. 하지만 당분간 유인 우주선은 화성 너머까지 확장되는 지도는 필요 없을 것이며 아무리 빨라도 2030년대는 되어야 필요할 것 같다. 우주의 광활함에 비하면 우리 태양계의 행성들은 비교적 서로 가깝게 자리를 잡고 있지만, 현재 우리가 그곳 모두에 우주선을 보낼 수 있다고 해도 여전히 직접 찾아갈 수 있는 범위를 넘어선 상태다. 목성은 우리 고향인 지구와 7억 7,800만 킬로미터 떨어져 있고 토성은 14억 킬로미터, 해왕성은 44억 킬로미터나 떨어져 있다. 하지만 "화성에 가보면 좋을 텐데"라는 말은 이제 한물간 옛말이 되어가고 있다. 화성에 근접해 비행한 최초의 우주선은 NASA의 매리너 4호로 1965년에 발사 7개월 만에 화성에 도달했다. 1971년에는 소련이 마스 3호를 화성에 착륙시켰다. 마스 3호는 20초라는 짧은 시간 동안 희미한 신호를 전송한 후에 통신이 두절되었고 이후 다시는 연결되지 않았다. 5년 후에는 NASA의 바이킹 1호가 도착해 황금평원의 서쪽 경사면에 착륙했고 이어서 최초의 화성 표면 사진을 전송하기 시작했다. 이제 화성은 태양계에서 가장 측량이 잘된 행성 중 하나이며 로버(rover, 행성과 위성의 표면 위를 이동해 탐사하는 차량)가 탐사한 유일한 행성으로 남아 있다.

최신형 우주선은 약 7개월이면 화성에 도달할 수 있으며 조만간 화성으로의 유인 우주여행도 가능할 전망이다. 억만장자 기업가이자 스페이스X의 CEO인 일론 머스크는 자신이 2020년대 안에 사람들을 화성에 보낼 계획이며 여행시간은 80일 이내가 될 것이라고 말했다. 기술적 변화가 그 어느 때보다도 빠르게 이루어지고 있는 것은 사실이지만 그가 말한 기한은 아직은 의욕만 넘치는 것처럼 보인다. 무엇보다 타이밍이 매우 중요할 것이다. 지구에서 화성까지의 평균거리는 2억 2,500만 킬로미터지만 모든 행성의 경우와 마찬가지로 거리는 두 행성의 궤도 주기에 따라 달라진다. 따라서 가장 가까울 때는 5,460만 킬로미터, 가장 멀 때는 4억 킬로미터 정도 떨어져 있게 된다. 일론 머스크의 미션은 아마도 〈붉은 행성〉(Red Planet, 화성의 속칭)이 우리에게 평균거리보다 더 가까이 접근하는 시기에 시작될 것이다. 그리고 이때부터 계획은 우주선에 연료를 보충하고 다른 목적지들로 〈행성 간 비행〉을 하면서 궁극적으로는 태양계 바깥쪽 경계까지 도달하는 것이다. 하지만 지금으로서는 이 모든 것은 적어도 향후 수십 년 동안은 로봇이 해야 할 몫이다.

하지만 달은 우리의 사정권 안에 있고 주요 우주비행 국가들은 먼 훗날이 아닌 조만간 달에 작업장을 차리기 위해 노력하고 있다. 그렇다, 달에서 채굴하고 가공하는 작업은 매우 어려울 것이다. 그렇다, 헬륨-3를 이용한 핵융합도 그저 이론에 불과할지 모른다. 그렇다, 시한과 예산이 부족할 수도 있다. 하지만 만약 이 이론들이 현실화된다면 완전히 낙오자가 되는데, 당신이라면 가만히 앉아서 경쟁자들이 멀리 앞서가는 것을 두 손 놓고 바라만 볼 수 있겠는가? 헬륨은 재생 가능한 자원이 아니다. 파헤쳐지고 가열된 자원을 태양풍이 밀려와 대체할 때까지 다시 10억 년을 기다릴 수는 없다. 먼저 오는 사람이 차지하는 선착순일 뿐이다. 아직 재무적 차원에서는 타산이 맞지 않지만 우리는 처음에 경제적 이익을 위해 달에 가지는 않았다. 신세계 탐험과 개척은 인류의 지난 500년의 역사를 이루어왔다. 저 높이, 저 멀리 있는 우주도 그런 잠재력을 갖고 있다.

국가의 명예, 상업적 및 전략적 목적 등 여러 이유에서 달을 향한 도전이 이루어질 것이다. 달에 성공적으로 식민지를 건설하면 그 국가나 동맹은 과거의 해양 강대국들이 누렸던 것과 같은 이점을 누리게 될 것이다. 지상에서라면 강대국은 영토를 점령하거나 감시를 통해 다른 국가들의 야망을 억누를 수 있다. 우주에서라면 자신들의 인공위성을 통해 정지궤도와 저궤도를 감시할 것이다. 먼저 길을 개척하는 사람들은 다른 사람들이 따를 수밖에 없는 조건을 설정할 수 있다. 가장 먼저 자리를 잡은 사람들은 달의 잠재적인 부에 접근하고 그것의 일부를 지구로 가져올 수 있는 첫 번째 기회를 누릴 것이다.

우주를 장악하는 자가 지구를 지배한다

만약 우주 초강대국이 지상의 출발 지점과 대기권 밖으로 나가는 경로를 장악할 수 있다면 다른 국가들이 우주비행을 하지 못하도록 봉쇄할 수 있다. 게다가 만약 그 나라가 달까지 장악한다면 달의 부를 독점할 뿐만 아니라 달을 거점으로 태양계 더 멀리 이동할 수 있는 유일한 국가가 된다. 그리고 그 나라가 저궤도마저 장악한다면 인공위성 벨트를 지배하면서 그것을 기반으로 세계를 통제할 수 있다.

우주정치학의 세계적인 이론가로 선견지명이 담긴 저서 『우주정치학 Astropolitik』을 집필한 에브렛 돌먼 교수는 이 분야에서 가장 유명한 다음과 같은 격언 하나를 남겼다.

"저궤도를 지배하는 자가 지구 근처 우주를 호령한다. 지구 근처 우주를 지배하는 자가 테라(Terra, 땅 또는 지구를 의미하는 라틴어)를 지배한다. 테라를 지배하는 자가 인류의 운명을 결정짓는다."

이런 이유에서 우주를 장악하려는 유혹이 점점 더 커지고 있다. 현재는 세 강대국이 경쟁을 벌이면서 서로 그 어떤 국가도 주도권을 행사하지 못하도록 군비경쟁에 몰두하고 있다. 이런 상황에서 다른 국가들은 자국의 군사적 선택지가 무엇인지 고려할 수밖에 없는 처지에 놓여 있다. 일본, 프랑스, 영국 같은 국가들은 모두 독자적인 우주사령부 운영을 발표했다.

여기에는 익히 잘 아는 냉정한 논리가 내재되어 있다. 만약 상대방이 장거리용 화살을 지니고 있다면 나는 무기의 사거리를 개선하면서 동시에 더 좋은 방패를 개발해야 할 것이다. 과거에는 자신들을 방어하거나 적을 공격할 수단이 없으면 지휘관들은 병사들을 전장에 내보내지 않았다. 하지만 이 시대에는 인공위성이 전쟁의 핵심인 동시에 핵무기 조기경보 시스템에서 중추적인 역할을 한다. 만약 그런 인공위성을 상실하면 국가는 취약한 상태에 놓이게 되고, 우주의 궤도권에 대한 접근이 허용되지 않으면 삶이 몹시 힘들어지게 된다. 따라서 전쟁을 수행하거나 적의 공격에 대비한 조기경보를 위해 인공위성에 의존하는 국가라면 자국의 인공위성을 무방비 상태로 놔둔다거나 적의 인공위성을 공격할 수 있는 능력을 개발하지 않는 등의 어리석은 선택을 하지는 않을 것이다.

현재 우리가 우주에서 벌이는 활동과 관련된 법규는 겨우 가이드라인보다 조금 나은 수준에 불과하다. 현대의 첨단기술과 변화하는 지정학적 현실은 그런 법규조차도 유명무실하게 만들었다. 채굴, 태양광 에너지 프로젝트, 과학연구, 우주여행 등 군과 민간 용도의 우주 기반 플랫폼이 늘어나면서 우주는 다름 아닌 21세기에 적합한 법규와 합의가 새롭게 요구되는 〈혼잡한 21세기의 환경〉이 되어가고 있다.

우주가 전 세계의 공유지라는 개념은 사라져가고 있다. 지금은 몹시 위태로운 상황이다. 우리는 새로운 규칙을 수립해야 하며 그 규칙을 우주에 적용해야 한다. 왜 그렇게 해야 하는지 그 이유를 들자면 80억 가지는 댈 수 있다. 지구상의 모든 인간은 규칙에 근거한 우주의 질서 그리고 우주에 관한 글로벌 협력에 관심을 가져야 한다. 그런 관심이 없다면, 우리는 결국 〈지구의 지리〉를 두고 그랬던 것처럼 〈우주의 지리〉를 두고도 치열한 분쟁을 벌이고 말 것이다.

지금 우주는 (사실상) 무법지대다

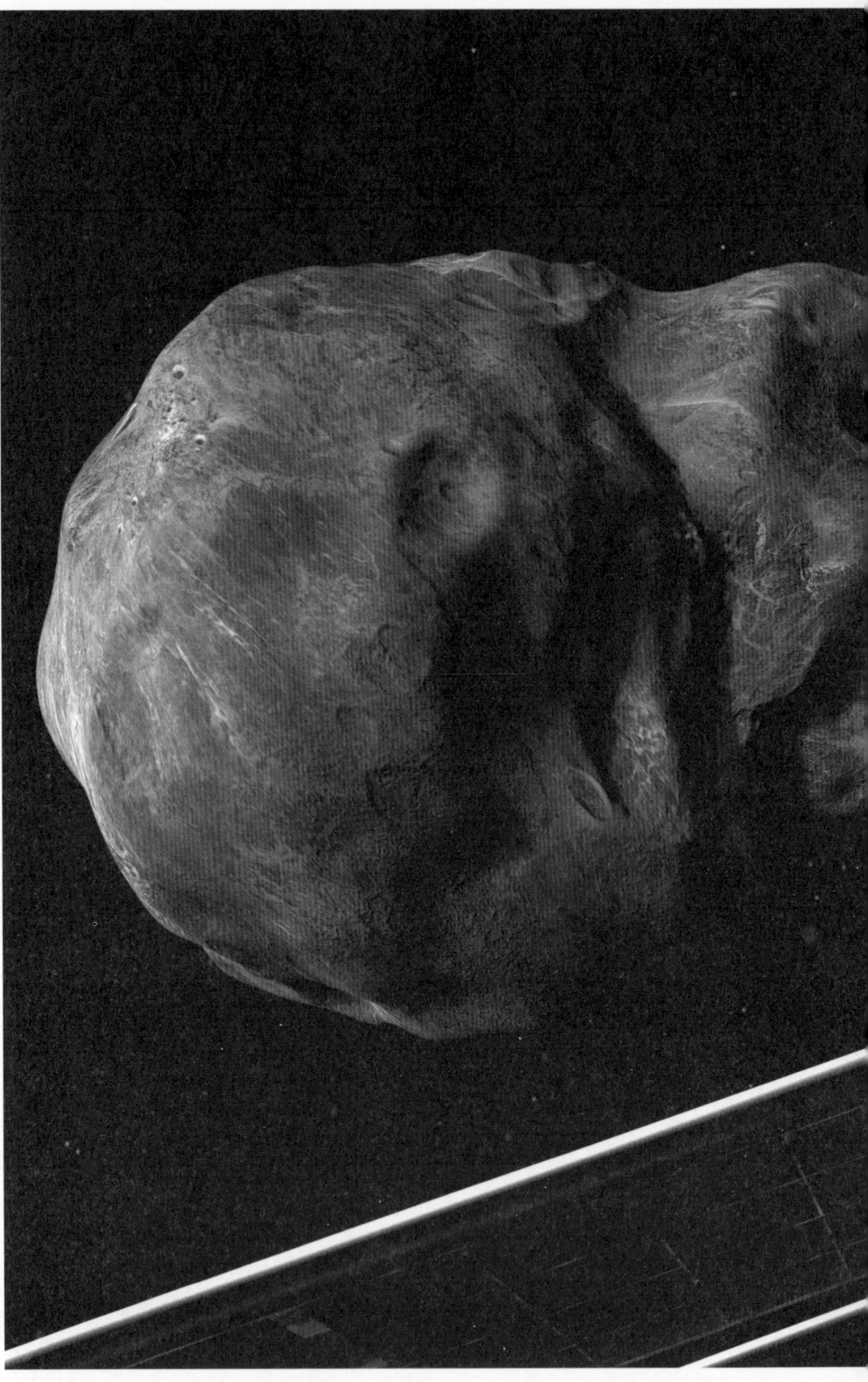

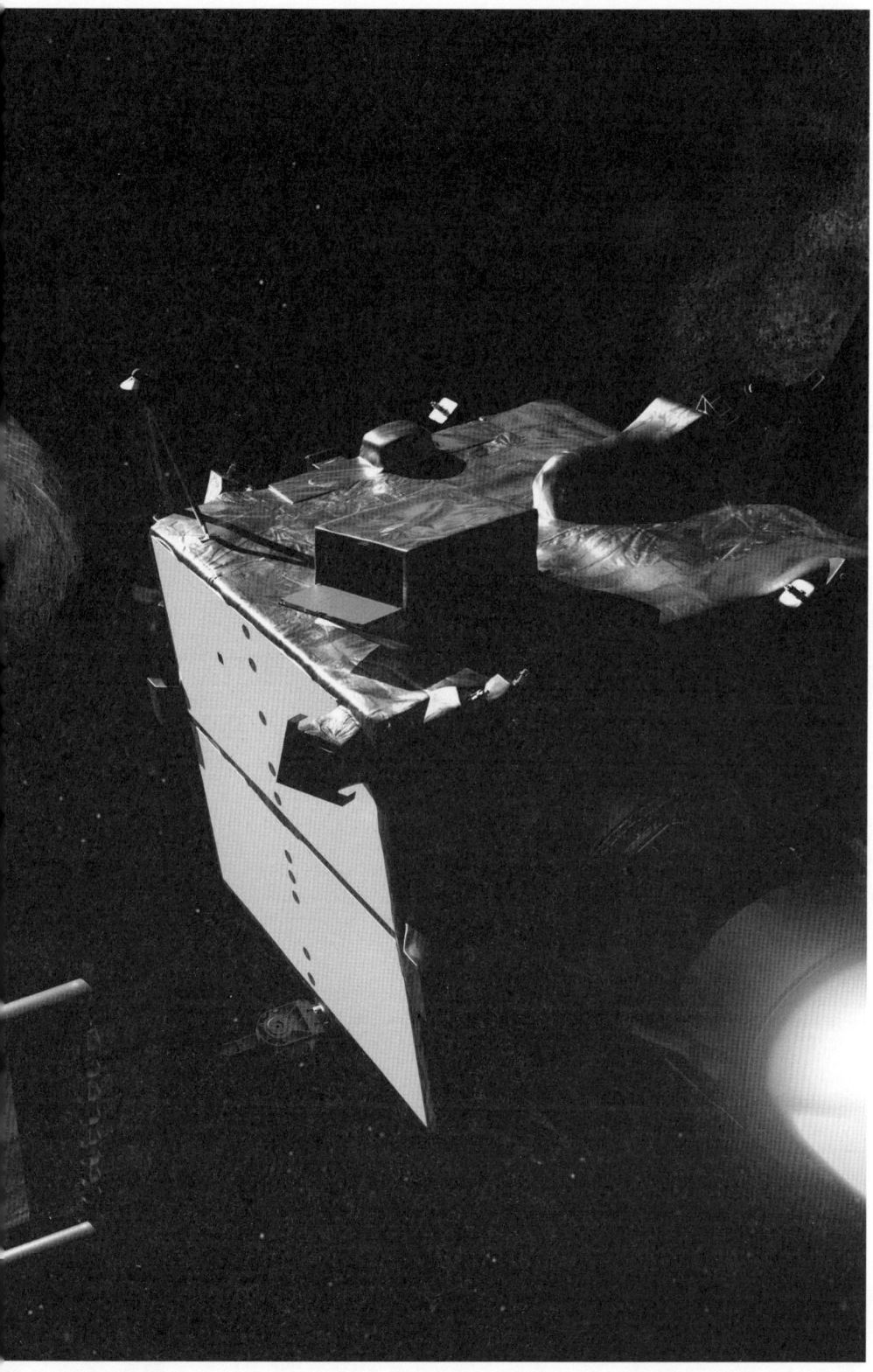

앞 페이지 그림: 2022년 9월 소행성 디모르포스를 겨냥한 NASA의 쌍소행성궤도수정테스트(DART, Double Asteroid Redirection Test)를 묘사한 그림이다. DART는 소행성과 지구의 충돌을 막기 위해 소행성 이동 경로를 정확히 예측한 후 우주선을 발사하여 소행성과 우주선을 충돌시켜 지구와 충돌 가능성이 있는 소행성의 궤도를 바꾸는 것이다.

> "저기 달에서 보면 국제정치는 정말이지 너무 하찮게 보인다.
> 당신은 정치인의 목덜미를 붙잡고 40만 킬로미터 밖으로 끌고 나가
> 이렇게 외치고 싶을 것이다.
> '저길 좀 보라고, 이 빌어먹을 자식아!'"
> – 에드가 미첼, 아폴로 14호 우주비행사

태양계의 세 번째 행성, 그러니까 우리 지구와 태양 사이에는 특별한 장소가 있다. 그곳은 지리도 험난하고 환경도 열악하지만 알려지지 않은 엄청난 부를 숨기고 있다. 과거에 인류가 접했던 비슷한 특징을 지닌 수많은 지역과 마찬가지로 이곳도 현재 사실상 무법지대나 다름없다. 이곳이 어디냐 하면, 바로 우주다. 그리고 그곳에는 우주의 법규가 필요하다.

하지만 이는 쉬운 일이 아니다. 경계와 영토가 더 명확하게 확립된 선례가 있는 지구에서도 법규와 합의를 도출하는 것은 상당히 어려운 일이다. 더구나 우주에서 자국의 이익을 포기한다는 것은 강대국들의 안중에는 아예 없는 일이다.

기존의 우주법은 이미 한물간 구닥다리가 되어버렸고 게다가 현재의 상황을 다루기에는 너무나 모호하다. 대부분이 냉전의 산물이며 주로 강대국들 간의 협상을 통해 만들어졌다. 그것은 더 이상 목적에

부합하지 않는다. 예를 들면 달과 천체를 포함한 우주의 무분별한 개발과 사용을 규제하는 국제조약인 우주조약(Outer Space Treaty, 1967년)은 이렇게 명시하고 있다.

"달과 기타 천체를 포함한 우주공간은 주권 주장에 의해, 또는 이용이나 점유에 의해, 또는 기타 다른 수단에 의한 것일지라도 한 국가가 전용할 수 있는 대상이 아니다." 그리고 "우주탐사는 경제나 과학의 발달 정도에 관계없이 모든 국가의 이익을 위해 수행되어야 하며 모든 인류의 활동 영역이어야 한다."

그렇다면 만약 어떤 국가가 달의 특정 구역에서 다른 나라의 활동에 대해서는 안전을 보장하지 않은 채 자국의 기지를 건설하려고 한다면 그 행동은 특정 국가의 점유 혹은 주권 행사에 해당할까? 또 만약 어떤 국가가 지구에 가져와서 판매할 목적으로 달에 있는 자원을 채굴한다면 그것은 모든 인류의 이익을 위한 것일까? 우주조약은 우주에 대량살상무기를 배치하는 것은 금지하고 있지만 재래식 무기에 대해서는 딱히 언급하지 않고 있다. 결국 우주조약은 어떤 경우라도 강제 수단이 없는 문서에 불과할 뿐이다. 달조약Moon Agreement[10]도 마찬가지로 구시대적이며 서명 국가가 너무 적어 실효성이 없다. 다만 아직도 미국, 중국, 러시아 등 우주 선진국들이 비준하지 않았다는 점에서 주목할 가치가 있다.

이들 조약은 현재 각 나라들의 기술 변화도 따라가지 못하고 있으며, 또한 현재는 수십여 개의 저소득 국가 및 중간소득 국가가 우주개

---

10 1979년 유엔 총회에서 채택한 조약으로, 달을 인류 공동의 유산으로 규정해 어느 한 국가가 개발하는 것을 막고 평화적 목적을 위해서만 사용을 허용하고 있다.

발이라는 게임에 참여하고 있지만 처음 이 조약들이 작성되었을 때는 그들이 이 게임에 참여하지 않고 있을 때여서 그들의 의견이 전혀 반영되지 않았다. 영국의 외교정책 고문인 존 뷰 교수는 이렇게 말한다.

"우주는 힘의 균형을 두고 경쟁을 벌이고 있지만 아직 규칙은 완전하게 정립되지 않은, 국제질서의 〈새로운 개척지〉 중 하나입니다."

아르테미스 협정,
달 표면보다 더 많은 구멍이 있다

따라서 이런 구시대의 유물 대신에 구속력이 없는 임시 협정들이 잇따라 등장하기도 했다. 아르테미스 협정(Artemis Accords, 2020년)[11]이 대표적인 사례다. 그것은 달에서의 활동에 관한 새로운 지침을 제시하는데 일부분은 달조약과도 일치한다. 아르테미스 협정과 달조약 모두 달 탐사 과정에서 관련 규칙의 준수를 장려하고 국적에 상관없이 모든 우주비행사와 우주선에 지원을 제공하기로 합의하며 달에서 수집한 데이터 또한 공개할 것을 요구한다.

하지만 달조약이 달에 관한 다자간 혹은 사실상 글로벌 법적 체계를 조성하는 반면, 아르테미스 협정은 일련의 양자 간 합의이며 주로 미국이 합의문을 작성하고 우주법에 대한 미국의 접근방식을 반영한

---

11 2020년 10월 13일 미국 주도로 체결된 달 탐사 프로그램이자 우주탐사 관련 협정으로, 달에 유인 우주선을 착륙시키고 2028년에는 달 남극 부근에 기지를 건설하는 것을 목표로 한다. 영국, 독일, 일본, 한국 등 2024년 12월까지 48개국이 가입했으며, 중국과 러시아는 이 협정이 사실상 미국의 달 지배를 위한 초석이라고 비난하고 있다.

다는 점에서 두 협약 간에는 근본적인 차이점이 존재한다. 게다가 아르테미스 협정의 일부 새로운 조항은 달조약의 핵심 조항들에 명시된 원칙 및 철학과도 충돌한다. 예를 들어 미국은 달에서의 활동이 모든 인류의 공동유산이 되어야 하며 모든 인류에게 이익이 되어야 한다는 견해를 받아들이지 않는다.

따라서 아르테미스 협정에 서명함으로써 회원국들은 달에 관한 법, 더 광범위한 맥락에서는 우주법에 대한 미국의 법률적 접근방식을 사실상 인정한 셈이다. 이 협정에 최초로 서명한 국가로는 오스트레일리아, 캐나다, 일본, 룩셈부르크, 이탈리아, 영국, 아랍에미리트가 있고 이후에 루마니아, 우크라이나, 대한민국, 뉴질랜드, 브라질, 폴란드, 멕시코, 이스라엘, 바레인, 사우디아라비아, 프랑스, 싱가포르가 합류했다. 하지만 170개국 이상의 국가들이 여전히 합류하지 않고 있고 중국과 러시아는 확실하게 배제되었다. 미국 의회는 NASA가 중국과 협력하는 것을 금지했고, 러시아는 미국의 정찰위성을 위험하게 추적했다는 비난을 받은 이후로 배제되었다.

그리스 신화에서 아르테미스는 달의 여신이자 아폴로의 쌍둥이 누이였다. 아르테미스 협정 회원국들은 엄청나게 원대한 포부는 없지만 그래도 나름 야심은 있다. 그들의 계획은 수년 안에 인간을 달에 착륙시키고 2030년대 초에 달에 거주지를 완성하는 것을 목표로 2020년대 말까지 그곳에 영구적인 기지를 건설하는 것이다.

또 회원국들은 아르테미스 협정이 달에 기반시설을 설치하고 희토류, 물, 수소 등을 채굴하기 위한 법적 근거를 명확히 제시한다고 믿는다. 아르테미스 협정은 달에서 자원을 채굴하는 것이 본질적으로 국가의 전용에 해당하지 않는다고 명시하고 있다. 다시 말해, 그곳에서 채굴을 실행하는 국가가 그 작업을 진행하는 달의 영토를 소유하지 않는다는 것이다. 하지만 이는 결국 먼저 오는 사람이 차지(혹은 점유)하는 〈선착순〉이 된다는 것을 의미한다.[12] 중국은 협정 서명국들보다 조금 늦게 달에 도착할 가능성이 크다. 만약 달에 채굴이 가능한 지역이 한정되어 있다는 것을 알게 된다면 각 국가는 그때쯤 이미 각자의 소유권을 주장하는 다른 국가들과 경쟁을 벌이게 될 것이다. 저개발국가들 또한 우주조약에서 "모든 인류의 활동 영역"이라고 말한 부분을 잃게 될 것이다.

아르테미스 협정 제11조는 "우주활동의 충돌 방지"라는 고귀한 목표를 제시한다. 이를 위해 달에서 작업을 수행하는 사람은 누구나 "자신들의 활동에 대한 통보"를 해야 한다. 또 그 활동은 자신들의 〈안전지대〉에서 이루어져야 하는데 그곳은 다른 국가의 활동이 "마땅히 유해한 개입을 촉발할 수 있다"고 규정된 지역이다.

여기서 문제는 당신이 시급으로 보수를 받는 능력 좋은 우주변호사를 두고 있는지 아닌지의 여부에 따라 상황은 악화될 수도 호전될 수도 있다는 것이다. 분명히 안전지대는 시간이 흐르면서 변경될 것이기 때문에 회원국은 적절히 그 규모와 범위를 조정해야 할 것이다. 하지만 걱정하지 마시라. 회원국은 "실행가능한 상황이 되면" 대중에게 모든 관련된 정보를 공개할 것이다. 휴! 그건 정말 다행이다. 그런데 이건 뭐지? 이런, 그들은 오직 "재산권과 유출이 제한된 정보에 대한 적절한 보호를 고려하면서" 그렇게 할 것이다. 전 세계 많은 국가들

---

12 과거 미 서부 개척시대와 마찬가지로 먼저 깃발을 꽂는 자, 즉 먼저 점유하는 자가 그곳에 대해 임의로 권리를 갖는다는 뜻이다. 이는 중국과 러시아를 배제하고 다른 국가들을 동원해 달을 선점하려는 미국의 욕심으로 보인다.

이 아르테미스 협정에 서명하지 않은 상황이기 때문에 유능한 우주변호사를 둔 당신은 이런 법적 허점을 요리조리 피해가면서 엔터프라이즈호(『스타트렉』에 등장하는 우주선)를 조종해갈 수 있다. 설령 협정에 서명했다고 해도 〈상당히〉, 〈유해한〉, 〈방해〉와 같은 의미를 명확히 규정해야 하는 문제가 남아 있다.

그러면 협정 제11조를 이렇게 수정해 보자.

"협정 서명국들은 천체의 모든 영역에 자유롭게 접근한다는 원칙을 엄숙히 인정하고 확인하고 검토한 후에, 자칫 방해받을 경우를 대비해 다른 국가들이 침범할 수 없는 경계를 표시할 권리가 있음을 주장한다. 또한 그들은 경계를 설정하고 변경할 권리도 가질 것이다. 서명국들은 원하지 않을 경우를 제외하면 이 문제에 대해 투명하게 처리한다."

자, 수정했다. 이것은 원래 내용이 옳거나 그르다는 것이 아니라 원문에 달 표면보다 훨씬 더 많은 〈구멍〉이 있다는 뜻이다.

우주변호사들만 좋아할 구시대적 협정

아르테미스 협정 지지자들은 오직 평화적인 목적으로만 달을 사용하기로 합의했기 때문에 안전지대는 문제가 되지 않는다고 주장한다. 하지만 〈평화적〉이라는 것도 정의되지 않았고, 만약 내 정의가 당신의 정의와 다르면 어떻게 할 것인가? 하나 예를 들어보자면, 1959년에 남극조약(Antarctic Treaty, 남극과 그 주변에 대한 평화적 이용과 과학적 연구의 자유로운 보장을 명시한 조약)과 관련해 러시아는 〈평화적〉이라는 말을

〈비군사적〉이라는 의미로 받아들였다. 하지만 미국은 그것을 〈비공격적〉이라는 의미로 해석했는데, 이는 만약 비공격적이라면 군사적 행동을 해도 된다는 의미로 미국은 받아들였다. 소위 비군사적 이론과 비공격적 이론으로 알려진 이 두 가지 개념과 비슷한 문제가 우주 탐사 과정에서도 발생할 수 있는데 이는 결국 향후 여러 해 동안 우주 변호사들의 일자리를 보장해줄 것이다.

우주조약은 이미 군병력이 우주에서 평화적인 목적으로 활동하는 것은 허용하고 있다. 따라서 아르테미스 협정에 서명하지 않은 다른 국가들이 당신의 안전지대에 진입할 경우 당신은 공격적인 목적이 아닌 오직 평화를 지키기 위해 방어용 무기가 필요하다고 주장할 수 있다. 그리고 일단 당신이 무기를 확보했다면 나 역시 그런 무기를 갖고 싶다. 물론 오직 방어적인 목적으로만 말이다…….

또한 달의 안전지대에서 일종의 자신들만의 세력권으로 옮겨가는 과정도 뭐 아주 엄청난 우주적 도약이라고 할 만한 것은 아닌데, 이 또 다른 용어는 모호한 법적 정의를 지니지만 본질적으로 한 국가가 경제적, 문화적 또는 군사적으로든 어떤 형태의 독점권을 주장하는 지역을 뜻한다. 지구에서 그와 같은 지역에 대한 우리 인간의 집착은 오래전부터 분쟁을 유발해 왔기 때문에 그런 생각을 우주로까지 수출하는 것은 결코 바람직하지 않다.

그뿐만이 아니다. 국가와 협업하는 민간기업과 관련해 아르테미스 협정 가입국들은 "자국을 대신하여 일하는 단체들이 이 협정의 원칙을 준수하도록 적절한 조치를 취할 것"을 약속했다. 하지만 달에서 작업하는 미국 기업이라면 2015년 미국상업적우주발사경쟁력법을 언급할 수 있다. 그 법안은 미국 시민들에게 우주공간에서 획득한 자원을 사적으로 "보관하고, 소유하고, 운반하고, 사용하고, 판매하는 것"을 허용한다. 한 국가의 법이 자국 국경 밖에서는 적용되지 않는다는 점을 고려하면 다른 국가들이 이에 반대할 근거는 충분히 있지만 이 부분도 자칫 상황이 복잡해질 수 있다.

한편 아르테미스 협정의 제9조는 우주공간의 역사적 유산을 보존한다는 새로운 개념을 도입하고 있다. 하지만 그 유산이 무엇인지 혹은 그것을 어떻게 보존할지에 대해서는 규정하지 않고 있다. 이것은 미국이 일방적으로 아폴로 11호의 착륙 지점, 닐 암스트롱의 발자국, 달 표면에 꽂은 성조기 등에 역사적 가치를 부여하고 그곳 전체를 미국의 안전지대로 설정하려는 시나리오를 떠올리게 한다. 물론 닐 암스트롱의 발자국은 역사적 가치를 지니지만 사실상 그것이 법이 될 수도 있음을 일방적으로 설정하는 것은 또 다른 문제다.

현재 합법성을 논의할 때 자주 언급되는 본래의 달조약보다 아르테미스 협정에 서명한 국가가 더 많다는 사실은 눈여겨볼 만한 가치가 있다. 만약 많은 국가들이 어떤 협정이 국제법과 같은 무게감이 있다고 간주하면 세월이 흐르면서 원문에 제시된 관례가 뿌리를 내리게 될 때 국가는 그것을 공식적인 법률처럼 취급하기 시작한다. 또 만약 대다수 국가들이 어떤 문서를 승인한다면 그것은 대체로 글로벌 법적 기준으로 여겨진다. 대표적인 사례로 다양한 해상 활동과 해상 경계에 관한 법적 체계를 확립한 유엔해양법협약(UNCLOS)을 들 수 있다. 1982년에 유엔에서 처음 채택된 이 협약은 1994년에 60개국이 서명하면서 발효되었고 현재는 168개국이 서명에 참여했다. 일부 주요 국가들, 특히 미국과 튀르키예가 아직 서명하지 않았지만 그렇다고 해서 이 협약이 국제적인 해양 헌법으로 간주되는 것을 막지는 못한다.

 현재 해상 분쟁이 일어날 때마다 유엔해양법협약이 적용되는 것처럼, 향후 2030년대에는 점차 그 수가 늘어날 아르테미스 협정 가입국들이 달에서 러시아나 중국과 분쟁을 겪을 때 해당 협정을 인용할 거라는 건 충분히 예상할 수 있다. 하지만 튀르키예가 지중해에 매장된 석유와 가스를 두고 그리스와 벌이는 분쟁에서 유엔해양법협약의 규정을 인정하지 않고 있듯이 중국과 러시아 또한 아르테미스 협정 규정을 따르리라고 기대할 수는 없다.

 2020년에 당시 러시아 연방우주공사(로스코스모스) 국장이었던 드미트리 로고진은 아르테미스 협정에 대해 자칫 달을 "또 다른 아프가니스탄이나 이라크로 만들 수 있는 침공"과 다름없다고 표현했다. 아르테미스 협정에 대한 대응으로 이듬해 러시아와 중국은 소위 국제달과학연구기지(ILRS)로 불리는 달 전초기지를 건설한다는 양해각서에 서명했고 이 프로젝트에 다른 국가들도 참여하기를 기대한다고 말했다.

 이처럼 변화하는 기술이 만들어낸 새로운 현실에 대처하기 위해서는 새로운 협약이 필요하다. 이는 단지 안전지대가 전쟁지대로 바뀌는 것을 막기 위한 목적만은 아니다. 문제는 모든 선수가 참여해야 한다는 것이다. 하지만 현재 우주가 80킬로미터 상공에서부터 시작하는지, 100킬로미터 상공에서부터 시작하는지(즉 한 국가의 영토가 상공 어디쯤에서 끝나는지)의 여부조차도 합의하지 못하고 있다는 점을 고려하면 아직도 갈 길이 멀다.

민간기업의 인공위성을 공격해도 될까

지구상의 국가들 간에 내재하는 이 모든 문제를 처리하는 것만으로도 충분히 복잡한데 우리의 구시대적 우주법이 해결해야 할 또 다른 문제들도 상당히 많다. 과연 어디까지를 우주활동으로 여겨야 할까? 만약 어떤 국가가 우주에 있는 인공위성으로 지구에 있는 드론을 조종해 군사 목표물에 미사일을 발사하려고 한다면 그것은 우주조약을 위반한 것일까? 만약 그 임무에 사용된 인공위성이 상업용 위성이라면 이제 그 기업의 위성 시스템 전체는 무기로 취급될 수 있다는 뜻인가? 2003년 이라크 전쟁 기간에 미국이 발사한 무기의 68퍼센트가 인공위성에 의해 유도되었는데 그 위성 중 80퍼센트가 민간 상업용이었다. 그렇다면 만약 이라크가 그에 대항할 능력이 있다면 그 위성을 향해 발포하는 것이 이라크의 권리에 해당하는가? 2022년에 새로운 역학관계가 이 논란에 뛰어들었다.

러시아의 우크라이나 침공 초반에 우크라이나 북부 도시 이르핀은 24개의 기지국 전부가 미사일 공격을 받아 인터넷 접속이 되지 않았다. 하지만 이틀 후 인터넷 연결은 복구되었다. 일론 머스크의 스페이스X가 스타링크Starlink 고속단말기를 이르핀에 전달해 저궤도에 위치한 자사의 최첨단 스타링크 위성에 접속하도록 한 것이다. 그 당시 1만 개 이상의 고속단말기가 우크라이나 전역에 전달되었다. 대부분은 민간인들이 사용했지만 우크라이나 군인들도 네트워크에 접속해 병력을 지휘하고 시설을 통제할 수 있었다.

이에 러시아는 인공위성과 단말기 간의 신호를 방해하려고 했지만 스페이스X는 신속하게 그것을 회피할 수 있는 방법을 찾아냈다. 이런 상황은 모스크바와 워싱턴 모두에 알려졌다. 당시 미 국방부 전자전electronic warfare 책임자인 데이브 트렘퍼는 "우리는 그런 민첩성을 갖출 필요가 있습니다"라고 말한 반면, 러시아 연방우주공사의 드미트리 로고진은 스타링크가 마치 펜타곤(미 국방부)에 소속된 부대처럼 활동하고 있다고 불평했다. 이 말이 사실이라면, 러시아는 합법적으로 민간기업 소유의 스타링크 인공위성을 공격할 수 있을까? 실제로 스타링크 위성과 단말기는 러시아 군인들을 죽음으로 몰고가는 데 일정 부분 사용되고 있었다. 이때 당신은 스페이스X가 대리전을 수행하고 있는 국가에 속한 〈제3자〉라고 주장할 수 있다.

실제로 일어날 수 있는 현실적인 시나리오가 또 하나 있다. 중국공산당이 성공할 가능성이 큰 반체제 폭동에 직면해 있고 스타링크가 방화벽을 우회해 인터넷 링크를 전송함으로써 인민들이 폭동을 전국적인 규모로 조직할 수 있게 한다면, 그때 과연 중국은 어떻게 할 것인가?

이 같은 상황을 처리하기 위한 계획들이 현재 수립되고 있다. 2019년에 NATO는 지상, 공중, 해상, 사이버 공간에 우주를 작전 영역으로 추가했고 이듬해 우주센터를 설립하기로 합의했다. 그 우주센터는 2021년에 독일의 람슈타인에 개설되었다. 우주센터 인력은 NATO의 여러 회원국들에서 모집했는데 그들의 임무는 우주사령부를 운영하는 회원국들로부터 수집된 비행, 날씨, 모든 NATO 회원국들에게 잠재적 위협이 되는 요소 등에 관한 데이터를 관리하는 것이다. 하지만 프랑스와 영국이 제공하는 정보가 있음에도 여전히 NATO 동맹국들은 지상에서와 마찬가지로 우주에서의 정찰과 목표물 포착에 관련해서도 미국에 크게 의존하고 있다.

2021년 NATO 정상회의에서는 회원국 중 한 나라가 공격을 받으면 NATO 전체가 공격받은 것으로 간주해 다른 회원국들이 자동으로 그 전쟁에 개입해 공동 방어하는 집단방위 조항인 NATO 헌장 제5조를 우주까지 확장하는 성명을 발표했지만 큰 주목은 받지 못했다. 발표문의 단어 선택은 매우 신중했다. "우주를 향해, 우주로부터, 혹은 우주 안에서 이루어지는 공격은…… 현대사회에 재래식 공격만큼 위험할 수 있다. 그런 공격이 발생하면 NATO 헌장 제5조의 발동으로 이어질 수 있다"라고 명시했다. 그 결정은 〈사례별 기준에 따라〉 이루어질 것이다.

〈할 수 있다〉 혹은 〈사례별〉 같은 신중한 단어는 우리가 새로운 영역에 진입했음을 뜻한다. 이것은 사소한 세부사항이 아니다. NATO 회원국에 미사일을 발사하는 것은 전쟁 행위로 분류하기 쉽지만 상업용 인공위성을 파괴하는 레이저빔을 발사하는 것은 어떤가? 그 행위는 주권 영토에서 일어나지도 않았고 인명피해도 발생시키지 않았다. 이런 상황에서 전쟁을 선포할 가치가 있는가? 예를 들면 스페인은 일론 머스크의 인공위성 한 대가 케냐 상공을 지나가던 중에 타격을 받았다고 해서 전쟁을 개시해야 할까? 아마도 아닐 것이다. 하지만 이 시나리오 안에도 복잡한 문제가 담겨 있다. NATO 헌장 제6조는 30개가 넘는 회원국의 작전영토를 규정하면서 침략 국가가 "그 영토 안에 진입하거나 상공을 통과할 때" 그 나라에 가할 공격에 대해 언급한다. 이는 한 물체가 태평양의 무인지대 상공에서 궤도를 순환할 때 공격을 받았다고 해서 반드시 NATO 헌장 제5조를 발동시키는 것은 아니지만, 고도 수백 킬로미터의 우주를 한 나라의 영토로 간주하느냐의 여부는 여전히 불확실하다는 것을 시사한다.

이런 이유에서 사례별로 입장을 취한다. 이는 NATO에 군사적 대응을 취하도록 강요하는 대신 전략적 모호성을 부여한다. 하지만 그 정의가 무엇이든 간에, 미국의 조기경보 위성 중 하나가 격추된다면 지리적 제약이 적용될 가능성은 거의 없다.

2023년 초에 중국의 정찰용 풍선이 미국 상공으로 날아왔을 때 야기되었던 불안도 여전히 해답 없는 문제들을 제기하고 있다. 미국의 인공위성들은 그 풍선이 하이난섬에서 띄워져 괌으로 향하는 순간부터 추적했다. 북부사령부의 지휘관들은 1월 27일에 그것이 알래스카로 오고 있다는 보고를 받았고 이후 며칠 동안 주의 깊게 주시했다. 2월 4일, F-22 전투기에서 발사된 사이드와인더 미사일이 풍선을 격추해 사우스캐롤라이나 해안에서 떨어진 바다로 추락시켰다. 전투기 조종사는 무선으로 다음과 같이 보고했다.

"격추했다!…… 풍선은 완전히 파괴되었다."

하늘을 떠다니는 동안 그 풍선은 몬태나의 맘스트롬 공군기지 위를 지나갔는데 그곳은 핵미사일 격납고가 있는 미군의 전략적 거점이다. 풍선에 탑재된 장비에는 고해상도 카메라, 전자데이터와 휴대전화를 비롯한 음성통신을 포착할 수 있는 장치가 포함되어 있었다. 풍선은 수집한 정보를 중국의 정찰위성에 전송할 수 있는 기능도 갖추었다고 알려졌다. 정보를 받은 정찰위성은 그것을 베이징에 전달하고 그러면 중국은 미국의 레이더와 무기 시스템 운용에 대한 전반적인 상황을 파악할 수 있게 된다.

그 풍선을 격추한 것은 전쟁 행위가 아니었다. 비록 중국은 불가항력을 내세우며 자연의 힘에 의해 풍선이 미국의 영토로 밀려간 것이라고 주장했지만 그럼에도 그것은 명백히 미국의 영공을 침범했다.

그리고 미 정보국에서 풍선이 국가안보의 근간이 되는 자국의 기밀 정보를 수집해 중국의 인공위성에 전송하고 있음을 실시간으로 파악하고 있다고 가정해 보자. 아마도 중국 인공위성에 대해서는 보안 침해를 방지하기 위해 전기 장치를 파괴하든지 아예 격추하든지, 아무튼 어떻게든 응징하라는 명령이 하달될 수 있다. 이런 것들이 보안 담당자들이 상급자들에게 처리 방안으로 제시해야 할 시나리오의 유형 중 하나다.

우주에서 살인사건이 일어난다면

우주에 법인기업과 개인기업이 진출한 것도 군사활동과 무관한 온갖 문제를 일으킨다. 어떤 지구의 법이 그들의 비즈니스에 적용될 것이며 어떻게 그들에게 강제할 것인가? 우주 거물 프랑켄슈타인이 우주 정거장 셸리(『프랑켄슈타인』 저자가 메리 셸리)에 탑승한 채로 인체의 생체 조직으로 인조인간을 만들려 한다고 상상해 보자. 지구에서 각 국가 간에 체결된 국제조약은 그런 인간을 만드는 것을 금지할지 모르지만 우주 거물 프랑켄슈타인은 국가가 아니며 우주정거장 셸리는 지구에 있지도 않다. 그렇다면 과연 누가 그를 제지할 것이며 또 어떻게 제지할 것인가?

황당하다고? 그렇다, 내 말이 그 말이다. 하지만 이건 그럴듯한 얘기다. 국제우주정거장에 탑승한 과학자들은 이미 그 안에 설치된 생체제조시설(BFF)에서 작업하면서 3D 프린터와 바이오 잉크를 사용해 생체조직을 만들었다. 유사한 연구가 지구에서도 진행되고 있지만 여기 지상에서는 중력으로 인해 민감한 재료가 망가지기 때문에 만들어낼 수 있는 조직의 양이 제한적이다. 하지만 우주에서는 인체의 장기를 프린팅할 수 있는 단계에까지 도달해 있다. 지구에서(화성은 말할 것도 없고) 장기 기증자들이 드물다는 것을 고려하면 이런 과학적 혁신은 인류에게 큰 도움이 될 것이다. 하지만 우주에서 그런 프로젝트를 실행할 수 있는 법적 체계는 모호하다.

과학자가 국제우주정거장에 탑승하면 대체로 그의 출신 국가 국내법이 그 안에서 효력을 발휘하는 것으로 알려져 있다. 즉 일본 실험실에서 이루어진 발명은 일본에서 일어난 것으로 인정된다. 하지만 그것은 법으로 강제된 것이 아니라 참가국들이 서명한 합의에 따른 것이다.

보다 섬뜩한 경우를 살펴보자면······, 가능성은 희박하지만 일본인 우주비행사가 일본 모듈에서 일본인 동료를 죽인 사건이 발생한다면 법은 아주 명확하다. 우주조약에 따르면, 이에 대한 법적 관할권은 우주로 발사된 물체를 등록한 국가가 지닌다. 이것은 선박과 항공기 등록에 관한 법과 비슷하다. 하지만 아주 끔찍한 살인사건에 다른 국가 출신의 두 사람이 연루되고 그 사건이 연결 통로에서 일어났다면 상황은 복잡해진다. 만약 그 사건이 국제우주정거장 밖에서 우주유영 도중에 일어났다면 더 복잡한 문제가 된다.

달 궤도를 도는 200개의 객실을 보유한 일론 머스크의 별 100만 개짜리 고급 우주 호텔인 스페이스텔로 향하는 궤도 익스프레스(Orbital Express, 애거사 크리스티의 추리소설 『오리엔트 특급살인』의 배경이 되는 기차인 오리엔트 익스프레스에 빗댄 비유) 우주선에서 일어난 살인사건은 어떻게 될까? 혹은 호텔 안에서 일어난 살인사건이라면? 만약 스페이스텔이 인도의 한 민간기업 소유로 본사는 아프리카의 섬나라 세이셸공화국에 있고 호텔의 모듈은 일본에서 제작했고 카자흐스탄, 미국, 중국에서 발사된 로켓에 실려 왔다면 절대로 간단하지 않을 것이다. 부디 행운을 빌어요, 우주탐정 푸아로!(애거사 크리스티의 추리소설에 등장하는 명탐정).

현재로서는 앞에서 예로 든 사건 중 어느 하나도 쉬운 해결책이 없다. 하지만 캐나다가 이미 자국의 형법을 달 표면까지 확장해 적용할 수 있도록 법제도를 변경했다는 것은 주목할 만하다.

지금까지 우주에서 발생한 유일한 법적 사례는 앞에서 예로 든 가상의 시나리오들보다는 훨씬 더 평범하고 수월하게 해결할 수 있는 것들이었다. 2019년에 NASA의 우주비행사 앤 매클레인은 국제우주정거장에 머무는 동안 전처의 은행계좌에 접속한 혐의로 기소되었다. NASA는 즉시 조사에 착수했고 혐의가 없음을 파악했다. 매클레인의 전처는 나중에 허위진술 혐의로 연방 당국에 기소되었다. 더 사소한 사례로 아폴로 13호의 우주비행사 잭 스위거트는 세금을 신고하는 것을 깜빡 잊었는데 우주에 가서야 자신의 실수를 기억했다. "휴스턴, 내게 문제가 생겼어요." 휴스턴은 가볍게 웃어넘겼고 스위거트는 국세청으로부터 국외에 있다는 사유로 납부 기한 연장을 승인받았다.

그렇다면 만약 인간이 전혀 새로운 행성에 정착하게 되면 어떻게 될까? 그곳에선 어떤 법이 효력을 발휘할까? 그곳에서도 지구의 통치를 받게 될까? 아마도 우주식민지들은 결국 모행성Mother Planet의 속박에서 벗어나 자신들만의 자치정부 체제를 구축하길 원할 것이다. 지구에서 멀어질수록 지구의 법을 적용하기는 더 어려워질 것이다. 일론 머스크의 스페이스X는 앞서 살펴본 것처럼 인간을 화성에 데려가려는 계획을 진행하고 있다. 스페이스X가 하는 많은 일들 중 하나가 스타링크를 통해 광대역 서비스를 제공하는 것이다. 이와 관련해 스타링크는 다음과 같은 자체적인 이용약관을 두고 있다.

"화성에서 혹은 스타십이나 다른 우주선을 통해 화성으로 이동하는 과정에서 제공되는 서비스에 대해 계약 당사자들은 화성이 자유로운 행성이며, 따라서 지구에 기반을 둔 그 어떤 정부도 화성에서의 활동에 대한 권한이나 통치권을 지니지 못한다는 것을 인정한다. 따라서 분쟁은 화성 정착 시점에 선의로 수립된 자치 원칙을 통해 해결될 것이다."

자치 원칙이라고? 도대체 누가 그 정부와 그 원칙에 대해 책임진다는 말인가? 어쩐지 사향쥐[13]의 냄새가 난다. 영국의 우주 전문가인 블레딘 보웬 박사는 이 시시한 문구에 대해 다음과 같은 가차없는 반응을 보인다.

"내가 이해하고 있기로는 유엔의 권한이 화성에도 미치기 때문에 스타링크는 자사의 이용약관에 그런 내용을 삽입할 그 어떤 법적 권리도 없습니다. 또한 자치의 원칙과 선의에 대해서는 정치적으로 지극히 순진하다고밖에 할 수 없을 뿐 아니라 애석하게도 내가 워낙 자주 보아왔던 기술계와 과학계 출신 인물들의 정치에 대한 전형적인 무지를 드러내고 있습니다."

앞서 살펴보았던 것처럼 우주조약의 제2조는 다음과 같이 명시하고 있다. "달과 기타 천체를 포함한 우주는 국가 전용의 대상이 되지

---

[13] 사향쥐가 영어 단어로 muskrat, 일론 머스크Elon Musk를 쥐에 빗대어 비꼬는 의미로 표현한 듯하다(옮긴이).

아니한다." 또한 제3조는 "각 국가는 우주에서 오직 국제법에 따라" 수행해야 한다고 명시한다. 하지만 일론 머스크는 국가가 아니고 따라서 이 규칙에 구속되지 않는다는 지적에 대해 당신은, 이 조약에는 "각 국가는 우주공간에서 행해진 국민의 활동에 대해 국제적 책임을 진다"라고 명시되어 있다고 주장할 수 있다. 그리고 당신의 주장이 옳다. 하지만 스페이스X가 온두라스에서 당신을 조준해 변호사들을 보내고 기업의 본사를 미국에서 파나마로 이전했을 때쯤이면 머스크 이 양반은 이미 화성 카운티의 보안관이 되어 있을 것이다. 이 세계적인 갑부가 어떻게 우주식민지를 통치할 것인지는 두고 봐야 할 것이다.

보웬 박사는 이렇게 말한다.

"억만장자들은 그들의 우주식민지를 공장 운영하듯이 운영하고 시민들을 최저임금을 받는 직원들처럼 취급하지는 않을까요?" 그는 또 〈식민지〉라는 용어에 대해서도 불쾌하게 생각한다. "대량학살, 기업의 착취, 생태계 재앙, 노예제도, 인종차별 등과 관련된 단어가 과연 우리가 우주에서의 〈더 나은 미래〉를 위해 정말로 사용하고 싶은 단어일까요?"

간혹 모호했을지라도 한때는 적절한 방식이었던 다자간 협정, 행동강령, 신뢰구축 조치 등은 스페이스X, 버진 갤럭틱Virgin Galactic, 블루 오리진Blue Origin, 그리고 아직 덜 알려진 중국의 아이스페이스i-Space, 러시아의 아스널Arsenal 등 우주산업 관련 민간기업의 등장과 같은 변화를 따라가지 못하고 있다.

만약 민간기업이나 개인이 실제로 다른 행성에 정착지를 구축할 수 있다면 이 새로운 지구 밖 식민지의 통치자들은 자신들의 권한 범위에 대해 감독을 받을 필요가 있다. 스토리의 중심에 이런 내용을 담고 있는 공상과학 소설도 더러 있긴 하지만 실제 세계에서 〈우주판 동인 도회사〉를 피하고 싶다면 우리는 목적에 맞는 법을 제정해야 한다.

케슬러 증후군

우주와 관련해 국제적인 협력이 요구되는 더 시급한 문제들도 있다. 가장 큰 문제는 바로 우주쓰레기다. 국제관계 전문가인 에브렛 돌먼 교수는 이 문제를 우선적으로 처리하기 위해서는 새로운 조약이 필요하다는 데 동의한다.

"우주쓰레기는 현재 가장 중요한 문제입니다. 모든 우주비행 국가는 쓰레기를 줄이겠다고 공개적으로 주장해 왔습니다. 하지만 문제는 이러한 제안이 항상 어느 한쪽 진영에 유리하다는 것입니다."

NASA는 지구 궤도 주변에 지름 10센티미터가 넘는 파편(대략 자몽 정도의 크기)이 2만 3,000개 이상 있다고 추산한다. 1센티미터에서 10센티미터 사이의 파편(테니스공 지름이 약 7센티미터)은 50만 개 정도 있고, 1밀리미터 이상의 파편은 총 1억 개에 달한다. 대부분의 파편은 크기가 작지만 시속 25,000킬로미터로 움직이기 때문에 우주에서 그것들과 충돌하게 되면 문제가 될 수 있다. 우주에서 그 속도로 움직이는 1센티미터의 파편 하나는 소형 자동차가 시속 40킬로미터로 우주비행사나 우주선과 충돌하는 것에 버금가는 문제를 일으킬 수 있다.

지구 궤도를 돌고 있는 인공위성이 어마어마하게 많다는 것은 이 문제가 점점 더 심각해지리라는 것을 의미한다. 스페이스X는 스타링크의 광대역 서비스를 위해 4만 개의 인공위성을 발사할 계획이고,

아스트라라는 신생기업은 1만 3,600개의 인공위성 신청서를 제출했으며, 아마존은 3,200개의 인공위성을 원하고 있다. 이는 단지 미국에 국한된 수치일 뿐이다. 전문가들은 2050년까지 최소 5만 개의 인공위성이 궤도에 있을 거라고 예상하지만 어쩌면 그 무렵 지구 궤도에는 25만 개의 인공위성이 있을 수도 있다.

더 많은 인공위성은 필연적으로 더 많은 우주쓰레기를 발생시킬 것이다. 쓰레기가 증가할수록 케슬러 증후군Kessler Syndrome이 실현될 위험성도 더 커진다. 그 시나리오에 따르면 궤도를 떠도는 우주쓰레기가 잦은 충돌을 유발하는 지점에 도달하게 되고, 그러면 재앙과도 같은 연쇄충돌이 일어나면서 우주쓰레기 구름이 허블 우주망원경을 박살내고, 거기서 생겨나는 파편은 지나가는 우주왕복선을 파괴시킨 후 국제우주정거장을 향해 이동한다. 당신은 2013년에 개봉한 공상과학 영화「그래비티Gravity」에 이런 내용이 나오는 것을 기억할 수도 있는데, 이 영화의 줄거리는 1978년 논문에서 이러한 견해를 제시한 전직 NASA의 과학자 도널드 케슬러의 이론에서 착안한 것이다. 그의 이론에 따르면, 모든 인공위성이 파괴되고 그로 인해 저궤도에 떠도는 우주쓰레기들로 형성된 고리 때문에 우주선이 아예 지구에서 발사되지도 못할 때까지 연쇄충돌이 일어난다. 케슬러 증후군은 하나의 예측일 뿐이지만 현재 우주쓰레기로 인한 위협은 그저 가설에만 불과한 것이 아니다. 국제우주정거장은 그것들과의 충돌을 피하기 위해 여러 차례 추진장치를 가동해야 했다. 인공위성들 역시 궤도에서 서로 충돌하기도 했다. 가장 유명한 사고는 2009년에 퇴역한 러시아의 코스모스 2251 통신위성이 미국의 현역 이리듐 인공위성과 시베리아 상공 800킬로미터에서 충돌한 것이다. 그로 인해 최소 10센티미터 크기의 파편 약 2,000개가 지구를 순환하는 우주쓰레기 무리에 추가되었다.

인공위성을 공격하는 인공위성

우주쓰레기를 줄이려는 노력은 현재 진행 중이지만 상황을 복잡하게 만드는 요인 또한 많다. 가장 심각한 요인은 우주쓰레기가 단지 우연히 생기는 것은 아니라는 점이다. 각국의 인공위성은 여러 이유에서 다른 국가의 구미가 당기는 목표물이다. 그래서 수천 킬로미터 상공에서 빠른 속도로 움직이는 적국의 인공위성을 조준하여 공격하기 위해 다양한 위성요격용 무기(ASAT, Anti-satellite weapon)가 개발되었다. 미국은 1959년에 최초로 위성요격용 무기를 테스트했다. 이 프로그램은 케네디 대통령을 비롯한 후임 대통령들에게 승계되었고 소위 〈스타워즈〉로 알려진 로널드 레이건 대통령의 전략방위구상Strategic Defense Initiative으로 절정에 이르렀다. 당연히 소련도 유사한 프로그램을 운영하고 있었다. 심지어 그들은 자신들이 쏘아올린 살류트Salyut 우주정거장에 자기방어용 속사포를 설치하고 1975년에 대기권을 향해 시험발포까지 실행했다. 이것은 공상과학 영화 속에 나오는 살인광선Death Ray까지는 아니어도 분명히 우주에서 사용된 최초의 무기였다. 하지만 이 속사포는 자체적인 한계가 있었다. 조준을 하려면 20톤에 달하는 우주정거장 전체가 목표물을 향해 돌아야 했고 동시에 발포의 반동으로 우주정거장이 미지의 우주로 밀려나지 않도록 추진장치를 가동해야 했다. 무기는 궤도를 향해 옆으로 발포하지 않는 것이 현명하다. 그렇게 하면 결국 자신의 뒤통수에 발포하는 것과 다름 없기 때문이다. 현재까지 실행된 것으로 알려진 유일한 시험발사는 우주비행사가 떠난 후에 원격으로 이루어졌다.

그 이후로 상황은 많이 변했다. 이제 지상에서든 우주에서든 인공위성을 요격할 수 있는 정밀무기는 매우 많다. 여기에는 탄도미사일, 지상에서 정지궤도까지 곧장 발사되는 레이저, 고출력 마이크로파, 사이버 공격 등이 포함된다. 심지어 인공위성의 카메라에 화학물질을 분사해 시야를 차단할 수 있는 블라인딩 기술도 개발되었으며, 인공위성의 유압식 로봇팔은 우주쓰레기를 잡기 위한 용도이지만 다른 인공위성을 궤도 밖으로 던지는 데 사용되는 적대적인 무기로도 쉽게 전환될 수 있다.

2007년에 중국은 지상에서 발사되는 위성요격용 무기를 사용해 863킬로미터 상공에 있는 자국의 노후화된 기상위성 한 대를 파괴했다. 이는 마치 적의 인공위성이나 우주선에도 그것을 활용할 수 있을지 테스트하는 것처럼 보였다. 쓰촨성의 시창 위성 발사센터에서 〈운동에너지 요격체〉(kinetic kill vehicle, 일명 KKV)[14]를 탑재한 탄도미사일을 발사한 것이다. 이 요격체는 폭발하는 탄두가 없기에 종종 스마트 록smart rocks이라고 불리기도 한다. 대신 그것은 직접 요격하는 방식으로 목표물과 충돌한다.

여기서 파괴의 원리는 비교적 단순하다. 공격용 발사체의 충격이

---

14 고체 물체의 운동에너지를 이용하여 목표물을 파괴하는 무기 시스템으로, 빠른 속도로 이동하는 목표물을 고속의 물리적 충돌을 통해 공중에서 파괴한다. 폭발물을 사용하지 않고 순수한 운동에너지로 타격을 가하기 때문에 〈운동에너지 살상체〉라고도 한다. 미사일 방어나 위성요격 시 주로 사용된다.

목표물의 응집에너지보다 더 높은 수준의 운동에너지를 생성해서 결국 목표물을 파괴하는 것이다. 어려운 점이라면 필요한 속도로 충돌을 조종하고 목표물을 타격하는 것이다. 이때 공격용 발사체는 궤도에 들어가지 않는다. 그것은 초속 수 킬로미터의 속도로 탄도곡선을 그리며 우주를 이동하는데 그동안 제어 시스템은 궤도에 있는 목표물의 속도와 방향을 추적한다. 발사체의 궤적에 아주 미세한 이탈이라도 발생하거나 목표물의 속도와 방향에 사소한 계산 오류라도 일어나면 자칫 공격은 수포로 돌아갈 수 있다. 반대로 만약 목표물에 명중한다면 그 효과는 엄청날 것이다.

2007년에 중국이 시행한 테스트 당시 운동에너지 요격체는 약 600킬로그램으로 추정되었는데 시속 32,000킬로미터의 상대속도(relative velocity, 어떤 물체에서 다른 물체를 본 상대적인 속도)로 자신들의 퇴역 직전 상태인 인공위성과 충돌했다. 그런 속도에서는 단단한 물체가 마치 액체처럼 이동하고 발사체와 목표물은 사실상 서로를 통과하면서 수천 개의 작은 금속 파편을 포함한 먼지구름을 발생시킨다. 이 충돌로 인해 발생한 3만 5,000개가 넘는 지름 1센티미터 이상의 파편들이 지금도 저궤도를 질주하고 있고 다수가 여전히 그곳에 있다. 이 테스트에서 우주비행 역사상 다른 모든 사고들에서 생겨났던 것보다 더 많은 파편이 발생했다.

인류는 아직도 교훈을 얻지 못했다. 2021년에 러시아도 직접 상승식 직격 위성요격용 무기를 사용해 자국의 인공위성을 파괴하는 테스트를 실행했다. 다른 국가들도 똑같은 행태를 보였지만 러시아가 실행한 방식은 무모한 수준을 넘어섰다. 공격을 받은 인공위성은 1,500개 이상의 금속조각으로 산산이 부서지면서 흩어졌는데 그 파편들은 곧장 국제우주정거장이 위치한 궤도에서 지구 주위를 빠른 속도로 질주하기 시작했다. 때문에 당시 우주정거장에 탑승한 미국인 4명, 러시아인 2명, 독일인 1명을 포함한 7명의 인원은 2시간 이내에 각자 도킹한 우주선 캡슐로 이동해 서둘러 탈출하라는 지시를 받았다. 다행히 이 긴급탈출 지시는 불필요한 것으로 판명되긴 했다.

미 우주사령부는 이와 관련해 다음과 같은 성명을 발표했다. "러시아는 모든 국가를 위한 우주 영역의 보안, 안전, 안정성, 지속가능성을 의도적으로 무시하는 태도를 보였다." 일본, 대한민국, 오스트레일리아를 비롯한 많은 국가가 이에 동의했다. 하지만 러시아의 입장은 달랐다. 러시아 국방장관 세르게이 쇼이구는 그것은 미국의 공격에 대한 러시아의 억지력을 강화하기 위한 일상적인 절차였으며 국제우주정거장은 전혀 위험하지 않았다고 주장했다.

위성요격용 무기가 인공위성을 격추할 수 있는 유일한 수단은 아니다. 모든 국가는 꾸준히 자국의 전자전 역량을 강화하고 있다. 현재는 인공위성 시스템을 해킹해 제어권을 장악하고 위성 소유자의 접속을 차단하거나 시스템을 교란하는 연구가 진행되고 있다. 하지만 전적으로 전자전에만 의존할 가능성은 거의 없는데 그 이유는 경쟁국들이 계속해서 운동에너지 무기를 개발할 것이라는 불안 때문이다. 그러면 우주쓰레기는 훨씬 더 증가할 것이다. 그런 상황을 방지하기 위해서 위성요격용 무기를 금지하는 포괄적인 협정이 필요하다. 하지만 실행이 가능할 것처럼 보여도 그런 협정을 체결하는 것은 무척이나 어려운 일이다. 세부적인 조율을 하는 것도 극도로 까다롭다. 단순히 "우리는 위성요격용 무기 사용 금지에 동의한다"라고 적을 수는 없다. 지상에 기반을 둔 무기뿐만 아니라 광선무기, 고출력 마이크로

파, 사이버 공격 역량, 로봇 장치, 심지어 화학물질 분사기의 적법성까지 문서로 규정하고 명시해야 한다. 어쩌면 민간기업들까지 포함시켜야 할 수도 있다.

실제로 2014년에 위성요격용 무기 사용을 금지하려는 시도가 있었다. 러시아와 중국은 대폭 개정된 초안을 열렬히 지지했는데 그 초안이 오직 우주에 기반을 둔 위성요격용 무기만을 금지할 뿐 지상에 기반을 둔 무기의 개발과 비축은 허용하기 때문이었다. 반면 미국은 그 이유 때문에 반대했고 그 이후로 실질적인 진척은 거의 이루어지지 않았다. 하지만 2022년에 주도권을 잡고 나선 미국은 "파괴적인 직접 상승식 위성요격용 미사일 테스트"의 자발적 중단을 선언한 최초의 국가가 되었다. 당시 카멀라 해리스 부통령은 그런 테스트를 무책임한 행위로 묘사하면서 그것이 "우리가 우주에서 하는 많은 것들을 위험에 빠뜨린다"고 말했다. 하지만 〈파괴적인〉이라는 말은 컴퓨터 테스트와 목표물에 충격을 가하지 않는 미사일 발사 같은 행위는 수행할 수 있다는 여지를 미국에 주었다.

머지않은 미래에 우주쓰레기 문제는 더 심각해질 것이고 따라서 우리는 그것을 관리할 방법을 찾아야만 한다.

지구로 추락하지 않는 것이 더 위험
—

자연은 우리를 대신해 일부 우주쓰레기 문제를 해결해 주고 있다. 지구의 중력은 우주쓰레기를 저궤도로 끌어내리고 있는데, 만약 그 우주쓰레기가 600킬로미터보다 낮은 고도에서 궤도 순환을 한다면 보통 그것은 몇 년 안에 대기권으로 추락한다. 해마다 수백 개의 우주쓰레기 파편들이 이런 경로를 따르고 있으며 대부분의 작은 파편들은 도중에 연소되어 사라질 것이다.

심지어 진공의 우주공간에서 시속 수천 킬로미터로 떨어지는 큰 우주쓰레기 조각들도 대체로 대기권에 진입할 때 발생하는 마찰력에 의해 가열되면서 산산이 부서진다. 일부 인공위성은 소멸설계Design for Demise[15]라는 공정을 통해 대기권 재진입 과정에서 쉽게 해체되도록 설계된다. 대부분 지상 70-80킬로미터 상공에서 분해되고 부서진 조각들은 소멸될 것이다.

비록 크기, 형태, 구성, 진입각에 따라 차이가 나지만 우주쓰레기 파편들은 섭씨 1,650도까지 온도가 상승할 수 있다. 우주선은 유선형으로 설계되고 마찰을 최소화하기 위해 특정 각도로 재진입하는 반면 우주쓰레기들은 형태, 크기, 궤도가 천차만별이다. 간혹 온전한 상태를 유지한 조각들은 우연히 공기역학적으로 변형되어 마찰을 덜 받는 각도로 진입한 것들이다. 그런 파편들은 보통 티타늄처럼 녹는점이 높은 금속으로, 티타늄은 녹는점이 섭씨 1,668도이기 때문에 조건만 맞으면 소멸되지 않고 견딜 수 있다.

우리가 사는 지구는 대부분이 물로 이루어져 있어 바로 그곳에 끝까지 소멸되지 않은 파편들이 착륙한다. 자동차와 주택에 운석이나 우주쓰레기가 추락하는 경우도 매우 드물지만 사람에 충돌한 경우는 단 한 차례만 기록되어 있다. 1997년에 로티 윌리엄스는 어깨 위로

---

15 제품이나 시스템이 그 수명을 다했을 때 안전하고 환경에 해를 끼치지 않도록 처분되게끔 설계하는 것을 말한다.

떨어진 가벼운 금속 물체에 부딪혔는데 나중에 그것은 전날 밤 대기권에 재진입했던 델타 2호 로켓의 잔해로 밝혀졌다.

하지만 더 큰 위험은 지상에 떨어지는 잔해가 아니라 빠른 시일 내에 지구로 〈떨어지지 않는〉 많은 잔해가 우주에 미치는 영향이다.

그렇다면 우주쓰레기를 하늘에서 쏴서 날려버릴 수는 없을까? 한 가지 난관이라면 우주쓰레기를 처리하기 위해 개발된 모든 장치는 다른 목적으로도 사용될 수 있다는 점이다. 즉 작은 파편들은 산산이 흩어지게 하고 큰 잔해들은 대기권으로 밀어내 연소시킬 수 있는 광선무기가 가까운 미래에는 우주선이나 인공위성을 공격하는 무기로도 사용될 수 있는 것이다. 퇴역한 인공위성 같은 대형 폐기물은 우주선으로도 제거할 수 있지만 각국 정부는 이러한 우주선이 적군의 은폐물로 사용될 수도 있다고 우려한다.

우주쓰레기 문제를 완화하기 위한 또 다른 방법도 있다. 전 세계적으로 합의된 우주상황인식(Space Situational Awareness) 시스템을 도입하는 것이다. 이 시스템은 지구 주위의 우주공간에서 인공위성이나 소행성 같은 다양한 물체가 어느 위치에 있는지 지속적으로 감시하고 추적하고 식별하여 앞으로의 위치까지 예측하는 것을 뜻한다. 또한 모든 인공위성에는 소형 추진로켓을 장착해 충돌을 피하도록 조종하고 수명이 끝나면 비교적 일찍 궤도에서 벗어나도록 유도한다. 이 같은 상황에서 각국의 민간기업들은 그물이나 작살로 아주 큰 파편들을 포획할 수 있는 우주선을 제작하는 등 수익성이 큰 계약을 체결하기 위해 노력하고 있다. 하지만 일본의 우주쓰레기 청소기업이 미국이 우주에서 프로젝트를 수행할 공간을 확보하기 위해 수명이 끝난 중국의 인공위성과 잔해를 수거하는 계약을 미국과 체결한다고 상상해 보라.

돌먼 교수는 이와 관련한 안전대책을 세우기 위해 노력하는 사람들이 직면한 다음과 같은 수많은 문제들을 언급했다.

"우주상황인식 시스템은 오직 우주에 있는 센서들이 보내는 신호만 분석해야 할 것입니다. 그렇다면 누가 그런 미가공 데이터를 보게 될까요? 또 그것은 어떤 용도로 사용될 수 있나요? 그로 인한 잠재적인 군사적 이점은 무엇인가요? 두 번째로 중요한 문제, 과연 누가 강제력을 집행하나요? 어떤 권한이 집행자에게 생기나요? 비용은 누가 부담하나요? 누구의 우주선이 사용되나요? 누가 시스템을 구축하고 운영하고 관리하는 수익성 있는 계약을 체결하게 되나요?"

이처럼 인공위성과 관련된 모든 계획과 규정은 군사 및 국가안보 문제와 떼려야 뗄 수 없는 관계가 되었다.

어쩌면 다른 나라의 인공위성은 침범할 수 없는 자신들만의 안전지대를 조성하는 것이 타당해 보일 수도 있다. 하지만 그것은 유엔해양법협약을 통해 지구의 해상 항로에 대해 규정한 무해통항innocent passage, 즉 국제법상 외국 선박이 연안국의 평화와 질서 또는 안전을 해치지 않는 한 그 영해를 통항할 수 있다는 권리 및 항행의 자유권과 상충한다. 또한 장차 한 국가에 다른 국가의 인공위성이 이중 목적, 즉 군사적 용도와 비군사적 용도로 동시에 사용되고 있지는 않는지 조사하는 권한을 부여하는 것과 관련된 합의도 복잡해질 것이다.

따라서 가까운 미래에 우주쓰레기는 중요한 인공위성 네트워크와 우주정거장, 그리고 인간의 삶에 계속해서 위협을 가할 것이다.

저 머나먼 우주에서 다가오는 재난

아직 합의가 이루어지지 않은 다른 영역들도 많다. 예를 들면 지구를 엄습하는 강력한 태양 폭발solar flare[16]은 충분히 현실성 있으며 이는 인터넷 시대에는 자칫 세계 경제를 무너뜨리는 대규모의 직접적인 피해를 발생시킬 수 있다. 지상의 통신장비뿐만 아니라 저궤도의 인공위성들까지 파괴되어 인터넷 대재앙이 일어나면서 정전, 폭동, 공급망 붕괴, 전자상거래 중단 같은 사고가 뒤따를 수 있다.

이런 상황의 축소판이 비교적 최근에 실제로 캐나다에서 벌어졌다. 1989년 3월에 천문학자들은 태양에서 일어난 거대한 폭발을 알아챘다. 이후 고작 몇 분 만에 10억 톤의 가스구름이 시속 100만 킬로미터 이상의 속도로 지구를 향해 몰려오고 있었다. 이튿날 태양풍 입자들이 지구의 자기장에 부딪히면서 북아메리카 아래로 유도전류가 흐르게 되었다. 유도전류는 전자기기에 문제를 일으킬 수 있다. 결국 오전 2시 44분, 누군가 퀘벡의 전력망에 문제가 발생한 것을 알아챘고 불과 2분 후에 퀘벡 주의 모든 불빛이 꺼졌다. 컴퓨터, 냉장고, 오븐, 엘리베이터, 신호등부터 전기를 사용하는 모든 것들이 꺼졌다. 우주에서도 일부 인공위성이 타격을 받아 통제력을 잃고 빙글빙글 돌았다. 전력이 다시 공급되는 데는 12시간이 걸렸다.

기업 활동 및 군대와 마찬가지로 우리의 기본적인 기반시설 또한 인공위성에 의존한다는 것을 고려하면 전 세계 국가는 이런 상황을

---

16 태양의 활동 주기 동안 발생하는 갑작스러운 고에너지 폭발로, 주로 X선과 자외선을 방출한다. 이러한 폭발은 지구의 전리층에 영향을 미쳐 고주파 무선통신에 장애를 초래할 수 있다.

막기 위해 공동으로 무엇을 하고 있는가? 캘리포니아 대학의 컴퓨터 과학 전문가 상기타 압두 조티 교수는 이에 대해 이렇게 말한다.

"제가 알고 있는 바로는 대규모의 태양 폭풍에 대처하기 위한 전 세계적인 합의나 계획은 없습니다. 최근의 한 연구에서는 재앙과도 같은 이러한 상황이 실제로 발생하면 미국에서만 하루에 400억 달러의 경제적 손실이 발생한다고 추산했습니다. 태양 폭풍은 우리 삶의 모든 영역에 영향을 미칠 것입니다. 하지만 이러한 현실에도 불구하고 우리는 최악의 사태에 대비한 대응책을 전혀 마련하지 않고 있습니다."

그나마 긍정적인 측면이라면 전력망 부문에서 상황이 얼마나 심각해질 수 있을지 평가하는 광범위한 연구가 진행되고 있고, 일부 지역은 위험에 더 취약하기 때문에 저위험 국가들이 신속히 새 인공위성을 발사해 통신망을 재구축할 수 있는지 확인하는 연구가 진행되고 있다는 것이다.

지구가 잘못된 시점에 궤도에서 벗어나 직경 1킬로미터 이상의 소행성과 충돌함으로써 발생할 수 있는 위험도 똑같은 양상으로 전개된다. 이에 대해 미국의 과학자이자 과학 프로그램 진행자인 빌 나이는 이렇게 말한다.

"소행성의 크기에 따라 다르겠지만 그것만으로도 게임 끝입니다. 그것은 콘트롤＋알트＋딜리트 키를 동시에 누르는 것과 같습니다. 즉 우리 문명의 강제 종료 버튼을 누르는 것이죠."

영화 「돈 룩 업Don't Look Up」의 내용이 실현될 가능성은 낮지만 우리에겐 그와 같은 사건에 대처할 수 있는 국제적인 계획이 마련되어 있지 않다. 하지만 상황이 완전히 부정적인 것만은 아니다. NASA는 다른 국제기구들과 공조해 지구와 충돌 가능성이 있는 소행성을 우주선으로 타격해 궤도를 변경시킬 수 있는지 확인하기 위해 DART(Double Asteroid Redirection Test, 쌍소행성궤도수정테스트)를 개발했다.

첫 번째 시험체는 2021년 11월 스페이스X의 팰컨 9 로켓 꼭대기에 탑재되어 발사되었다. DART 우주선은 대형 냉장고 정도의 크기인데 1년의 시간을 이동해 디디모스Didymos라는 더 큰 소행성의 궤도를 돌고 있는 직경 160미터의 디모르포스Dimorphos라는 지구에 근접한 소행성에 도달했다. 그 우주선은 시속 23,760킬로미터의 속도로 디모르포스와 정면으로 충돌하면서 그것의 경로를 살짝 바꾸었고 당시 12시간이던 디모르포스의 공전주기를 32분 정도 단축시켰다. 이것은 인간이 최초로 행성의 궤도를 바꾼 획기적인 순간이었다. 3억 2,500만 달러의 비용을 아주 훌륭하게 쓴 셈이다.

만약 미국이나 중국 같은 주요 우주비행 국가들의 협력을 독려하는 법안이 존재한다면 이런 문제에 대처하는 일은 훨씬 쉬워질 것이다. 세계 양대 강대국이 서로의 차이를 배제하기를 기대하는 것은 순진한 발상이지만, 그래도 그들이 서로를 인정하고 서로에 대한 의심을 거둔다면 양국 모두 과학적 전문지식을 교환하면서 막대한 이익을 거둘 수 있고 이는 나머지 국가에도 도움이 될 것이다. 중국은 이미 우리 지구를 향해 곧장 날아오는 도시만한 크기의 운석으로부터 지구를 지키기 위해 소행성 궤도 변경 시스템의 개발 계획을 진행하고 있다.

지구에 접근하는 물체를 포착하는 기술은 25년 전에 미리 파악할 수 있는 수준까지 발전했다. 엠파이어스테이트 빌딩과 비슷한 크기인 아포피스Apophis라는 이름의 소행성은 2004년에 처음 발견되었는데 곧바로 2029년에 지구와 충돌할 확률이 2.7퍼센트 정도인 것으로 확인되었다. 이는 상당히 높은 수치다. 다행히도 향후 아포피스가 지구와 충돌하지 않은 채 가까스로 비껴갈 확률이 100퍼센트라고 수정되긴 했다. 아주 근접한 거리까지 다가오긴 하겠지만 37,000킬로미터 이내로 접근한 상태에서 지구를 지나갈 것으로 예상되기 때문이다. 그래도 아슬아슬하긴 하다. 따라서 여전히 2029년에 지구와 충돌할 가능성이 남아 있다. 2029년 4월 13일, 필요하다면 일기장에 적어 두도록 해라. 한동안 아포피스는 2068년에 다시 돌아올 때 여전히 우리 지구와 충돌할 수 있다고 예견되었지만 다행스럽게도 2021년에 실시된 새로운 연구에서는 그럴 가능성이 없는 것으로 드러났다.

이런 문제에서 각국의 합의를 저해하는 요인에는 안보에 대한 우려뿐만 아니라 정부 예산 문제도 있는데, 특히 민주주의 국가에서 예산은 언제든 감사의 대상이 되기 때문이다. 문제는 에브렛 돌먼이 〈카트리나 신드롬Katrina Syndrome〉이라고 부르는 것이다. 허리케인 카트리나는 2005년에 뉴올리언스를 강타하며 1,800명 이상의 사망자를 발생시켰다. 그것은 〈100년급〉 허리케인이라고 불렸다. 즉 100년에 한 번 올까 말까 한 엄청난 재해라는 의미다. 유권자들에게 혹시 모를 100년급 재난을 예방하기 위해 세금을 인상하는 것을 지지해 달라고 설득하는 것도 무척이나 어려운 일인데, 저 머나먼 우주에서 다가오는 〈10,000년급〉 재난이라면…… 과연 누가 단상에 올라 선거 캠페인을 벌이고 싶겠는가.

그럼에도 과학자, 우주전문가, 전쟁전략가, 환경운동가들 사이에서는 그와 같은 위험에 대한 인식을 촉구하는 경고의 목소리가 끊이질 않고 있다.

이 장에서 논의했던 사항 중 그 어느 것도 실제로는 일어나지 않을 수도 있지만 만약 적절한 법적 제도가 마련되어 있지 않다면 그것들을 실현하고픈 유혹이 커질 것이다. 특히 한 국가가 다른 국가가 우위를 점할까봐 두려워하는 경우라면 더욱 그럴 것이다. 우리는 이미 우주에서 군비경쟁을 벌이고 있는데 그런 경쟁은 중단되어야 한다. 사람들은 걸핏하면 구시대적 합의, 특히 우주조약에 의존하려고 한다.

우리는 모든 이해관계자가 합의한 규칙에 기반하여 더 명확한 자세로 서로의 투명성을 위해 헌신하고, 자원을 공유하고, 우주쓰레기를 수거하고, 항행의 자유를 추구하고, 충돌을 해결하고, 데이터를 공개하고, 상황인식을 강화하고, 우주의 통행을 관리해야 한다. 미국, 중국, 러시아 등 3대 우주강국은 현재 거의 합의를 하지 않고 있지만 그들도 우주에서 일어나는 일들이 지구에서 일어나는 일들의 연장선에 있다는 것을 잘 알고 있다. 그들은 야심만만하며 서로의 의도에 대해 의심하고 있다. 특히 미국과 중국은 우주에 대한 새로운 국제법의 작성을 주도하고 싶어 한다. 다른 국가들은 두 나라가 협력하는 것이 모두에게 이익이 된다는 것을 설득해야 한다.

우주와 관련해 지금까지 우리가 마련한 법적 제도는 해양법 같은 다른 영역들에 비해 전혀 포괄적이지 않다. 따라서 대폭 개선되어야 하며 일부 조항들은 폐지되고 새로 제정되어야 한다.

기술은 법보다 빠르게 발전해 왔다. 법이 없다면 지정학과 현재의 우주정치는 〈정글〉이나 다름없다.

중국,
승자보단 리더가 되고자 한다

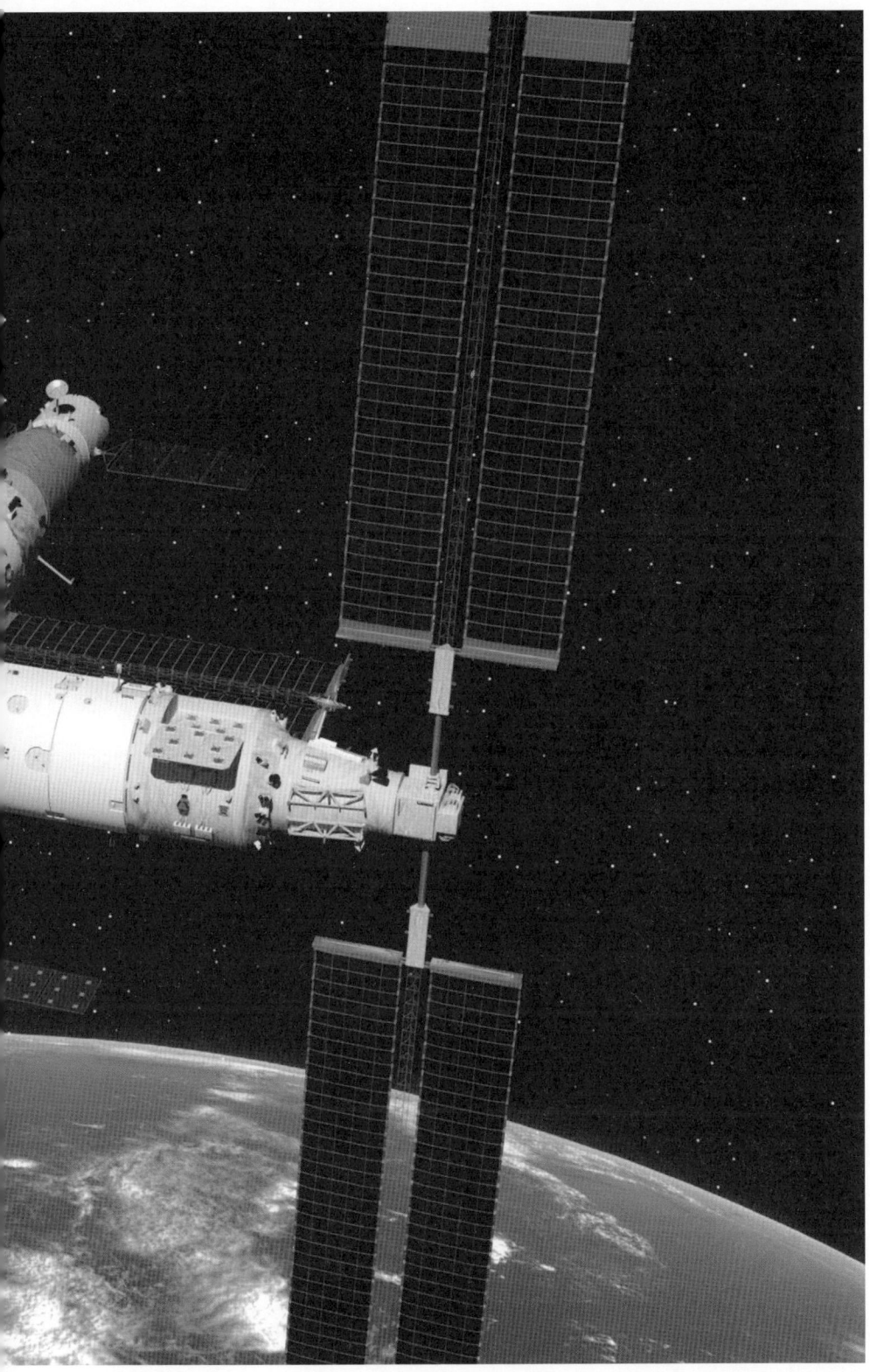

앞 페이지 그림: 중국의 톈궁 우주정거장

"가장 먼저 도착하는 사람이 가장 먼저 성공한다."
- 중국 속담

지금은 서기 2061년, 지표면이 꽁꽁 얼어붙어 있다. 팽창하는 태양을 피하기 위해 지구는 방랑을 시작했다. 지구는 더 이상 공전하지 않는다. 지구 한쪽에 있는 수천 개의 핵융합 엔진의 동력을 이용해 태양계를 가로질러 아예 지구를 이동시키기 때문이다. 태양에서 멀어질수록 지구는 더 추워진다. 그래서 인구의 절반이 목숨을 잃고 생존자들은 거대한 지하도시에서 살고 있다. 하지만 우리는 프록시마 켄타우리로 가야 한다. 그곳은 태양이 팽창하지 않기 때문에 우리가 일상을 누리는 데 더없이 적합한 곳이다. "4.5광년의 여정이 첫걸음을 떼었다." 물론 공자가 이런 말을 하지는 않았지만 말이다.

이것은 아주 허황되지만 굉장히 흥미진진한 2019년작 중국 공상과학 영화 「유랑지구The Wandering Earth」의 스토리다. 이 영화가 개봉했을 때 중국 내에서는 흥행 신기록을 세우면서 엄청난 대성공을 거두었다. 이후에 넷플릭스를 통해 전 세계에 소개되었고 비영어권 영화로는 역대 흥행 순위 5위에 올랐다. 영화는 많은 부분에서 흥미로운데 소프트파워에 대해 말하는 내용과 중국의 우주관이 특히 주목할 만하다.

이 영화의 감독 궈판郭帆은 미국에는 인류가 무한한 미개척지인 우주를 식민지로 만들기 위해 결국 지구를 떠난다는 서사가 있으며 이것이 미국 공상과학 소설과 영화의 주된 테마라고 말한다. 하지만 중국의 서사는 우주의 자원을 활용해 지구의 삶을 개선하는 것이라고 그는 주장한다. 바로 그것이 「유랑지구」의 주제 중 하나라는 것이다. 감독은 《할리우드 리포터》와의 인터뷰에서 이렇게 말했다.

"할리우드 영화에서는 지구가 이런 종류의 재난을 당하면 항상 영웅이 과감하게 우주로 모험을 떠나 새로 머물 곳을 찾습니다. 이것이 바로 전형적인 미국식 접근방식이죠. 모험과 개인주의 말입니다. 하지만 제 영화에서 우리는 지구라는 행성 전체를 함께 데려가기 위해 한 팀으로 일합니다. 이것은 바로 고향, 역사, 지속성이라는 중국의 문화적 가치에서 비롯됩니다."

이것이 바로 중국공산당이 전달하려는 메시지이며 따라서 그들이 이 영화를 지원했다는 사실은 전혀 놀랍지 않다. 이 영화는 일정 부분 중국 국영기업인 차이나필름그룹코퍼레이션의 지원을 받아 제작되었고 중국에서는 관행처럼 여겨지는 중국공산당 선전부의 승인을 받아야 했다. 교육부는 이 영화를 전국 학교에서 상영하도록 권고했다. 공산당 중앙기율검사위원회는 영화에 감동하여 찬사를 보냈고 베이징의 외교부는 화춘잉 대변인을 내세워 기자들에게 다음과 같이 말하며 홍보에 전력을 기울였다. "현재 가장 인기 있는 영화는 「유랑지구」라고 알고 있습니다. 여러분이 보셨는지 안 보셨는지 모르겠습니다만 저는 그 영화를 추천합니다." 나름 그럴 만했다. 아무도 그녀에게 영화에 대해 묻지 않았다는 점을 제외하면 말이다.

또한 이 영화에서는 세계 연합정부가 있음에도 불구하고, 비록 우호적인 러시아 우주비행사의 도움이 조금 있긴 했지만, 지구를 구한 것이 중국이 주도한 계획과 중국인 영웅들이라고 묘사한 것도 나름 그럴 만했다. 이 영화는 보통 미국인들이 "나는 이런 걸 하기엔 너무 늙었단 말이야!"라고 말하는 것과는 다른 장면을 보여준다. 「유랑지구」에서는 대략 비슷한 상황에서 한 군인이 믿기지 않을 만큼 커다란 기관총으로 "꺼져, 이 빌어먹을 목성아!"라고 소리치며 목성을 향해 발사하는 장면이 나온다. 이런 대사는 아마도 당신이 이 영화를 볼지 말지 좌우하는 요소가 될 것이다.

하지만 중국공산당 지도부는 확실히 당신이 이 영화를 관람하기를 원하는데 왜냐하면 「유랑지구」가 시진핑의 생각과 절묘하게 일치하기 때문이다. 중국은 자국의 나날이 발전하는 우주 역량을 미국과 다른 국가들이 위협으로 받아들이고 있다는 것을 잘 알고 있다. 따라서 「유랑지구」와 같은 소프트파워를 활용하면 해외 관객들에게 중국의 활동을 두려워할 필요가 전혀 없음을 알리는 동시에 국내에서는 자국민의 긍지와 관심을 높일 수도 있다.

승자로 우쭐대기보다
기술적 진보에 더 관심을 갖다

중국의 국가주석은 오랫동안 자국의 우주 프로그램은 그 누구에게도 위협이 되지 않는다는 견해를 강조해 왔다. 실제로 중국은 국제적인 틀 안에서 인류를 위해 활동할 방안을 모색하고 있다. 그렇다면 중국 인민해방군이 전적으로 직접 통제하는 중국의 우주 프로그램이 모든 인류의 이익을 위한 것일까?

그것은 아니다. 또한 다시 말하지만 다른 어떤 국가의 이익을 위한 것도 아니다. 중국의 우주 프로그램은 그 어떤 국가들보다 더 〈군사화〉되어 있다.

중국국가항천국(CNSA, 중국의 우주정책을 총괄하는 국가 기관)은 국가국방과학기술공업국 산하에 있다. 이곳 웹사이트에는 〈군사력 강화〉를 위해 설립되었으며 "국방, 군사력, 국가 경제, 군과 관련된 기관의 요구를 충족시킨다"라고 명시되어 있다. 로켓 발사장은 중국 인민해방군의 전략지원 부대가 직접 운영하고 있는데 이 부대는 우주전, 사이버전, 전자전 등의 임무를 맡고 있다. 중국인 우주비행사를 관리하는 부서는 중앙군사위원회군사장비개발부 산하에 있다.

이 모두는 전혀 기밀이 아니지만 중국은 별로 홍보하지 않으려는 듯하다. 정부의 중국어 웹사이트에서는 군복을 착용한 고위 장교 사진을 포함해 군대의 편제에 대해 알려주고 있지만 영어판 웹사이트에서는 그런 내용이 거의 없다.

시진핑은 중국이 세계에서 더 많은 리더십을 발휘해야 한다고 믿고 있으며 중국은 우주를 자국의 미래 계획에서 핵심 영역이라고 여기고 있다. 그래서 자국의 목표를 달성하려면 기술적 리더가 되어야 한다는 것을 명확히 이해하면서 〈기술민족주의techno-nationalist〉 접근법을 통해 현대화를 시도하고 있다.

1950년대에 마오쩌둥 국가주석은 시진핑과 비슷한 생각을 하고 있었다. 그는 중국이 감자 하나조차 우주로 발사할 수 없다는 사실에 한탄했다. 하지만 누구도 감히 그에게 왜 그런 것을 원하는지 묻지 못했고 1950년대 후반에도 여전히 가난한 농업 중심의 국가였음에도 중국은 장거리 미사일과 우주기술에 투자한다는 결정을 내렸다.

중국판 베르너 폰 브라운이자 세르게이 코롤료프라 불리는 동시에 중국이 낳은 가장 위대한 과학자로 손꼽히는 첸쉐썬(1911-2009년)은 〈중국 로켓공학의 아버지〉로 불린다. 그는 상하이 자오퉁 대학을 학과 수석으로 졸업하고 미국 매사추세츠 공과대학에서 석사학위를 받았다. 이후 캘리포니아 공과대학에서 박사학위를 받은 후 10년 가까이 교수로 재직했다. 시어도어 폰 카르만 교수의 지도를 받던 당시 그는 캠퍼스에서 로켓 제작을 시도하고 휘발성 화학물질로 인한 사고들을 일으켜 소위 〈결사대〉라는 별칭으로 불리던 팀의 일원으로 활동했다.

제2차 세계대전 중에는 독일의 V-1과 V-2 로켓에 대응하기 위한 미국 연구진에 몸담았고 최초의 원자폭탄을 개발해낸 맨해튼 프로젝트에도 참여했다. 임시로 중령 계급을 받은 후에는 독일로 파견되어 폰 브라운을 포함한 V 로켓 과학자들과 면담을 하기도 했다. 전쟁이 끝날 무렵에는 제트추진 분야에서 세계 최고의 전문가 중 한 명으로 인정받기에 이르렀다.

하지만 이 모든 것들은 1949년에 공산당이 중국을 장악하고 있는 상황에서 미국인들이 첸을 공산주의 동조자로 고발하면서 아무 쓸모도 없는 허사가 되고 말았다. 그는 기밀정보의 취급인가를 박탈당했고 가택연금 처분을 받았다. 이후 중국으로의 귀국을 신청했지만 그가 너무 많은 것을 알고 있다는 이유로 미 당국에 의해 거부당했다.

마침내 1955년에 출국이 허가되었을 때 그는 중국으로 떠나면서 기자들에게 다시는 미국 땅에 발을 들이지 않겠노라고 말했다. 그는 끝까지 이 약속을 지켰다. 결과적으로 이는 미국에는 막대한 손실이었고 중국에는 엄청난 이득이었다.

20세기 중반 공산주의자들이 중국의 지배를 강화하는 동안 그들은 미국과 러시아가 우주경쟁에 수십억 달러를 지출하는 것을 지켜보았다. 중국은 승자로서 우쭐댈 수 있는 권리보다 기술적 진보에 더 많은 관심을 가졌다. 서구의 로켓이 더 커지고 더 멀리 날아갈수록 그것이 무기화되어 중국에 사용될 수 있기에 베이징은 더 경각심을 갖게 되었다. 따라서 첸은 중국의 핵폭탄과 둥펑(Dongfeng, 동풍이라는 뜻) 탄도미사일 시스템 개발에 기여할 미래의 과학자 세대를 양성하는 작업에 착수했다.

소련은 1956년에 "형제국가에 대한 도움" 차원에서 첸에게 R-1 로켓의 설계도를 제공했고 베이징에 자국 전문가들을 파견해 중국이 탄도미사일 프로그램을 시작하도록 지원했다. 또한 중국의 고비 사막에 시험장이 건설되었고 수십 명의 중국인 학생들이 모스크바로 넘어가 훈련을 받았다.

중국은 더 현대화된 로켓에 접근하고 싶었지만 형제의 도움에는 한계가 있었고 러시아는 자국의 최신 기술을 다른 국가에 이전하는 것을 꺼렸다. 그러자 중국 학생들은 기밀문서를 몰래 베끼고 교관들에게 정보를 얻어냈다.

중국과 러시아의 관계는 극동지역에서 일어나는 국경 분쟁과 함께 두 국가 모두 자국의 마르크스-레닌주의가 공산주의의 올바른 형태라고 주장하며 자신들이 진정한 공산주의 세계의 리더임을 자처한다는 점 등 여러 사안에서 악화일로를 걷고 있었다. 게다가 마오쩌둥은 소련의 서기장 니키타 흐루쇼프가 서구의 "날뛰는 들개 같은 자본주의 국가들"에 그다지 공격적이지 않다고 생각했다.

결국 1960년에 두 나라 사이의 협력은 철회되었다. 하지만 그동안 쌓아온 지식을 기반으로 중국은 단거리, 중거리, 중장거리, 그리고 마침내 대륙간 사거리를 갖춘 둥펑 미사일을 제작할 수 있었는데 이는 사일로나 이동식 발사대에서 발사할 수 있다. 첸쉐썬은 이처럼 기술적 지식을 빠르게 흡수하면서 중국 최초의 인공위성 발사를 지휘했고 중국의 우주 프로그램을 위한 기반을 다졌다.

첸은 중국의 국가적인 영웅으로, 그에게 헌정된 7만 개의 물품을 전시 중인 박물관도 있다. 그의 이야기는 섣부른 의심을 근거로 최고의 과학자를 거부한 행위에 대한 일종의 경고다. 전임 미 해군성 장관 댄 킴볼은 첸에 대한 미국의 처우에 대해 "이 나라가 한 일 중에 가장 어리석은 짓이었습니다"라고 말했다.

1967년, 마오쩌둥은 중국인 우주비행사를 우주로 보내라는 지시를 내렸고 최초의 후보자들이 훈련을 받기 위해 선발되었다. 하지만 이 프로그램은 국가가 문화대혁명의 혼란에 빠져들면서 많은 과학자들이 투옥되거나 목숨을 잃게 되면서 취소되었다. 중국 인공위성 프로그램의 책임자였던 자오 지우장은 반혁명주의자로 몰리면서 홍위병들에게 구타를 당했다. 항간의 소문에 의하면 그는 베이징 대평화의 호수에 몸을 던져 자살했다고 한다.

이런 난관에도 불구하고 중국 최초의 인공위성은 1970년 4월 24일에 궤도에 진입했다. 그것은 28일 동안 지구 주위를 돌았다. 이로써 중국은 소련, 미국, 프랑스, 일본에 이어 인공위성을 궤도에 안착시킨

다섯 번째 국가가 되었다. 인공위성에 탑재된 다섯 개의 배터리를 사용해 중국은 「동방홍The East Is Red」이라는 유명한 노래를 지구로 송출했다. "동녘이 붉어지며 태양이 떠오른다. 중국에 마오쩌둥이 나타났다!" 현재 중국에서 최초의 인공위성이 발사된 4월 24일은 〈우주의 날〉이다.

그때부터 중국의 우주 프로그램은 빠르게 진행되었다. 1980년대 중반에는 인공위성을 정기적으로 발사했고 다른 국가들에 자국의 시설을 제공하기도 했다.

중국의 우주 프로그램은 처음 몇십 년 동안에는 주로 군사적 야망을 달성하기 위한 목적으로 운영되었다. 물론 기상을 관측하거나 국가가 산업화를 시작하면서 도로와 철도를 놓을 위치를 결정하는 데 인공위성이 역할을 하기도 했다. 하지만 21세기 들어 중국공산당은 자국이 군사, 기술, 경제 분야에서 세계의 리더가 될 수 있는 잠재력을 지닌 국가라는 점을 모든 사람에게 선전하는 용도로 인공위성을 활용해야 한다는 것을 알고 있었다.

앞서 4장에서 다룬 사례처럼 중국이 2007년에 운동에너지 요격체를 발사해 자국의 노후화된 기상위성에 충돌시켜 의도적으로 파괴했을 때 다른 국가들은 그로 인해 발생한 우주쓰레기에 대해서도 충격을 받았지만, 다른 한편으로는 중국이 〈총알로 총알을 명중시키는〉 것과 다름없는 성과를 거두었다는 것에 놀라움을 금치 못했다. 동시에 경각심도 느꼈다. 시속 29,000킬로미터로 이동하던 운동에너지 요격체는 충돌을 불과 1초 앞둔 상황에서 거의 빛의 속도로 세 차례나 궤도를 수정해 2미터 크기의 인공위성을 정확히 타격했다.

중국은 이것이 우주에서의 군비경쟁은 아니라고 말하면서 그들은 결코 그런 일에 관여하지 않을 것이라고 강조했다. 만약 그 말이 사실이라면 중국이 우주에 있는 목표물을 타격하기 위해 지상에 기반을 둔 광선무기 연구를 추진하고 있다는 의혹 또한 근거가 없는 셈이다. 또 이런 주장은 중국 내부의 외딴 부지에 하늘을 볼 수 있도록 지붕이 뒤로 젖히고 동시에 목표물을 조준할 수 있도록 천장이 돔형으로 건설된 대형 건물들은 그저 열정적인 천문학자들만 사용한다는 뜻이 된다.

"우리를 배제한다고? 음, 그렇다면……."

2022년 초에 중국은 자국의 우주 프로그램에 관한 입장을 발표하면서 서두에서 시진핑 국가주석의 발언을 인용했다.

"광활한 우주를 탐험하고 우주산업을 발전시키고 중국을 우주강국으로 만드는 것이 우리의 영원한 꿈입니다."

발표문은 전반적으로 어떻게 우주산업이 중국의 성장과 "우주탐사 및 활용에 대한 국제적 합의와 공동의 노력, 그리고 인류의 발전"에 기여할지에 대해 언급하고 있다. 그리고 발표의 의도를 설명하는 중간에 계속해서 지금까지 중국이 이룬 성과들을 나열했다. 더불어 차세대 유인 우주선, 인간의 달 착륙, 달에 건설될 국제연구소, 소행성 탐사, 심우주 탐험 등에 관한 계획도 설명했다. 한편 "목성계Jupiter system 등의 탐험"에 관한 문장도 나온다. 흥미를 끄는 대목이긴 하지만 "등"의 부분에서 번역이 일부 누락되었을 수도 있다.

중국의 비전은 "우주를 자유롭게 접근하고, 효율적으로 사용하고,

효과적으로 관리하는 것"이다. "자유롭게 접근하고" "효율적으로 사용한다"는 부분은 미국과 우주에서 중국의 위치를 부정하려는 모든 시도에 대한 경고로 볼 수 있다. 2019년에 중국의 달 탐사 프로젝트 총책임자인 예페이젠은 이렇게 말했다.

"만약 우리가 충분히 능력이 있음에도 지금 그곳에 가지 않는다면 우리는 후손들에게 비난을 받게 될 것입니다. 만약 다른 사람들이 간다면 그들이 그곳을 차지할 것이고, 그러면 당신은 가고 싶어도 갈 수 없을 겁니다. 이 정도면 충분한 이유가 되지 않습니까?"

중국의 발표문은 우주 문제를 관리하는 데 있어 유엔이 중추적인 역할을 해야 한다고 노골적으로 요구하고 있다. 그러면서 2016년 이후로 중국은 파키스탄, 사우디아라비아, 아르헨티나, 남아프리카공화국, 태국을 포함한 19개 국가와 지역 및 4개의 국제기구와 우주협정 또는 양해각서에 서명해 왔다는 사실을 언급했다. 또한 유럽우주국(European Space Agency, 유럽 각국의 우주개발 계획을 단일화시켜 효율적으로 추진하기 위해 발족한 국제조직), 스웨덴, 독일, 네덜란드와 협력하고 있다고도 강조했다. 심지어 여러 국가에 인공위성 발사대를 제공했고 라오스와 미얀마 같은 개발도상국들에는 자국의 시설을 개방했다고 자랑스럽게 말했다.

이것은 모두 미국이 우주의 지배권을 장악하고자 한다고 판단한 중국의 반발이라 할 수 있다. 몇 년 동안 중국은 미국과 협력하기 위해 노력을 기울여 왔다. 1984년 초에 레이건 미 대통령은 미국의 우주왕복선에 중국인 우주비행사의 탑승을 제안했다. 1986년에는 그 준비의 일환으로 중국의 과학자 방문단이 휴스턴의 유인 우주선 센터를 방문할 예정이었지만 그해 1월에 미국의 우주왕복선 챌린저호가 발사 73초 만에 폭발하면서 탑승자 7명 전원이 사망하는 사고가 발생했다. 결국 중국의 예정된 방문은 취소되었고 모든 초청 프로그램은 무기한 연기되었다.

현재 중국은 2011년에 미국 의회에서 통과된 울프 개정안Wolf Amendment 탓에 아르테미스 협정에서 배제되었는데, 이 법안은 우주 개발에 박차를 가하는 중국을 견제하기 위해 NASA 등 미 정부 기관과 중국 간의 협력을 일절 금지한 법안이다. 당시 이 법안을 발의한 공화당 하원의원 프랭크 울프는 우주탐사 및 기술적 진보와 중국 군대와의 관계가 미국이 "성장하는 경쟁국과의 협력"이라는 위험을 감수할 수준을 넘어섰다는 논리를 펼쳤다. 특히 NASA 컴퓨터와 미중 공동연구물에 대한 지적 재산 탈취 가능성에 대한 우려가 심각했는데, 중국은 그런 정보를 탄도미사일을 비롯한 민감한 군사기술에 적용하고 있었다.

중국의 해커들은 미 국방부, 국방장관 집무실, 해군대학, 핵무기 연구소, 백악관 등의 컴퓨터 시스템에도 침투한 적이 있는 것으로 알려져 있다. 또한 전통적인 스파이 활동도 드러났다. 2008년에 버지니아에 거주하는 미국인 물리학자 슈콴셩은 미국 로켓의 액체수소 탱크에 관한 정보를 중국에 전달한 혐의로 유죄 판결을 받았다. 2010년에는 전직 보잉사 엔지니어인 둥판청이 미국 우주왕복선에 관한 데이터를 포함해 30만 페이지가 넘는 민감한 정보를 중국에 제공한 혐의로 유죄 판결을 받았다.

중국은 자국을 배제하는 행태에 대해 국제우주정거장의 대항마를 건설하고, 여러 국가와 과학을 통한 전략적 관계를 형성하고, 적어도 미국 우주산업 못지않게 최첨단으로 자국 우주산업을 구축하는 방식으로 대응했다. 이것은 미국의 조언이나 지원 없이 이루어냈다.

그리고 2003년에 38세의 조종사 양리웨이 중령이 중국인 최초로 우주에 진출한 것을 고려하면 굉장히 빠른 속도로 성과를 내고 있다. 그가 탑승한 캡슐은 중국이 개발한 로켓인 창정 2F의 도움을 받아 궤도에 진입했다. 양리웨이는 21시간의 비행 동안 지구 궤도를 14바퀴 돌았고 그 결과 중국은 인간을 우주에 보낸 세 번째 국가가 되었다.《차이나 데일리》는 이것을 "하늘을 향한 위대한 도약"이라고 지칭했다.

중국의 성과는 꾸준히 이어졌다. 2012년에는 중국인 여성 최초로 전투기 조종사 류양 소령이 우주에 진출했다. 2014년에는 원창에 새로운 해안 우주 발사센터를 완공했는데 이는 특히 직경이 큰 창정 로켓을 이륙시키려면 수면 위로 발사해야 했기 때문이다. 또 2016년에는 두 명의 우주비행사가 톈궁 2호 우주정거장과 도킹에 성공한 후 한 달 동안 그곳에 머물렀다.

2019년에는 중국의 무인 탐사선 창어 4호가 인류 최초로 달의 뒷면에 착륙했다. 이것은 중국과 미국 간 협력의 가능성을 보여주는 하나의 사례였다. NASA는 착륙 지점에 대한 정보를 중국에 제공해도 된다는 미 의회의 특별허가를 받았고 이후 양국은 두 나라의 협력 활동을 통해 얻은 자료는 유엔을 통해 국제 연구 단체와 공유할 수 있다는 데에 동의했다. 또 다른 주목할 만한 순간은 2020년에 찾아왔다. 마지막 베이더우 위성이 궤도에 진입하면서 미국 소유의 GPS에 도전할 수 있는 중국판 위성항법 네트워크를 완성한 것이다. 베이더우는 중국어로 큰곰자리 혹은 북두칠성을 의미한다. 뒤이어 2021년에는 왕야핑이 중국인 여성 최초로 우주유영에 성공했다.

심지어 중국은 우주 프로그램을 운용하며 달에서 새로운 광물을 발견하기까지 했다. 2022년 9월, 창어 5호의 로봇 로버가 2년 전에 수집한 암석 표본에서 무색의 투명한 결정체가 발견되었는데 중국인들은 그것을 체인지사이트-(Y)라고 명명했다. 국제광물학협회는 그것이 이제까지 알려지지 않은 물질이라고 확인했다.

그리고 2023년에 중국은 과거에 세웠던 단일 로켓을 통해 발사하는 인공위성의 수를 경신했다. 당시 창정 2D 로켓이 상업용 원격감지 회사인 창광의 소형 인공위성 41대를 궤도에 안착시킨 것이다. 이것은 2021년에 스페이스X가 기록한 143대의 기록에는 한참 미치지 못하지만 중국의 기존 기록인 26대에 비하면 비약적인 발전이다.

하지만 지난 10년 동안 중국이 거둔 최고의 성취는 무엇보다도 화성에 착륙해 그곳에서 로버를 운행한 것일 것이다. 화성 탐사선 톈원 1호의 임무는 2021년 2월 화성에 도착해 3개월 동안 착륙에 적합한 지점을 탐색하는 것이었다. 드디어 5월 14일, 착륙선이 궤도를 도는 우주선을 떠나 화성 연착륙에 성공했다. 이윽고 탐사 로버인 주룽(중국 고대 신화에서 불의 신을 상징)이 화성의 지질을 조사하고, 물을 찾고, 소리와 영상을 송출하는 작업을 수행하기 위해 가동되었다. 현재 화성에는 현역으로 활동하는 세 대의 로버가 남아 있는데 바로 중국의 주룽과 앞서 두 차례 NASA의 임무를 수행했던 미국의 퍼서비어런스와 큐리오시티다.

우주탐사에 민족주의를 결부시키다
—

지금까지 살펴본 이 모두가 중국이 내세우는 엄청난 자부심의 근원이며 일부는 중국공산당 신화와도 긴밀하게 연관돼 있다. 중국의 〈창정〉(대장정Long March을 의미) 로켓의 이름은 공산당과 국민당 사이에 벌어진 내전 기간 중 1934-1935년에 공산당 군대인 홍군이 국민당 군대의 포위 공격을 피하기 위해 험악한 지형을 가로질러 무려 9,000킬로미터를 이동했던 유명한 군사 작전의 명칭에서 따온 것이다. 그 행군의 결과로 마오쩌둥은 권력을 장악하고 반공세력을 물리칠 수 있었다. 이것은 중국공산당 창건 신화의 일부로, 종종 위대한 업적을 달성하기 위한 영웅적 희생을 다룰 때 그 사례로 언급된다. 그러니 이 단어를 우주에서 중국의 위대함을 실현할 로켓에 사용한 것은 대단히 상징적인 의미를 지닌다고 할 수 있다.

하지만 흥미롭게도 최근에 중국은 공산주의의 우월성에 대한 찬양의 수위는 낮추는 대신 오랜 역사적 집단기억에서 민족주의 요소와 신화를 강조하고 있다. 이는 우주탐사와 장비의 이름을 짓는 과정에도 반영되고 있다. 2007년에 달 궤도를 순환한 무인 우주선은 창어 1호로 불렸는데 그것은 중국의 민간설화에서 남편으로부터 불사의 영약을 훔쳐 마시고 달로 날아가 천체의 여신이 된 아름다운 선녀의 이름에서 따온 것이다. 창어는 위투(Yutu, 옥토끼)라고 불리는 애완용 토끼와 함께 지내는데 이제 그 토끼는 달 주위를 뛰어다니며 창어가 충분히 먹을 수 있도록 절구에 불사의 영약을 넣어 찧고 있다. 따라서 중국이 2013년에 창어 3호를 달 표면에 착륙시켰을 때 그곳을 덜컹대며 이동하던 로버를 위투라고 부른 것이 전혀 놀랍지 않다.

한편 선저우(〈신의 배〉라는 뜻) 우주선을 타고 자국의 우주정거장에 탑승한 중국인 우주비행사들은 자신들이 중국 신화에서 최고의 권위로 우주를 다스리던 천상계 통치자의 궁궐 이름에서 따온 〈하늘의 궁전〉, 즉 톈궁에 들어왔다는 행운에 감격했을 것이다. 영어로 중국인 우주비행사를 의미하는 taikonaut는 〈우주〉를 의미하는 중국어 taikong과 〈뱃사람〉을 의미하는 그리스어 naut의 조합이다. 이 단어는 〈Go Taikonauts!〉라는 웹사이트를 운영하는 중국인 우주분석가 첸란에 의해 대중화되었다. 중국인 우주비행사를 지칭하는 공식 명칭은 유항유안宇航员 혹은 〈우주여행자〉다. (음, 더 안 좋게는 〈우주여행 노동자〉라고도 한다.)

이 이름들은 중요하다. 그것은 우주가 단지 미국인들과 유럽인들만의 영역은 아니며, 아르테미스 협정에 서명한 모든 국가들에게 창어가 있다는 것을 알려주기 때문이다.

중국의 우주 역량이 뛰어난 것은 기정사실

러시아나 미국과 마찬가지로 중국도 자체 우주 프로그램을 개발하면서 좌절의 순간들을 맛보았다. 여기에는 로켓이 이륙 직후에 폭발하면서 지상에 있던 인원 중 최소한 여섯 명이 목숨을 잃었던 1995년의 비극도 포함된다. 이에 대한 정확한 세부사항은 지금까지도 알려지지 않고 있는데 이는 중국이 여전히 많은 면에서 폐쇄적인 사회라는 것을 상기시켜 준다. 두 차례 퓰리처상을 수상한 역사학자 바버라 터크먼은 1972년에 중국을 방문하고 돌아와 다음과 같은 글을 남겼다.

"언어의 장벽 이외에도 나는 세계에서 가장 폐쇄적인 사회의 정부가 관리하는 비밀 프로그램에 대해 분석하려고 한다. 중화인민공화국이 경제 성장을 보다 더 촉진하기 위해 자본주의 생산 방식을 수용했다는 사실이 이 나라가 모든 단계에서 비밀주의가 정부의 정책인 공산당이 통치하는 공산주의 국가라는 사실을 흐리게 해서는 안 된다."

중국은 많은 면에서 변화했지만 터크먼의 말은 그때나 지금이나 사실이다.

우주 프로그램을 둘러싼 비밀주의에도 불구하고 중국의 로켓 발사 능력이 확실히 자리를 잡았고 점점 더 발전하고 있다는 것은 이제 기정사실이다. 중국국가항천국은 전국 여러 곳에 발사장을 보유하고 있다. 가장 오래된 발사장은 고비 사막의 주취안 인근에 있는데 바로 그곳에서 2003년에 양리웨이가 우주를 향해 이륙했다. 고비 사막은 중국의 여러 기상위성이 발사된 장소일 뿐만 아니라 중국의 대륙간 탄도미사일(ICBM) 시스템의 일부인 타이위안 위성 발사센터의 본거지이기도 하다. 쓰촨성은 시창 위성 발사센터를 보유하고 있고, 남중국해의 하이난섬에 위치한 보다 현대적인 원창 우주 발사센터는 현재 중국인 우주비행사들을 자국 우주정거장에 보내는 임무와 장거리 무인 우주선을 발사하는 임무 등에 사용되고 있다.

다섯 번째 발사센터는 상하이에서 자동차로 대략 2시간 30분 거리에 있는 동부의 항구도시 닝보에 건설되고 있다. 몇 년 안에 그곳에서 소위 속사quick-fire 발사를 통해 연간 상업용 로켓 100대를 발사할 것으로 예상된다. 닝보 발사장은 미국 플로리다 케이프 커내버럴의 케네디 우주센터와 유사하다. 두 곳 모두 해안 지역에 있어 로켓이 육지 위로 비행할 필요가 없고 대기권을 빠르게 벗어날 수 있는 유리한 위도에 있다. 지상에서의 통제는 대체로 베이징이나 시안에서 총괄한다.

그리고 중국은 세계 전역에 걸친 지상 관측기지 네트워크도 갖추고 있어 우주 교통 상황을 감시하고 중국 인공위성 및 우주정거장과 통신할 수도 있다. 그런 기지들은 나미비아, 파키스탄, 케냐, 스웨덴, 베네수엘라, 아르헨티나를 포함한 여러 국가에 설치되어 있다. 또 중국 국가항천국은 바다 곳곳에 흩어져 있는 관측선 선단도 운영하고 있다. 그 선박들은 외관이 독특하다. 갑판 위에 거대한 접시 안테나들과 레이저 발사대들이 빽빽이 늘어서 있는데 그들은 인공위성과 미사일을 탐지하기 위해 바다를 누비며 하늘을 샅샅이 감시한다.

닝보의 새 발사센터는 양쯔강 유역의 상업용 우주발사 산업단지에서 불과 몇 킬로미터 떨어져 있다. 거대한 규모의 항구와 상하이의 우주산업체에 접근하기 편리한 닝보는 다른 주요 발사센터들과 달리 기존의 공급망과 잘 융화될 수 있는 위치에 자리 잡고 있어 장차 핵심적인 역할을 담당할 것으로 전망된다.

그 지역 관료들은 닝보가 〈중국의 우주 도시〉로 알려지기를 바란다. 중국 최대의 자동차 제조업체인 지리Geely가 그곳에 본사를 두고 있는데 지리는 인공위성 설계와 항공우주 산업에도 대대적으로 투자하고 있다. 2022년에 지리는 시창 위성 발사센터에서 자율주행 자동차의 정확한 운행을 위한 첫 단계로 자사의 인공위성 아홉 대를 저궤도로 발사했다.

이는 모두 중국에서 성장하고 있는 상업용 우주산업의 한 모습이다. 중국은 아직은 민간 자금 조달 측면에서는 미국에 뒤처져 있지만, 저궤도가 너무 혼잡해지기 전에 인공위성을 설계하고 제작하고 발사하기 위한 투자에 중국 기업들이 적극적인 태도를 보이고 있다. 2014년에 중국공산당은 민간 투자를 독려하기 시작했다. 하지만 대부분의 국가들에 비하면 중국 기업들은 국가와의 연계가 매우 강하다. 현재 중국에는 100개 이상의 민간 우주 관련 기업들이 있지만 대다수가 정부에서 파생된 기업들이다. 한 예로 우한 우주산업 단지에 기반을 둔 로켓 제조업체인 엑스페이스는 국영기업인 중국항천과공집단공사의 자회사다.

다른 기업들은 국가와 조금 더 거리가 있다. 아이스페이스의 경우 2019년에 자사의 하이퍼볼라 1호 로켓을 발사해 중국 민간기업 최초로 궤도 진입에 성공했다. 하지만 2021년에는 두 차례 실패를 거듭했고 2022년에는 세 번째 실패를 하고 말았다. 다른 기업들도 심각한 좌절을 경험했다. 이런 상황을 극복하기 위해 정부는 민간기업과 군의 융합이라는 국가전략의 일환으로 과거에는 제한했던 국가 기술과 전문지식의 민간 이전을 서서히 허용하고 있다. 이를 통해 국가와 민간기업, 중국 최고의 연구대학들을 미국보다 더 공식적인 방식으로 뛰어난 기술력을 갖춘 협업체로 연결한다. 경쟁이 치열한 시장에서 신생기업 중 일부는 결국 실패할 수밖에 없지만 그에 못지않게 확실한 것은 다른 일부는 국가적으로, 어쩌면 세계적으로 막강한 기업으로 부상하게 되리라는 것이다. 잠재적인 선두주자의 대표적인 사례는 스페이스 파이오니어로, 이 회사는 2023년 4월에 액체 추진로켓을 사용해 궤도에 올리는 데 성공하면서 유력한 중국 민간 발사기업이 되었다. 다른 많은 중국 기업들과 마찬가지로 이 회사도 몇 년 안에 재사용이 가능한 로켓을 사용할 수 있기를 희망하고 있다.

이 모든 부분에서 중국은 대규모의 역동적인 노동인구의 도움을 받을 것이다. 중국은 2050년이면 인구의 3분의 1이 60대를 넘어서는 장기적인 인구 문제에 직면할 것으로 예상되지만 현재로서는 한동안 엄청난 수의 과학자들과 엔지니어들을 배출할 수 있다. 베이징항공항천대학만 해도 3만 7,000명의 재학생을 두고 있다. 이번 세기 들어 중국은 매년 대학을 졸업하는 엔지니어의 수가 증가하고 있는데, 인구의 규모를 고려하면 미국이 수적인 측면에서 대적할 방법은 없다.

중국은 가까운 미래에 자국의 베이더우 위성항법 시스템이 다양한 산업에서 활용될 수 있도록 보다 더 개발할 계획이다. 중국은 이미 GPS가 1980년대 중반 이후로 미국 경제에 가져온 부양효과를 지켜보았다. GPS를 활용해 미국 농부들은 토지의 활용을 극대화할 수 있고, 도시에서는 배송 서비스를 더 효율적으로 운영할 수 있고, 금융 기관들은 거래 시간을 기록할 수 있고, 선주들은 선단이 항구로 오는 경로를 추적할 수 있다. 여러 연구를 통해 GPS가 미국 경제에 1조 4,000억 달러 규모의 부양효과를 가져왔으며 그 성장의 대부분은 지난 10년 동안 이루어졌다는 것이 밝혀졌다. 베이더우 시스템은 이미 약 4억 대 이상의 휴대전화와 800만 대의 자동차에 정보를 전송하고 있다. 이 시스템의 암호화된 군사용 프로그램은 민간용 버전보다 훨씬 더 정확해 중국 인민해방군뿐만 아니라 다른 국가 무장 병력의 동향을 감시하는 데도 사용될 것이다.

중국은 향후 10년 동안 최소 1,000개의 인공위성을 발사할 계획이다. 그들은 또한 로켓을 발사할 여력이 없거나 자체 인공위성을 보유하지 못한 개발도상국들에도 점차 자국의 서비스를 제공할 것이다. 이는 그 국가들을 미국으로부터 떼어내려는 시도로 중국과의 상호연대를 강화하는 데 활용될 것이다.

한편 이미 중국 우주비행선이 운행되고 있을지도 모른다. 만약 그렇지 않다면 그들은 한 대 제작할 것이다. 우주비행선은 수직으로 이륙해 지상에서 최대 800킬로미터 상공까지 올라가 임무를 수행하고 비행기처럼 착륙할 수 있는 날개 달린 로켓이다. 미국은 2010년부터 우주비행선으로 X-37B 한 대를 보유하고 있다. X-37B는 퇴역한 우주왕복선과 비슷하지만 길이가 약 9미터로 다소 작은 편이다. 임무를 수행하기 위해 단 몇 차례만 비행했는데 어떤 임무였는지는 비밀이다.

중국의 우주비행선에 대해서는 더욱 알려진 것이 없다. 적어도 한 차례 우주를 비행했을 것으로 추정되지만 그도 확실치 않다. 기록상 알려진 사실은 지나가는 소행성에 착륙해 그곳에서 자원을 채취한다는 야심찬 목표뿐이다. 그런 소행성 중 일부는 폭이 수십 킬로미터에 달하고 어쩌면 21세기 최첨단 기술에 필요한 수십억 달러 상당의 금속류가 그 안에 매장되어 있을 수 있다. 중국의 신생기업인 오리진 스페이스는 이미 우주쓰레기를 수거하고 파괴하는 로봇의 시제품을 발사했던 적이 있는데 이를 소행성 채굴용으로도 개발하고자 한다.

중국은 화성에 또 다른 탐사선을 보낼 계획도 세우고 있다. 화성에 가는 것만으로도 충분히 어려운 일이지만 중국은 미국 및 유럽우주국과 함께 화성에서 토양과 암석 표본을 채굴해 지구로 갖고 돌아오는 계획을 진행하고 있다. 더 나아가 목성과 토성에도 탐사선을 보내고 싶어 한다.

미국보다 먼저 달을 점령한다?

하지만 가장 정치적 의미가 큰 프로젝트는 아마도 중국의 임박한 달 착륙일 것이다.

2021년에 중국과 러시아는 달에 공동으로 기지를 건설한다는 양해각서를 체결했다. 그들은 세 단계를 구상한다. 먼저 2026년까지 세 차례 유인 임무를 포함한 탐사를 진행하고 달에 착륙한 후에 지구로 귀환하는 것으로 마무리하는 것이다. 달 기지는 2036년에 사람이 거주할 수 있게 될 것이다. 중국 측의 발표에 의하면, 양국은 "달 기지를 위한 기초 구조물을 조성하기 위해 달의 남극에 대한 탐사를 진행할 것"이라고 한다. 달의 남극이 부지로 선정된 이유는 그곳의 얼어붙은 크레이터들이 잠재적인 물 공급원 역할을 할 수 있기 때문이다.

2023년 여름에 중국은 달 기지 건설에 대한 일정을 제시했는데 그 기지의 이름은 미국 주도의 아르테미스 임무만이 유일한 합동 프로젝트가 아님을 천명하기 위해 〈국제달과학연구기지〉로 결정했다. 또한 2028년에 자국의 창어 8호 로켓이 3D 프린팅으로 달의 토양을 벽돌로 만들도록 설계된 로봇을 싣고 달에 착륙할 것이라고 발표했다. 이것은 이후의 임무들을 위한 시험운영이 될 것이며, 일부 유인 임무도 포함될 그 과정들은 영구적으로 거주할 수 있는 기지를 위한 기반시설 건설이 목적이다.

이 프로젝트의 본부는 상하이에서 약 400킬로미터 떨어진 내륙지방인 허페이의 심우주과학도시(중국의 연구시설)에 위치하게 될 것이다. 먼저 참여하는 소수의 국가들에겐 유리한 조건과 더 많은 권리가 주어질 것이다. 중국은 러시아, 파키스탄, 아랍에미리트를 비롯한 몇몇 국가들이 국제달과학연구기지에 참여하기로 약속했다고 말한다. 그들 중에 아르테미스 협정 가입국이기도 한 아랍에미리트가 있다는 것은 흥미로운 부분이다. 잘하면 경쟁하는 두 진영에 모두 속해 있는 이런 비동맹 국가들이 양측 간의 가교 역할을 할 수 있을지도 모른다.

중국은 달의 뒷면에 무인 우주선을 착륙시켰을 때 달 표면에 중국 국기를 꽂고 기지를 건설할 만한 부지의 암석을 파헤치기 시작했다. 일부 보고서에 따르면 중국은 빠르면 2028년부터 달에 상주하길 원하지만 그것은 너무 무리한 목표인 듯하고 2030년대가 더 현실적인데 그 정도만 해도 매우 놀라운 성과다.

첫 번째 구조물은 기지 확장에 필요한 자원을 추출할 수 있도록 채굴 역량을 갖추어야 하며, 가장 중요한 자원이 물이기 때문에 기지의 부지는 달의 남극이 되어야 한다. 러시아와 중국은 2035년까지 기지를 완전히 개방할 계획이라고 말한다. 반면 미국이 주도하는 아르테미스 프로그램은 일정이 다소 불확실한 상태다.

달에 기지를 건설하는 것은 지난 1969년에 달 착륙이 그랬던 것처럼 한 세대의 상상력을 사로잡을 것이다. 이제부터 탁월한 기술적 역량에 대한 감탄과 그에 못지않게 중요한, 그것을 최초로 해낼 국가 혹은 국가들의 결의가 뒤따르는 경쟁이 일어날 것이다. 이것은 단지 〈깃발 꽂기〉가 아니라 군사적, 상업적 우위를 차지하기 위한 〈우주 개척지를 점령〉하는 것이다. 이 전쟁의 전리품은 달의 잠재적인 부와 달 기지를 경쟁국들이 탐지하기 어려운 군사위성을 배치하는 거점으로 활용할 수 있다는 점이다.

전 세계에서 유일하게
자국 우주정거장을 보유한 나라

―

우주의 지리에 대한 소유권 주장은 시간이 흐를수록 더 많이 제기될 것이다. 중국은 이미 자체 우주정거장인 톈궁 3호를 운영하는 유일한 국가가 되었다. 이것은 달 기지만큼 언론의 헤드라인을 장식하지는 못하겠지만, 우주정치학적 관점에서 유일하게 자국 주권의 우주정거장을 보유한다는 것은 우주에 대한 상당한 의지의 표현이다. 더 잘 알려진 국제우주정거장은 유럽 국가들과 일본, 러시아, 미국, 캐나다 등이 참여한 〈협력 프로그램〉으로 그동안 19개국 250명의 우주비행사들을 수용했다. 하지만 톈궁은 오직 중국이 단독으로 소유하고 운영하며 최대 2037년까지 가동될 것으로 예상된다.

2011년과 2016년 사이에 건설된 톈궁 1호와 톈궁 2호는 거의 세 배나 더 무겁고 훨씬 더 큰 규모의 톈궁 3호를 위한 실험용 우주정거장이다. 부수석 설계자인 바이 린허우는 톈궁 3호 안에서 6개월간의 임무를 수행할 세 명의 우주비행사에게 "별장에서 지내는" 듯한 기분일 거라고 말한다. 정말 그렇다면 그것은 모든 것을 갖춘 꿈 같은 휴양지라기보다는 겉만 번지르르한 에어비앤비 숙소와 비슷할 것이다. 톈궁 3호는 고작 세 개의 모듈로 이루어져 있는 반면 국제우주정거장은 열여섯 개의 모듈로 구성되어 있다. 하지만 전망은 좋으며 쉰톈 우주망원경이 합류하면 더 나아질 것이다.

허블 우주망원경과 크기는 비슷하지만 직경 2미터의 거울이 장착된 쉰톈 우주망원경은 300배 넓은 시야와 25억 픽셀을 표현할 수 있는 카메라를 갖추고 있다고 알려져 있다. 톈궁에 탑승한 중국 우주비행사들은 우주의학, 생명공학, 극미중력(중력이 거의 없는 상태) 상태에서의 연소, 3D 프린팅, 로봇공학, 광선빔, 인공지능 등을 연구하고 있다. 이 우주정거장은 대체로 약 400킬로미터 상공에 있으며 국제우주정거장과 마찬가지로 이따금 육안으로 보이기도 한다.

국제우주정거장은 늦어도 2031년이면 퇴역할 예정이다. 이것이 수명을 마치면 중국에 작은 기회의 창문이 열릴 수 있다. 미국이 주도하는 유인 달 탐사 계획인 아르테미스 프로그램에는 달 궤도를 순환하는 작은 우주정거장인 루나 게이트웨이Lunar Gateway 건설이 포함되어 있는데(이에 대해서는 다음 장에서 살펴볼 것이다), 이 정거장은 잦은 이동을 하는 우주선, 우주비행사, 착륙선, 로버 등을 수용하고 재정비하는 일종의 허브 역할을 담당할 것이다. 하지만 어떤 식이든 루나 게이트웨이 건설이 심각하게 지연되면 톈궁이 우주비행객들에게 개방되는 유일한 장소가 될 것이며 그것으로 중국은 자신들의 포용력, 협동정신, 리더십 등을 보여줄 수 있을 것이다.

중국은 이미 국제 우주비행사들의 방문을 환영하며 "우주공간의 평화적 이용에 헌신하는 전 세계 모든 국가와" 협력하기를 원한다고 표명했다. 그들은 또 여러 국가가 제출한 49개의 목록 중에서 톈궁 우주정거장에 탑승해서 수행할 다양한 과학실험을 승인했다. 일례로 노르웨이가 주도하는 〈우주에서의 종양 연구〉 프로그램이 선정되었는데, 이는 2025년부터 극미중력과 우주에서 발견되는 방사선이 종양에 어떤 영향을 미치는지 살펴볼 예정이다.

중국과 미국은 향후 10년 동안 첨단과학과 엔지니어링 분야에서 거의 서로를 배제하며 지낼 것으로 보인다. 이 두 분야는 인류가 지구에서뿐만 아니라 인간에게 가장 적대적인 환경인 우주에서 직면한 난제들을 해결하는 데도 매우 중요하다. 물론 두 나라의 협력이 아주 불가능한 것은 아니다. 미국이 중국과의 협력을 일절 금지한 울프 수정안을 좀 더 완화시킨다면 도움이 될 것이고, 설령 그 법안이 계속 유지된다고 하더라도 그것은 오직 NASA에 국한된 것이기 때문에 미 국방부와 국무부는 상호이익을 위한 양국의 길을 모색할 수 있다.

1970년대에 미국과 소련의 긴장완화는 소련 우주선 소유스와 미국 우주선 아폴로가 우주에서 악수를 나누면서(도킹에 성공하면서) 분위기가 조성되기 시작했다. 냉전이 종식된 후에 국제우주정거장과 관련된 러시아와 미국의 협력은 향후 더 나은 관계를 구축할 수 있는 가교가 되었다. 따라서 21세기에 달로의 복귀는 또 다른 기회가 될 수 있다.

미국과 중국 양측이 우주에서 그런 도약을 이룰 수 있을지 혹은 이룰 의사가 있을지는 지구에서 그들이 어떤 관계를 맺느냐에 달려 있다.

미국,
우리가 소유하지 못하면
다른 쪽에게 기회가 간다

앞 페이지 그림: NASA의 달 복귀와 심우주 탐사를 위한 프로그램의 일부인 SLS 발사체 상단부에 오리온 우주선이 탑재되어 있다.

"목표를 달성했다고 해서 돌아가선 안 된다."
- 플루타르코스

"거기 가봤고 그거 해봤다BEEN THERE, DONE THAT."[17]

100만 명의 사람들이 이 문구가 찍힌 NASA의 티셔츠를 구입했다. 그런데 왜 다시 돌아가려는 거지?

인간이 마지막으로 달에 간 것은 이제 반세기도 더 지난 일이 되었다. 1972년 12월 14일 유진 서넌과 해리슨 슈미트는 열한 번째와 열두 번째로 달 표면을 걸은 사람이 되었다. 그 이후로 미국인들은 다시 달에 가야 하나를 놓고 계속 고민을 해왔다.

이 문제로 토론을 벌이면 다양한 답변이 나왔다. 어떤 사람은 우주 탐사에는 과도한 비용이 소요되는데 인류는 더 현실적인 이 세상의 문제에 집중해야 한다고 말한다. 반면 다른 사람들은 화성을 향해 우

---

[17] 일반적으로 우주 임무를 완료했음을 뜻하는 비공식적인 문구로 사용되는데, 특히 NASA의 성공적인 우주 임무를 마친 후에 사용되는 경우가 많다.

주선을 발사해야 하며 일단 곧장 그곳으로 가는 것이 우선이라고 주장한다. 현재로서는 여러 이유로 달로 돌아가야 한다는 사람들이 논쟁에서 우세한데, 그 이유는 무엇보다 달이 화성으로 가는 중간 기착지이기 때문이다. 그들의 의도는 2020년대가 끝나기 전에 달에 가려는 것이다.

반면 중국인들은 우주탐사가 국가 발전에 필수적이라는 것을 당연하게 받아들인다. "우주에 대한 꿈은 중국을 더 강하게 만들기 위한 꿈의 일부"라는 시진핑 국가주석의 선언에서도 드러났듯이 그들에게는 명확한 목표가 있다.

당연히 중국의 정치국은 여론조사, 반대 정파, 예산에 대한 민주적 감시 같은 성가신 방해 요소들에 전혀 얽매이지 않는다. 따라서 중국의 우주 프로그램은 안정적이다. 그렇다면 미국의 우주 프로그램은? 그리 안정적이지 않다.

우주는 꾸준히 미국 대중의 상상력을 사로잡고 있지만 정책으로는 선거에서 거의 주목을 끌지 못하는데 그런 이유로 예산 편성에서 뒷전으로 밀려나기 쉽다. 더욱이 정치적 변덕과 경제적 역풍에 주기적으로 시달린다. 즉 이따금 유행을 타기도 하고 영감을 주기도 하지만 때로는 돈 잡아먹는 골칫거리로 여겨지기도 한다.

이런 현상은 특히 달 착륙 이후 몇 년 동안 더 심했다. 미국의 기술은 우월했고 우주경쟁은 승리로 끝이 났다. 하지만 대중의 관심은 줄어들었고 재정도 마찬가지였다. 미국 작가 톰 울프가 남긴 유명한 말처럼, 달 착륙은 "닐 암스트롱에게는 작은 발걸음, 인류에게는 거대한 도약, NASA에게는 깜짝 놀랄 만한 반격"으로 마무리되었다.

1960년대가 끝나기 전에 인간을 달에 착륙시키겠다고 다짐하는

1962년 케네디 대통령의 연설에서 당시 미국의 낙관주의와 추진력을 엿볼 수 있다. 미국의 우주 프로그램과 관련해서는 로널드 레이건 행정부가 어느 정도 근접하긴 했지만 그 이후로는 그 무엇도 우주와 지정학 간의 관계에 대한 이러한 확신과 이해에 필적하지 못했다. 케네디의 연설은 그 시대의 추세를 매우 잘 반영했는데 그 시대는 바로 〈냉전의 시대〉였다.

미국의 모든 유인 우주선 달 착륙은 리처드 닉슨 대통령의 재임(1969-1974년) 중에 이루어졌으나 그는 전임 대통령들의 아폴로 프로젝트를 물려받았을 뿐이다. NASA는 1980년까지 달에 기지를 건설하고 1983년까지 화성에 우주비행사를 보낸다는 야심찬 계획을 수립했다. 하지만 닉슨 대통령은 1981년에 임무를 시작한 우주왕복선을 선호하며 그 계획을 취소했다. 그는 7일 동안의 아폴로 11호 임무를 "천지창조 이래 세계사에서 가장 위대한 일주일"이라고 말했지만, 불과 몇 개월 후에 보좌관들에게 미국의 우주비행사들을 계속 달에 보내야 할 필요성을 이해하지 못하겠다고 말했다. 그는 아폴로 임무에 수반되는 비용과 위험을 인식하고 있었고 첫 번째 달 착륙 이후 대중의 관심이 식어가고 있다는 것도 알고 있었다.

결국 1972년에 아폴로 17호의 해리슨 슈미트와 유진 서넌이 달을 향한 마지막 유인 비행에 나섰다. 서넌은 지구로 돌아오는 착륙선에 오르기 위해 마지막 몇 걸음을 옮기던 도중 잠시 멈춰 달 표면에 그의 딸 트레이시의 이니셜인 TDC를 적었다. 이윽고 그는 짧은 작별의 말을 남겼다.

"우리는 모든 인류의 평화와 희망을 담아 다시 돌아올 것입니다."

서넌의 기억에 의하면, 해치가 닫히고 그의 손가락이 착륙선의 점화 버튼으로 향하는 순간 달에서의 마지막 말이 터져 나왔다.

"좋아, 잭. 이 망할 것을 타고 여기서 나가보자고!"

인류의 가장 위대한 과학적, 기술적 업적이라 할 수 있는 프로젝트라고 하기엔 이상한 결말이었다. 착륙 모듈이 우주선과 도킹에 성공했을 때 우주비행사들은 생방송으로 기자회견을 열었다. 미국의 방송국들은 선뜻 그 실황을 중계했다.

예전만큼의 절박함은 없지만

달 탐사는 역사의 한 페이지를 장식했지만 너무 값비싼 역사였다. NASA는 한 번 발사하고 폐기하는 로켓을 대신할 저렴한 대체물과 백악관을 설득할 수 있는 프로젝트가 필요했다. 재사용이 가능한 우주왕복선을 개발하면 보다 적은 비용으로 사람들과 탑재물을 저궤도에 올려보낼 수 있을 터였다. 하지만 이는 애초에 예상한 예산을 훨씬 초과했고 기술적 설계의 결함으로 인명피해를 초래하기도 했다.

1981년에 첫 번째 궤도 시험비행이 이루어진 이후 30년 넘게 미국의 우주왕복선은 135차례의 임무를 수행했다. 옛소련의 미르 우주정거장과 도킹에 성공했고 허블 우주망원경을 궤도에 안착시켰으며 국제우주정거장을 건설하는 과정에 기여하는 등 수많은 성과를 이루었다. 하지만 1986년 1월에 발생한 챌린저호의 폭발은 이 프로그램의 끔찍한 재앙이었다. 당시 레이건 미 대통령은 대국민 연설에서 승무원들에게 경의를 표했다.

"미래는 겁쟁이의 것이 아니라 용감한 사람들의 것입니다. 챌린저호 승무원들은 우리를 미래로 이끌었고 우리는 계속 그들을 따라갈 것입니다."

사고 원인에 대한 조사를 통해 드러난 것은 NASA 연구원들이 발사 도중의 사소한 결함 정도는 챌린저호가 잘 이겨낼 수 있을 거라는 가정을 너무 많이 했다는 것이다. 결국 미국의 우주왕복선 프로그램은 발사 과정에서 사용되는 로켓 추진체에 대한 수차례에 걸친 설계 변경을 마치고 재개할 때까지 거의 3년 동안 중단되었다.

군사적 측면에서 레이건 대통령은 우주와 지상에서 연계해 요격하는 미사일과 레이저의 네트워크를 제안하는 전략방위구상, 소위 스타워즈를 지지했다. 이 계획은 레이저 개발 과정에서 수반되는 수많은 기술적 문제와 자칫 소련과의 군비경쟁을 촉발할 수 있다는 정치적 반대로 실현되지는 않았다. 하지만 일부 기술적 성과는 오늘날 미사일 방어 기술의 기틀을 마련했다.

조지 H. W. 부시 대통령(1989-1993년 재임)은 달과 화성에 기지를 건설하는 것은 지지했지만 개발비용을 마련하기 위해 의회를 설득하는 데는 실패했다. 그의 후임인 빌 클린턴 대통령(1993-2001년 재임)은 경제성장 시기에 대통령직을 수행했다. 국제우주정거장 건설은 그의 두 번째 임기 중반에 시작되었지만 달이나 그 너머에 대한 언급은 거의 없었다.

이런 상황은 조지 W. 부시가 대통령(2001-2009년 재임)이 되면서 바뀌었다. 하지만 2003년에 우주왕복선 컬럼비아호가 지구 대기권에 재진입하는 과정에서 폭발하면서 다시금 승무원 일곱 명 전원이 사망하는 두 번째 우주왕복선 참사가 발생했다. 초기 시험비행 이래로 미국의 우주왕복선은 이제 67회 비행당 1회의 비율로 치명적인 사고를 기록하는 셈이었다. NASA는 우주왕복선을 매달 한 번씩 발사할 수 있다고 말했지만 실제로는 3개월에 한 번 이상 발사하기도 힘들었고 비용도 만만치 않았다. 이듬해 부시 대통령은 우주왕복선 전체를 퇴역시키고 2020년까지 달 복귀에 집중한다는 계획을 세웠다.

이에 NASA는 더 현대적인 유인 우주선과 달 착륙선, 신형 로켓 2기를 개발할 수 있는 자금을 지원받았다. 당시 NASA 국장이던 마이클 그리핀은 이를 "스테로이드 맞은 아폴로"라고 표현했다. 하지만 현실은 녹녹지 않았다. NASA가 예산을 31억 달러 초과하는 동안 여러 차례 일정이 지연되고 비용도 초과되었다. 게다가 2009년에는 버락 오바마가 대통령에 당선되면서 "거기 이미 가봤고 그거 벌써 해봤다"라는 견해가 우세해졌다. 이와 관련한 오바마의 첫 번째 조치 중 하나가 관련 예산을 삭감하는 것이었다. 대신에 그는 미국이 다른 목표, 즉 소행성을 목표로 삼고 화성으로 가야 한다고 말했다. 하지만 대단한 변화 따위는 일어나지 않았고 이윽고 도널드 트럼프가 집권했다.

오바마는 부시의 계획을 망쳐놓았다. 뒤이어 트럼프가 오바마의 계획을 망치기 시작했다. 소행성은 퇴출되었다. 그리고 달이 다시 관심을 끌었다. 단순히 트럼프가 오바마 행정부의 과업을 마구잡이로 뒤집으려고 안달한 것은 아니다. 우주비행은 비용이 저렴해지고 있고, 기술은 발전하고 있으며, 달에는 물과 희귀 금속류가 존재할 가능성이 있고, 베이징은 중국의 거대한 도약을 위한 계획을 세운 것처럼 보였다.

트럼프 대통령이 2017년에 발표한 아르테미스 프로그램은 2020년대에 남성과 최초의 여성을 달에 보내고, 2030년대에는 달에 기지를 건설한 후에 마침내 화성으로 향한다는 계획이다. 미국의 납세자들은 이 프로젝트를 위해 930억 달러를 지불할 것으로 예상된다. 그것도 불과 2025년까지 말이다.

바이든 대통령은 이 계획을 이어받았고 카멀라 해리스 부통령에게 관리를 맡겼다. 아르테미스 프로그램은 목표에 충실하고 정부는 예산을 준수하고 있지만, 바이든 대통령이 미국 우주정책의 군사적, 상업적 측면에 더 치중하면서 그 프로그램을 무시한 것은 시사하는 바가 있다.

이는 대체로 대중의 우선순위와도 비슷하다. 1969년에는 미국인의 53퍼센트가 미국 우주정책의 효과가 재정적 손해를 감수할 만한 가치가 있다고 느꼈지만 1970년대 중반에는 겨우 40퍼센트 정도만 그렇게 느꼈다. 1980년대 이후로 이 수치는 다시 50퍼센트를 상회했다. 모닝 컨설트에서 실시한 2021년의 한 조사에서는 응답자의 24퍼센트만이 NASA의 예산이 지나치게 많다고 여기는 것으로 드러났다. 같은 여론조사에서 정부의 우주정책에 관한 대중의 우선순위를 묻기도 했다. 약 63퍼센트의 사람들은 기후변화에 대처하는 것이 주요 과제여야 한다고 생각한 반면, 62퍼센트는 지구와 충돌할 가능성이 있는 소행성에 대한 감시가 우선되어야 한다고 믿었다. 하지만 달이나 화성에 가는 것을 우선시해야 한다고 대답한 사람들은 고작 3분의 1 정도에 불과했다.

이 같은 수치는 우주에 대한 관심 부족이 아니라 우선순위를 반영한 결과다. 많은 국가에서 우주비행은 국가적 차원의 문제로 인식하지만 미국은 특별한 경우에 속한다. 미국인들은 민간기업이 선두에서 주도해야 하며 그들이 우주비행 과정의 엄청난 난관을 극복하는

데 더 잘 준비되어 있다고 거침없이 주장한다. 확실히 상업적인 측면에서 미국 기업들은 앞서가고 있다. 미지의 개척지인 우주에 대한 개발 손익을 평가하면서 그들 간의 투자와 경쟁이 나날이 치열해지고 있다.

동시에 미국인 대다수가 중국을 미국의 우주패권에 대한 〈중대한 위협〉이라고 믿고 있고 미국이 우위를 유지하기를 원한다는 것도 여론조사를 통해 밝혀졌다. 그럼에도 달에 기지를 건설하는 문제에 있어서는 냉전시대와 달리 "우주경쟁에서 반드시 승리해야 한다"와 같은 절박함은 없다. 하지만 군사적 측면에서만큼은 미국은 중국이나 러시아의 그 어떤 도전에도 응할 각오가 되어 있다.

우주군 창설

이전 장에서 우리는 중국 정부의 우주정책과 목표를 살펴보았다. 그런데 미국의 경우도 놀라울 만큼 유사하다. 여기에는 좋은 점과 나쁜 점이 공존한다. 좋은 점이라면 양국 모두 협력에 대해 언급한다는 것이다. 2022년의 한 보고서에서 미국은 "우주활동이 책임감 있고, 평화롭고, 지속 가능한 방식으로 수행될 수 있도록 그 방법을 제시할 것이다"라고 말한다. 하지만 동시에 "미국은 국제적 차원에서 우주활동의 관리를 강화하는 데 앞장설 것이다"라고도 언급한다. 물론 중국과 러시아와는 그 방향이 다를 것이다.

보고서에서는 그 두 국가를 지칭하지는 않지만 다음 문장을 보면 미국이 가리키는 대상을 혼동하기는 어렵다.

"경쟁국들의 군사정책은 우주를 현대전의 핵심 요소로 파악하면서 우주 대응 능력(적대적인 우주활동을 감시하고 대응하는 데 사용되는 기술과 시스템)을 미군의 효율성을 떨어뜨리는 동시에 미래의 전쟁에서 승리할 수 있는 수단으로 여기고 있다." 따라서 "공격을 억제하려면…… 미국은 더욱 탄력적인 국가적 우주 안보 태세로의 전환에 속도를 올려야 한다."

한동안 긴장이 고조되었다. 앞서 4장에서 살펴보았던 것처럼 2007년에 중국이 운동에너지 요격체로 자신들의 노후화된 기상 인공위성을 타격했는데 그 직후 미국이 자체 미사일을 발사했다. 중국은 미국이 이를 통해 자신들에게 어떤 메시지를 보내는 것이라고 의심했다. 하지만 이는 중국의 행위에 대한 대응이 아닐 수도 있었다. 당시 상황은 다음과 같았다.

2008년 2월 20일 밤 10시 26분, 미국 함선 레이크 이리에서 미사일이 발사되어 우주로 날아갔다. 4분 후에 미사일은 240킬로미터 상공에서 자국의 정찰위성인 USA-193을 격추시켰다. 그것은 수명이 끝난 위성이 아니었다. 오히려 최신 일급비밀 스파이웨어를 장착한 첨단장비였다. 하지만 2006년 12월에 이 위성이 궤도에 진입한 직후에 미국은 버스만큼이나 큰 이것을 제어할 수 없게 되었다. 만약 지구로 추락할 경우 파편으로 인한 위험은 크지 않겠지만, 이 위성은 녹는점이 높은 티타늄 탱크 안에 독성이 강한 하이드라진(로켓 연료용 유성 액체) 연료 약 1,000파운드를 저장하고 있었다. NASA는 조지 W. 부시 대통령에게 제어되지 않는 이 인공위성이 대기권으로 재진입하여 추락하게 된다면 잠재적인 사상자 수치가 관련 사건 중 사상 최대가 될 것이라고 보고했다. 결국 부시 대통령은 위성을 격추하는 작전을 승인했다.

당시 미 해군이 직면한 난관은 그 어느 때보다 더 높은 고도에서 더 빠르게 이동하는 목표물을 요격해야 한다는 것이었다. 이것은 예행연습이 아니었다. 미국 입장에서는 미지의 영역이나 다름없었다. 그들은 위성의 연료탱크를 조준했다. 목표물에 빗맞으면 안 된다. 충돌 직전에 최종속도가 시속 35,000킬로미터를 상회하자 연료가 터지면서 눈부신 섬광과 함께 대규모 폭발이 일어났다. 위성의 잔해가 사방으로 흩어졌지만 1년 전에 중국이 운동에너지 요격체로 자신들의 기상위성을 요격했을 때 생겨난 것보다는 훨씬 적은 양이었다.

하지만 중국과 러시아는 이 작전을 냉전시대 미국의 우주 군사활동의 연장으로 보았다. 이 작전은 미국을 새로운 〈위성요격용 무기 시대〉로 끌어들이기 위해 일부러 계획된 것은 아니었지만 결과적으로는 그렇게 되었다. 이때부터 우주에서 미국의 군사 역량은 해마다 상승되었다.

2019년에 미국 정부는 우주군을 창설했는데 이는 미군의 6개 정규군(육군, 해군, 공군, 해병대, 해안경비대, 우주군) 중 가장 최근에 조직된 군이다. 우주군은 다른 군의 수장과 마찬가지로 미군의 수뇌부인 합동참모본부에 소속된 4성 장군이 지휘한다. 우주군의 임무는 다른 나라의 미사일 발사를 감지할 수 있는 GPS 위성을 운용하고 적대국 인공위성의 전파를 차단하는 지상의 전파교란기를 가동하는 것 등이다. 또한 우주쓰레기도 추적한다.

연간 약 260억 달러에 달하는 우주군의 예산은 현대전에서 우주의 중요성에 대한 인식이 높아지면서 더욱 증가할 것이다. 현재 그 어떤 군보다 가장 병력이 적은 미 우주군은 펜타곤의 사령부, 콜로라도의 샤이엔산, 로스앤젤레스의 공군기지를 포함해 전국 각지에서 복무하는 군인과 민간인을 모두 합해도 고작 1만 6,000명에 불과하다. 신생 조직인 우주군은 강력한 조직문화는 부족하지만 역으로 일종의 스타트업인 만큼 참신한 아이디어를 통해 발전할 수도 있다. 뭐 그리 중요한 부분은 아니지만 우주군의 로고에는 더 많은 고민이 담겼어야 했다. TV 시리즈물 「스타트렉」에 나오는 우주함대 사령부의 로고와 너무나도 노골적으로 비슷했던 나머지 극중 술루 역할을 맡은 배우 조지 타케이는 감격해하며 이렇게 말했다.

"음, 우리는 그들에게…… 저작권 사용료를 기대하고 있습니다."

그나마 긍정적인 부분이라면 〈언제나 위에서〉라는 의미의 〈semper supra〉라는 모토에는 제법 근사하게 두운이 적용되어 있다는 점이다.

처음부터 우주군은 역할에 대한 논란이 끊이지 않았다. 우주군이 창설되었을 때 일부 평론가들은 그들이 우주를 〈군사화〉했다고 말했지만 그 말은 인류가 처음 대기권을 돌파한 순간부터 이미 우주는 군사화되었다는 점을 간과하는 것이다. 우주군은 이미 미 공군에서 유사한 임무를 수행하던 부대에서 파생되어 편성되었는데, 소련과 미국은 냉전시대에 인공위성을 활용해 서로를 정찰했다. "우주는 전쟁터다"라는 구호는 다소 공격적으로 묘사되었을지는 모르지만 엄연한 사실의 표현이기도 하다.

실질적인 관점에서 우주군은 군사력을 우주 깊은 곳까지 투입하는 역할을 해야 할까, 아니면 정찰, 미사일 경고, 통신, 위치 추적, 항법 서비스 등을 통해 전통적인 전쟁 방식을 지원하는 역할을 해야 할까? 현재로서는 후자의 방식이 더 우세한 듯하다. 비록 우주군이라는 이름이 달에 있는 적의 벙커에 레이저를 발사하는 미국 우주비행선의 모습을 떠올리게 하지만 말이다.

하지만 2023년에 우주군은 더욱 적극적인 역할을 주장했다. 우주작전 사령관 B. 챈스 솔츠먼 장군은 한 문서를 작성했는데, 거기서 그는 "우주에서 우위를 점하기 위해 군사력을 발휘해 싸워야 하는 책임이 바로 우리가 기능적 공동체가 아니라 군대인 이유"라고 주장했다. 더불어 우주군은 적들을 공격 목표로 삼을 수 있어야 하지만 대량의 우주쓰레기가 발생하는 〈피로스의 승리〉(막대한 희생을 초래하는 상처뿐인 승리) 방식은 안 된다고 덧붙였다. 그 문서에서는 미국의 군사위성에 방어 시스템을 탑재할 것을 요구하기도 했다.

그해 6월, 우주군의 소장 데이비드 밀러는 한 온라인 회의에서 그의 부대가 광범위한 공격용 및 방어용 무기를 개발할 수 있어야 한다고 말했다. 그다음 달에는 우주사령부의 부사령관인 존 쇼가 우주군이 적들을 더욱 잘 감시하기 위해 수시로 인공위성을 조종할 수 있는 능력을 갖추기 위해 노력하고 있다고 밝혔다. 그는 정지궤도를 예로 들었는데 펜타곤은 그곳에 미국의 가장 중요한 우주 자산을 배치하고 있다. 그곳에 있는 군사위성들은 수십 년 동안 운행할 수 있도록 설계되었지만 연료 공급이 제한되기 때문에 제약을 받는다. 쇼 부사령관은 이런 방식은 현시대에 어울리지 않는다고 주장했다. 현재 검토되는 해결 방안 중에는 연료를 재공급받을 수 있도록 연료 주입구를 갖춘 인공위성이 거론되고 있다. 이에 대해 그는 이렇게 말한다.

"이것은 아마 우리가 향후 4-5년 이내에 볼 수 있는 가장 근본적인 정책적 변화일 수 있습니다."

우주경찰이 되고픈 나라

우주 군사력 측면에서는 현재 미국이 확실히 중국을 앞서고 있다. 하지만 2021년에 우주군의 데이비드 D. 톰슨 장군은 이렇게 경고했다.

"실제로 중국이 평균적으로 우리보다 두 배 빠른 속도로 우주 역량을 강화하고 있다는 사실은 만약 우리가 개발과 발사 능력을 가속화하지 않으면 머지않아 그들이 우리를 추월하게 되리라는 것을 의미합니다."

그가 예상한 기한은 2030년이다. 톰슨 장군의 예상이 맞을 수도 있지만 아직 중국은 미국 역량에 근접하기에는 갈 길이 멀다. 중국의 우주활동 예산은 명확하진 않지만 미국의 예산보다 현저히 적은 것은 거의 확실하다. 2023년 초까지 대략 4,900개의 인공위성이 궤도에서 활동하고 있었는데 그중 3,000개가 미국 위성이고 약 500개가 중국 위성이다.

미국은 센서를 이용해 탄도미사일과 극초음속 미사일에서 나오는 적외선 열신호를 감지하는 조기경보 위성에도 막대한 투자를 하고 있다. 이 위성들은 지상의 군 사령부에 관련 데이터를 전송한다. 이들은 미국이 저궤도에 구축 중인 추적 레이어(Tracking Layer, 미사일이나 다른 물체를 감지하고 추적하기 위한 위성 네트워크나 시스템)의 일부다. 2028년이면 미국은 극초음속 미사일의 방어망으로 작동할 100대의 조기경보 위성을 갖추게 될 것으로 전망한다.

언젠가 우주에서 사용될 레이저 무기 개발에도 자금이 투입되고 있다. 미 해군은 2014년부터 여러 형태의 레이저 무기 시스템을 운용해 왔지만, 2022년에 전기만을 동력으로 사용하는 고출력 레이저 무기로 고속 크루즈 미사일을 격추하는 데 성공하면서 한층 발전된 역량을 과시했다. 당시에 눈에는 보이지 않는 에너지빔이 미사일을 향해 발사되었는데 불과 몇 초 만에 미사일 일부가 오렌지빛으로 불타기 시작하더니 엔진에서 연기가 나면서 아래로 추락했다. 일단 이 시스템이 구축되면 실제 이 킬 샷kill shot에 드는 비용은 고작 전기료 몇 달러에 불과할 것이다. 반면 유도미사일(목표물을 정확하게 타격하기 위해 레이더, GPS, 적외선 등의 유도에 따라 목표물을 폭발시키는 미사일)은 한 발에 수만 달러에서 수십만 달러의 비용이 든다. 현재까지 알려진 바로는 레이저 무기는 오직 지상에만 배치될 수 있는데, 만약 어떤 우주비행 국가가 인공위성에 레이저 무기를 장착한다면 다른 국가들도 당연히 따라 할 것이다.

향후 성장이 예상되는 영역은 "그리 비밀스럽지 않은 비밀"인 〈재사용이 가능한 우주비행선〉일 것이다. 미 우주군은 다목적 임무를 수행하기 위해 우주에서 2년 이상을 보낸 무인 우주비행선 X-37B를 운용하고 있다. 그토록 오랜 기간 수행한 임무의 대부분은 기밀사항이며 이것이 "신뢰할 수 있고 재사용이 가능한 무인 우주 테스트 플랫폼 관련 기술을 증명하기 위한 실험적인 테스트 프로그램"이라는 우주군의 장황하고 따분한 발표는 그것이 〈무기〉라는 중국과 러시아의 주장을 달래기에는 충분한 설명이 되지 못한다. X-37B가 가동 중이던 시점에 러시아의 한 방산기업 대표는 이 우주비행선이 궤도에서 모스크바로 투하할 수 있는 핵폭탄 세 개를 탑재하고 있다고 주장했다.

그의 주장은 물리학과 군사 전술 모두와 양립하지 않기 때문에 허황된 망상과 어리석은 추측 사이 그 어딘가에 있는 발언으로 치부된다. X-37B가 러시아를 정찰하는 데 사용되고 있다는 또 다른 주장은 아주 억지스럽지는 않지만 그렇다고 해도 인공위성이 할 수 없는 것을 우주비행선이 할 수 있다고 보기는 어렵다. 물론 X-37B에 군사적 요소가 연관되어 있을 수는 있다. 하지만 수천 갤런의 로켓 연료를 사용해 발사하는 우주비행선 안에 핵무기를 숨기는 것은 가능성이 떨어진다. 나는 X-37B가 무엇을 하는지 알지 못한다. 하지만 알고는 싶다.

우주군에서 무슨 일이 벌어지고 있든 그들은 원대한 목표를 품고 있다. 2020년의 한 문서에서는 우주군 임무의 지리적 한계에 대해 규정했는데 그 문구를 자세히 보면 오히려 전혀 한계가 없다는 것을 암시하고 있다.

"지금까지 그 임무의 한계는 지구 근처, 대략 지구 정지궤도까지 설정되어 있었다. 하지만 미국의 새로운 공공 및 민간 부문 활동이 지구와 달 사이의 공간인 시스루나 공간까지 확장되면서 미 우주군의 임무 범위 또한 43만 8,000킬로미터 너머까지 확장될 것이다. 즉 무려 열 배 이상 범위가 확대된다." 여기서 〈너머〉는 무한한 범위를 뜻한다.

이 문서는 과거에는 그곳이 NASA의 영역이었지만 이제는 군의 영역이기도 하다는 것을 명백하게 보여준다. 만약 그곳에서 경쟁이 벌어진다면 우주군이 나서겠지만 그 영역은 워낙 방대하다. 저궤도의 인공위성을 꾸준히 감시하는 것도 어려운 일인데, 이제 주요 참가국들은 경쟁국들이 저궤도와 달 사이에서 무엇을 하는지도 지켜보려 할 것이다.

이 두 곳은 전략적으로 연계되어 있다. 한 국가가 저궤도를 완전히 장악하면 이론적으로 다른 국가들이 시스루나 공간으로 이동하지 못하도록 막을 수는 있지만 그 거리가 엄청나기 때문에 지상의 레이더와 망원경으로 그 공간을 이동하는 모든 통행을 감시할 수는 없다. 현재 지상의 레이더와 망원경은 주로 저궤도에 있는 대상을 추적한다. 또한 그것들로는 달 뒷면부터 L2 라그랑주 점까지도 직접 볼 수 없는데, 그곳에서 중국은 인공위성을 통해 자국의 기지 건설을 고려하고 있는 달의 뒷면을 영구적으로 감시할 수 있다.

군사위성을 수십만 킬로미터 상공에 가장 먼저 배치하는 국가가 유리한 고지를 선점할 것이다. 그 위성들은 감시가 목적일지 모르지만 경쟁국들은 무장을 하고 자국의 인공위성이나 우주선까지 격추할 수도 있다고 우려할 것이다. 달에 갔다가 만약 적대국의 방해로 지구로 귀환할 수 없다면 그곳에 기지를 건설한들 무슨 의미가 있겠는가.

미 우주군은 야심만만하다. 그들은 지구-달 고속도로순찰시스템Cislunar Highway Patrol System을 구축하겠다고 말한다. 약어인 CHPS로 알려진 이것은 어쩌면 1970년대에 엄청나게 유치했음에도 엄청나게 인기를 끌었던 TV 교통경찰 시리즈물을 떠오르게 하지만 다행히도 사람들 대부분은 그것을 기억하지 못할 것이다. CHPS는 "인공위성 밀집 지역 저 너머를" 순찰하는 우주선을 포함하고 "달과 그 너머에 중요한 국가 방어력"을 제공할 것이다. 이 우주경찰은 광범위한 임무를 수행할 수 있다. 희귀 금속류를 지구로 대량 운송하시나요? 그럼 저희가 에스코트해 드리겠습니다. 위험한 난폭 운행을 하시는군요? 우주선을 잠깐 한쪽에 세우시길 바랍니다. 엄청난 속도로 이동하는 통제불능의 인공위성이 있습니다. 위험에 대비하는 게 좋겠습니다.

이론적으로 CHPS는 달까지 확장되지는 않을 것이다. 우주조약에서 다음과 같이 규정하고 있기 때문이다. "천체에서는 군사기지, 군사시설 및 요새의 설치, 모든 형태의 무기 테스트, 군사연습은 금지되어야 한다." 하지만 이 조약은 "과학적 연구 또는 기타 모든 평화적 목적을 위해 군 인력을 활용하는 것"과 "달의 평화적 탐사를 위해 장비 또는 시설을 사용하는 것"은 허용하기도 한다. 따라서 달에서 과학실험을 수행하는 NASA 소속의 군 장교들은 자신들을 방어할 수단이 필요하다고 주장할 수 있다.

　3대 우주강국이 달에 군사기지를 건설하는 것이 타당한지의 여부를 검토하지 않는다는 것은 믿기 어렵다. 무엇보다 냉전시대에 이미 소련과 미국은 모두 그 가능성에 대해 검토했다. 기밀이 해제된 미국의 한 문서에는 달에 지구 폭격 시스템을 설치하기 위해 지하에 군사기지를 건설하는 문제를 논의한 내용이 나온다. 현재 3대 우주강국의 전략에는 유사한 내용이 등장하지는 않는 듯하지만, 어떤 국가가 물, 헬륨, 티타늄과 기타 다른 자원들이 매장된 달의 〈전략적 요충지〉를 점령하면서 다른 국가들에게 물러나라고 말한다면 군사적 대치상태가 발생할 것은 뻔하다. 따라서 세밀하게 규정된 조약과 신뢰구축 조치가 절실히 요구된다. 이런 조건이 충족되지 않으면 〈우리 모두를 위한 달〉이라는 이상은 새로운 세대의 미국, 중국, 러시아 우주비행사들의 발밑에서 한낱 먼지에 불과할 것이다.

달로의 복귀, 이번엔 머물려고 간다
―

　NASA는 우주군과 함께 현재 달로 다시 가는 작업을 진행하고 있다.

미국의 우주활동은 군과 민간 두 진영에서 진행하고 있지만 양측은 대부분의 활동을 개별적으로 수행하고자 한다. 하지만 우주비행사의 경우 자격을 갖춘 후보자들이 제한되어 있는 데다 대부분이 군 출신의 남성들이다. 그렇지만 2020년에 달로 복귀하는 아르테미스 임무를 맡은 NASA 우주비행사 팀은 후보자들의 배경을 다양화했다. 지명된 18명의 인원 중 10명만 현역 군인이었고 9명은 여성이었으며 4명은 유색인종이었다. 여기에 숨은 의도는 달 표면을 걷는 최초의 여성과 최초의 유색인종이라는 타이틀을 모두 미국이 차지하려는 속셈이다.

우주비행사의 피부색과 성별만이 마지막으로 인간이 달에 다녀왔을 때와 달라진 점은 아니다. 또 다른 차이점은 바로 컴퓨터의 성능이다. 암스트롱이 최초의 발걸음을, 서넌이 마지막 발걸음을 뗐을 때 그 당시 사용한 컴퓨터는 현재 우리가 사용하는 스마트폰보다 수백만 배나 성능이 떨어졌다. 하지만 그 무엇보다도 가장 큰 차이점이라면 아마도 이번에는 그곳에 〈머물기 위해〉 간다는 사실일 것이다.

2020년대의 우주비행사들은 NASA에서 제작한 가장 강력한 로켓인 SLS(Space Launch System)의 꼭대기에 있는 오리온 우주선을 타고 달까지 갈 것이다. 이 SLS 로켓은 스페이스X의 스타십과 경쟁관계에 있는데, 비록 NASA는 자신들에게는 자이언트 베이비와도 같은 이 대형 로켓을 포기하는 것이 내키지는 않지만 경쟁자인 스페이스X의 로켓은 재사용이 가능하게 설계되었고 그만큼 비용도 저렴하다. NASA의 계획은 달 궤도에 루나 게이트웨이 우주정거장을 건설하고 그것을 오리온 우주선의 도킹 정거장으로 활용하는 것이다. 이 루나 게이트웨이는 NASA, 유럽 우주국, 일본 우주국, 캐나다 우주국 간의 합작 프로젝트로, 그것의 모듈은 수차례에 걸쳐 스페이스X의 팰컨 헤비 로켓이 운반할 것이다. 루나 게이트웨이에서 우주비행사들은 달 착륙선 역할을 하는 휴먼랜딩시스템Human Landing System을 타고 달 표면에 내려갈 수 있다. 귀환하는 과정은 그 반대의 순서로 이루어진다.

루나 게이트웨이는 달로 복귀하려는 계획의 핵심으로, 달 주위 타원형 궤도에 위치하게 된다. 이따금 루나 게이트웨이가 달 표면에 더 가까워지면서 착륙이 수월해지기도 하겠지만, 궤도의 특정한 지점에 이르면 지구에 더 가까워지면서 고향 행성에서 오는 우주비행사들과 보급품을 더 쉽게 픽업할 수 있게 된다. 이 방식이 성공을 거두면 인간을 화성으로 이동시키는 계획에도 적용될 것이다. 이는 지구에 대한 의존도를 줄이려는 시도의 일환이다.

또한 루나 게이트웨이는 거주및물류거점모듈(Habitation and Logistics Outpost, HALO)을 갖추게 될 예정인데 이곳에서 우주비행사들은 달에 가기 전 최장 90일까지 거주하면서 과학실험을 수행할 수 있다. HALO는 지구와 달 사이의 통신 중계 시스템으로도 사용되고 로버를 제어하는 역할도 수행할 것이다.

HALO에 탑승해서 수행하는 가장 중요한 실험은 방사능 수치 측정일 것이다. 우주비행사들은 지구 자기장을 벗어나면 암 발병률을 높이고 중추신경계를 손상시킬 수 있는 고에너지 입자에 노출된다. 그나마 국제우주정거장은 저궤도에 위치해 있어 그곳에서 작업하는 우주비행사들은 적은 방사능에 노출된다. 하지만 루나 게이트웨이에서는 훨씬 더 높은 수치의 방사능에 노출될 것이다. 게이트웨이는 당연히 내부에 거주하는 사람들을 보호할 수 있도록 만들어지겠지만 그럼에도 장기간에 걸친 방사능 수치를 정확히 측정하고 그것이 인체에 미칠 잠재적인 영향력을 반드시 파악해야 한다.

2030년까지 루나 게이트웨이가 건설되고 시험운행이 끝나면 첫 번째 우주비행사들이 달에 가게 될 것이다. 아르테미스 프로그램 일정은 몇 차례 연기되었지만 2022년 후반에 사람이 타지 않은 상태에서 실행된 아르테미스 1호의 성공적인 발사는 초대형 발사체인 SLS 로켓이 첫 번째 테스트를 가볍게 통과했다는 것을 의미한다. 비록 인간이 아닌 마네킹을 태우긴 했지만 당시 탑재된 오리온 우주선은 달 너머로 6만 4,000킬로미터를 이동하는 등 인간을 태우기 위해 설계된 우주선으로는 최장거리 비행기록을 경신했다. 같은 해에 NASA는 전자레인지 크기의 캡스톤 우주선을 올려보내 루나 게이트웨이 건설에 적합한 지점을 조사하기 위해 달 주위의 타원형 궤도에 진입시켰다.

아르테미스 임무를 수행하는 우주비행사들이 달에 착륙할 지점은 아직 정해지지 않았지만 남극 근처가 될 것으로 예상된다. 아폴로의 우주비행사들도 달의 두 극지대에 가까이 간 적이 없기 때문에 이번에 가게 된다면 최초가 될 것이다. 과학자들은 여전히 베이스캠프를 건설할 최적의 장소를 찾고 있다. 그곳은 처음에는 우주비행사들이 잠시 며칠 머무는 장소가 되겠지만 결국에는 주거 공간, 방사능 차단 장치, 통신설비, 전력 인프라, 이동수단, 착륙장 등을 갖춘 완전한 달 기지가 될 것이다.

우주비행사들이 달 표면에서 보내야 할 시간과, 햇빛이 비치는 곳과 그늘진 곳 간의 엄청난 온도 차이 등을 고려해 NASA는 민간기업들과 협력해 차세대 우주복, 로버, 카메라 등을 준비하고 있다. 최초의 미국 우주복은 항공기의 고고도용 비행복을 개량한 것이었다. 이후 각 세대의 우주복은 이전 세대 우주복을 기반으로 제작되었고 최신형 우주복은 현재 국제우주정거장 밖에서 우주유영을 할 때 입는 우주복을 상당 부분 개선한 것이다. 아르테미스 우주복이라고 부르는 것이 더 편할 수도 있지만 일단 NASA는 이것을 선외활동탐사복Exploration Extravehicular Mobility Units, 줄여서 xEMU라고 부른다.

언뜻 보면 버즈 올드린과 닐 암스트롱이 착용했던 아폴로 시대의 우주복과 비슷해 보이지만 xEMU는 행동에 거의 제약을 받지 않는다. 다리, 허리, 팔의 움직임을 대폭 개선했으며 착용자는 예전에 닐 암스트롱이 달 표면을 어색하게 토끼처럼 뛰었던 것 대신 실제로 달 표면을 자연스럽게 걸을 수 있고 헬멧 위로 물건을 들어 올릴 수도 있다. 과거의 우주복은 포화점에 이를 때까지 내뱉은 이산화탄소를 흡수했지만 새로운 우주복은 이산화탄소를 흡수한 후에 우주로 뿜어낸다. 또한 전자장비의 소형화로 백팩에 중요한 안전장치를 두 배로 장착할 수 있게 되었고 고장이 나면 경고음과 경고등도 작동한다. 헬멧의 통신장비도 완벽하게 정비되었으며 고속 데이터 링크에 연결된 HD 카메라와 음성인식 마이크 등도 추가되었다. 달 표면에 있는 우주인은 헬멧 안의 장치를 통해 지상의 NASA와 이런 말을 주고받을 수도 있다.

"NASA, 사이먼 앤 가펑클(미국의 2인조 포크 가수)의 「홈워드 바운드Homeward Bound」 부탁해요."

이 새로운 우주복은 방사능과 영하 150도에서 영상 120도의 온도도 견딜 수 있으며 비상상황에서는 엿새 동안 생명유지 장치가 가동되도록 설계되었다. NASA는 이것을 "개인 맞춤형 우주선"이라고 부른다. 하지만 마법과도 같은 이 모든 첨단기술에도 불구하고 우리의 용감한 탐사대원들은 여전히 기저귀를 착용해야 할 것이다.

새로운 로버도 공기가 누출되지 않도록 설계되었다. 우주탐사차량(Space Exploration Vehicles, SEV)이라고 불리는 이것은 20세기의 탐사 차량인 월면차와는 전혀 다른 모습이다. 새로운 모델은 조종석이 기밀구조로 되어 있어 두 명의 우주비행사가 우주복을 입지 않고도 시속 10킬로미터의 속도로 장거리를 이동할 수 있으며 목적지에 도착한 후에는 우주복을 착용하고 우주유영을 할 수 있다.

하지만 이 모든 것들에는 자금이 필요하다. 그것도 엄청나게 많이. 그래도 냉전시대와 비교하면 저렴한 수준이다. 1960년대에 NASA의 연간 지출액은 연방 예산의 4퍼센트를 차지했다. 하지만 지금은 대략 0.5퍼센트 정도에 불과하다. 차이점이라면 냉전시대에는 달에 가는 경쟁에서 소련을 이기기 위해 지불하는 금액이라면 인정할 만했다는 것이다. 또한 NASA는 민간기업들의 혁신적이면서도 비용을 절감한 로켓 발사 프로그램을 도입하면서 지출을 줄여나갔다.

일론 머스크, 제프 베조스, 그리고 우주 상업화 시대

발사 로켓에서 로버에 이르기까지 아르테미스 프로그램의 모든 단계에는 민간기업들과의 협업이 포함된다. 일부 기업들은 우주탐사의 조력자 역할에 만족하지만 몇몇 기업들은 독자적인 임무를 수행하고 향후 수익을 창출하는 비즈니스를 계획하고 있다.

스페이스X는 NASA로부터 우주비행사들을 루나 게이트웨이에서 달까지 데려다줄 달 착륙선을 제작하는 계약을 따냈다. 스페이스X는 이미 미국 우주비행사들을 국제우주정거장으로 이송하고 있다. 2010

년에 스페이스X는 우주선을 발사하고 운영하고 회수하는 최초의 민간기업이 되었다. 2년 후에는 민간기업 최초로 국제우주정거장에 도달한 우주선을 발사했다. 2020년에 스페이스X는 앞서 4장에서 살펴보았던 것처럼 광대역 신호를 전송하는 최대 규모의 군집위성인 스타링크 위성을 발사했다. 이듬해에는 비전문 우주비행사를 우주로 보낸 최초의 기업이 되기도 했다. 스페이스X의 로켓은 이륙하고 약 10분 후에 1단 로켓이 분리되어 하강하면서 대체로 지상에 착륙하는데 그것은 재사용이 가능하다. 그 결과 스페이스X는 로켓 발사 비용을 대폭 절감했고 이로 인해 신생기업이 보잉 같은 대기업을 상대로 경쟁할 수 있다는 것을 입증했다.

일론 머스크는 계획이 있다. 그것도 아주아주 큰 계획이다. 그 계획에는 조만간 우주비행사들을 화성으로 보내는 것도 포함되어 있다. 화성엔 왜 가냐고? 이 질문에 머스크는 이렇게 대답한다.

"미래에 대해 생각할 때 사람들을 슬프게 하거나 우울하게 만드는 것들이 너무 많지만, 나는 우주비행이 하나의 문명이 되는 것이 미래를 생각할 때 우리를 설레고 흥분되게 만드는 것 중 하나라고 생각합니다."

하지만 많은 사람들이 이 말에 동의하지 않는다. 저명한 천체물리학자인 마틴 리스는 화성으로 향하는 우주선에 반대하지는 않지만 그것이 최우선 사항은 아니라고 말한다. 그는 《가디언》과의 인터뷰에서 "화성을 거주가 가능한 곳으로 만드는 일에 비하면 지구의 기후변화 문제를 해결하는 것은 아주 손쉬운 일"이라면서…… 머스크의 발상이 "위험한 망상"이라고 지적했다.

제프 베조스도 동의하지 않는다. 더욱이 그는 다른 계획을 구상하고 있다. 전직 아마존의 CEO이자 블루 오리진의 창업주인 그는 우주에 도시를 건설하고자 하는데 그 위치는 고향 행성에 보다 가까운 곳이다. 그는 지구의 증가하는 인구를 수용하기에 태양계의 행성들은 최적의 장소가 아니라고 주장한다. 대신에 그는 지구 궤도를 도는 거대한 돔형 도시를 건설하고자 한다. 그것은 돔형domed 도시이지 파멸doomed은 아니다.

단기적으로 블루 오리진은 달 기지가 건설되면 NASA가 사용하기를 기대하며 달 착륙선을 개발했다. 또 이 회사는 이미 재사용이 가능한 뉴 셰퍼드New Shepard 로켓에 관광객들을 태우고 우주를 다녀오는 사업을 운영하고 있다. 로켓의 이름은 최초의 미국인 우주비행사 앨런 셰퍼드의 이름을 따서 지은 것이다. 베조스 본인 또한 직접 우주여행을 다녀왔고 「스타트렉」의 제임스 T. 커크 함장 역으로 유명한 배우 윌리엄 샤트너도 다녀왔다. 그는 이 여행에 참여할 당시 90세로 최고령 우주인이 되었다. 지상으로 돌아오는 동안 그는 감격에 겨운 나머지 눈물을 흘리며 이 여행을 평생 "가장 심오한 경험"이었다고 말했다.

블루 오리진의 대형 뉴 글렌New Glenn 로켓은 유료 관광객들을 위해 최대 45톤의 화물을 싣고 저궤도를 다녀올 수 있도록 설계되었는데 베조스는 확실히 그 이상의 계획을 세우고 있는 듯하다. 그는 뉴 암스트롱New Armstrong 로켓에 대해 시사하고 있다. 그렇다, 이번에는 닐 암스트롱의 이름에서 따왔다.

버진 그룹의 회장 리처드 브랜슨이 설립한 민간 우주탐사 기업인 버진 갤럭틱은 블루 오리진을 며칠 차이로 앞서며 우주에 진출했는데 베조스는 이를 인정하지 않고 있다. 발사된 브랜슨의 로켓은 그를 태우고 NASA에서 지구의 경계라고 규정하는 고도보다 조금 더 높은 약 83킬로미터 상공까지 올라갔다. 하지만 베조스의 뉴 셰퍼드는 국제항공연맹에서 우주로 인정하는 고도인 카르만 라인을 넘어 105.7킬로미터 상공까지 올라갔다. 따라서 두 회사의 주장은 모두 타당하다. 다만 어느 기관이 규정한 고도를 적용하느냐에 따라 차이가 있을 뿐이다.

버진 갤럭틱은 준궤도 우주여행에 집중하고 있다. 1회 비행에 드는 비용이 약 45만 달러(대략 6억 원)로 고객층은 적지만 모두 굉장한 부자들이다. 만약 브랜슨의 판단이 맞는다면 회사가 수익을 거둔 후에 비용을 낮추어 시장을 확장할 수 있을 만큼 갑부들이 많은 셈이다. 이런 예측이 지나치게 낙관적으로 보일 수도 있겠지만, 1903년에 라이트 형제가 최초로 비행에 성공한 후 1914년에 플로리다에서 최초의 정기 여객 항공편이 운행되기까지 고작 11년이 걸렸고, 미국인들이 기차보다 비행기를 더 많이 이용하게 되기까지는 또다시 40년밖에 걸리지 않았다는 점을 고려하면 실현 불가능한 것도 아닐 것이다.

하지만 버진 갤럭틱과 블루 오리진은 이제 우주여행 분야에서 새로운 라이벌의 등장을 맞고 있다. 바로 시에라 스페이스라는 신생기업이다. 이 회사는 기존 우주왕복선 크기의 4분의 1에 불과한 드림 체이서라는 우주비행선을 현재 개발 중인데, 그 우주선은 처음에는 국제우주정거장에 물자를 수송하는 NASA의 보급선으로 사용될 예정이지만 결국에는 사람들에게 우주에서의 꿈 같은 휴가를 선사하게 될 것이다. 물론 그것이 꿈일지 악몽일지는 당신 개인의 성향에 달려 있다.

이들 회사는 현재 우리가 〈우주 상업화 시대〉에 상당히 진입해 있음을 여실히 보여준다. 민간기업이 제작하고 소유하는 비행체를 타고 우주에 접근하는 것은 큰 변화라고 할 수 있다. 민간기업은 이제 더 이상 인공위성과 연관된 활동으로만 수익을 내는 데 만족하지 않고 우주여행, 우주로의 장거리 운송 서비스, 달과 소행성 채굴, 무중력 상태에서의 3D 프린팅 등 다양한 분야로의 진출을 준비하고 있다.

메이드인스페이스(Made In Space, MIS)는 2010년에 캘리포니아의 투룸 사무실에서 창업한 신생기업이다. 4년 후에 MIS의 제로-G 프린터는 국제우주정거장으로 보내졌고 그곳에서 우주비행사 베리 부치 윌모어는 그것으로 우주에서 제조되는 최초의 부품을 프린팅했다. 이후에 윌모어는 특정 래칫 렌치(한쪽 방향으로만 회전하여 볼트, 너트, 나사 따위를 죄거나 푸는 렌치)가 필요하다는 것을 깨달았다. 그러자 지구에 있는 MIS가 몇 줄의 코드를 입력해 국제우주정거장으로 전송했고 그곳에서 윌모어는 곧바로 렌치를 프린팅했다. 현재 MIS는 우주에서 3D 프린팅으로 대형 철제빔을 제작하는 7,400만 달러 규모의 계약을 NASA와 체결했다. 그 비용은 철제빔을 지구에서 그곳까지 가져가는 비용보다 훨씬 저렴하다.

MIS는 5,000개가 넘는 미국의 우주 관련 기업 중 한 곳이다. 그들은 정부 기관들보다 더 혁신적이며 위험을 감수할 준비가 되어 있다. 민간기업은 우주비행의 비용을 획기적으로 줄이는 데 성공했고 그 결과 NASA가 원대한 목표를 세우는 데 기여했다.

NASA는 항상 민간기업과 협력해 왔는데 많은 신생기업과 그들의 야망이 우주산업을 한 차원 높은 수준으로 끌어올렸다. NASA는 몇몇 기업들과 달 표면의 토양을 가져오면 대금을 지급하는 계약을 맺었다. 그 액수는 미미한 수준이지만(한 기업은 고작 1달러에 계약을 체결했다) 계약은 양측 모두에게 이익이 된다. 기업은 달에서 자원을 채굴하는 연습을 할 수 있고, NASA는 장차 비즈니스라고 주장할 만한 것과 달에서 이루어질 상업적 활동에 대한 법적 기준을 세울 수 있기 때문이다.

2022년 말에 일본 기업인 아이스페이스Ispace는 스페이스X 로켓에 달의 남극에서 얼음을 채굴할 자사의 달 착륙선을 실어 발사했다. NASA는 달에서 무엇을 발견하든 그것을 소유할 권리를 주장하는데 이것은 다시금 누가 달을 소유하는지에 대한 문제를 제기했다. 일본, 아랍에미리트, 룩셈부르크는 자국 기업들이 그 같은 계약에 참여하는 법안을 통과시켰고 미국도 오바마 행정부 시절인 2015년에 유사한 법안을 통과시켰다. 이제까지 민간기업들은 자체적인 달 기지에 대한 그 어떤 발전적인 계획도 세우지 못했지만 아마도 미국, 중국, 러시아 기업들은 자국이 건설하는 주권 기지를 활용하게 될 것이다.

NASA는 로봇을 활용한 우주탐사를 위해 솔라 세일(solar sail, 우주선의 자세 안정이나 추진용으로 태양광을 이용하기 위한 돛) 추진과 레이저 통신 시스템 같은 다양한 소규모 프로젝트들도 진행하고 있지만 무엇보다 아르테미스 프로그램과 루나 게이트웨이, 달 기지에 중점을 두고 있다.

아마도 달 기지는 왜 미국이 달로 돌아가야 하는지에 대한 논쟁이 종결되기 전에 건설될 것이다. 하지만 현재 상태에서 지정학적 현실과 우주정치는 중국과 미국이 강대국 경쟁에서 그다음 단계로 진입하고 있음을 시사한다. 만약 어느 한쪽이 달을 소유하지 못하면 다른 한쪽에게 길이 열린다.

미국인이 마지막으로 달에 다녀온 이후로 오랜 시간이 흘렀다. 달 표면에 꽂힌 여섯 개의 성조기는 이제 태양광선에 의해 하얗게 빛이 바랬다. 2012년에 NASA의 달 정찰 궤도선은 그중 다섯 개가 여전히 꽂혀 있는 것을 확인했다. 아폴로 11호 발사 당시 꽂은 성조기는 올드린과 암스트롱이 이륙할 무렵에 쓰러졌다. 그 성조기들은 나일론으로 제작되어 향후 수십 년 동안은 분해되지 않을 듯하다. 우리는 아폴로 11호의 성조기를 가져와 박물관에 전시해야 하며 더불어 암스트롱의 발자국을 찾아 할리우드의 명예의 거리처럼 우주 최고의 명예의 거리로 보존해야 한다. 자, 그러니 이제 달로 돌아가야 할 이유가 생겼다.

그런데 내가 러시아를 언급했던가?

러시아,
땅에서도 우주에서도
전성기는 지났다

앞 페이지 그림: 2015년 3월 12일 카자흐스탄 제즈카잔 마을 인근에 착륙한 러시아의 소유스 TMA-14M 우주선의 모습

"지구는 인류의 요람이지만 누구도 영원히 요람에서만 살 수는 없다."
- 콘스탄틴 치올콥스키, 우주비행의 아버지

    러시아는 인구가 밀집한 민간인 거주지역을 향해 로켓을 발사할 수 있는 능력과 그에 대한 의지는 확실히 보여주었지만 세계적으로 명성이 자자한 우주를 향한 그들의 로켓 발사 역량은 점점 휘청거리고 있는 것 같다. 이 두 가지는 서로 연관되어 있다.

    2022년 2월, 러시아 군대가 우크라이나를 침공한 바로 그날 미 정부는 러시아에 대한 광범위한 제재를 발표했다. 그중에는 반도체, 레이저, 센서, 항법장치에 대한 금수조치를 통해 러시아의 우주 프로그램을 포함한 항공우주 산업을 약화시키기 위한 조치들도 있었다.

    당시 러시아 연방우주공사의 드미트리 로고진은 시큰둥한 반응을 보였다. 러시아와 미국은 1998년부터 국제우주정거장에서 서로 협력해 왔지만 그는 80만 팔로워들에게 남긴 트윗에 이렇게 적었다.

    "만약 당신들이 우리와의 협력을 차단한다면 국제우주정거장이 궤도를 이탈해 통제불능 상태로 미국이나 유럽의 영토로 추락하게 된다면 과연 누가 그걸 막을 수 있을까요?"

이는 러시아가 국제우주정거장이 지구로 추락하지 않도록 막는 데 필요한 추진장치를 제어하고 있고 미국은 생명유지 장치를 관리하고 있는 점을 근거로 한 발언이다.

이것은 통상적인 일이었다. 앞서 로고진은 미국 우주비행사들이 국제우주정거장에 가려면 그들이 몇 년 동안 이용해온 자신들의 러시아 로켓 대신 트램펄린을 이용해야 할 것이라고 은근히 비꼬며 민족주의 성향을 드러내기도 했다. 미국의 제재가 시행된 다음 날 그는 이번에는 이렇게 비꼬았다.

"그들이 다른 것을 타고 날아가게 합시다. 그들의 빗자루 말입니다."

그러자 미국의 스페이스X가 즉각 반격에 나섰다. 우리가 이미 알고 있듯이 일론 머스크의 스페이스X는 이미 자사의 스타링크 위성 인터넷 서비스를 우크라이나에 제공할 준비를 하고 있었다. 2022년 3월 7일, 다수의 인공위성을 실은 스페이스X의 팰컨 9 로켓이 이륙을 몇 초 남겨두고 있었다. 그 상황을 생방송으로 지켜보던 시청자들은 스페이스X의 이름 모를 여성 발사 책임자가 팀원들에게 말하는 다음과 같은 소리를 들을 수 있었다.

"이제 미국의 빗자루를 날려 자유의 소리를 듣게 해줄 시간입니다."

그러자 로고진은 러시아가 NASA의 우주비행사 한 명을 국제우주정거장에 남겨둘 수도 있음을 암시하면서 엔지니어들이 소유스 로켓의 성조기 위에 테이프를 붙이는 영상을 공개하면서 미국의 베테랑 우주비행사 스콧 켈리를 얼간이라고 비꼬았다. 그러자 켈리도 이렇게 응수했다.

"그 성조기와 그것이 가져다주는 외화가 없다면 당신네 우주 프로그램은 아무런 가치도 없을 것이다. 그나마 맥도널드가 아직 러시아에 있다면 아마 당신은 맥도널드에서 일자리를 구할 수도 있을 테지." 하지만 맥도널드는 러시아에서 철수한 상태다.

점점 힘을 잃어가는 붉은 별

어느 면에서 이것은 그저 웃어넘길 수 있는 사소한 소동이었다고 할 수도 있지만, 또 다른 면에서 우리는 수십 년 동안 이어져온 미국과 러시아의 우주 공조가 무너지면서 과학 발전과 긴장완화 측면에서, 또 인류에게 도움이 되었던 두 나라의 파트너십 관계가 끝나가는 것을 지켜보아야 했다. 또한 우주의 지정학적 단층선이 재조정되고 있었다. 2022년의 사건들은 러시아가 우주탐사에서 한 걸음 물러나 이제는 우주의 〈군사적 활용〉에 집중할 가능성이 더 크다는 것을 보여주는 셈이었다. 더불어 그 사건들은 우주활동이 양대 세력권으로 분할되는 상황을 촉진했다. 즉 한쪽은 중국이 주도하고, 다른 한쪽은 미국이 주도하는 구도 말이다.

그 여파는 광범위했다. 러시아의 우크라이나 침공과 그에 따른 제재 직후 모스크바는 더 이상 미국에 로켓 엔진을 팔지 않겠다고 으름장을 놓았다. 하지만 이미 미국이 우주 관련 대부분의 분야에서 러시아에 대한 의존에서 상당히 벗어나 있던 점을 감안하면 그것은 미국 입장에선 그리 큰 타격도 아니었다. 또한 러시아는 국제우주정거장에서 독일과 공동으로 진행하는 실험도 중단하겠다고 발표했다. 이에 대해 독일 역시 러시아와의 모든 과학적 협력을 중단하겠다고 받아쳤는데 여기에는 두 나라 공동 프로젝트의 일환으로 블랙홀 탐사에 사용되고 있던 독일산 우주망원경의 전원을 차단하는 것도 포함되었다.

그러자 러시아 연방우주공사는 프랑스령 기아나에 있는 유럽 우주 센터에서 소유스 로켓의 발사를 중단하고 러시아 인력을 철수했다. 그곳의 쿠루 우주기지는 제임스웹 우주망원경 발사 같은 중요한 임무가 수행되던 곳이다. 러시아의 이 같은 중단으로 유럽우주국의 화성 탐사 프로그램인 엑소마스ExoMars가 지연되었다. 그러자 유럽우주국은 7월 12일에 러시아 연방우주공사와의 관계를 공식적으로 종료하고 화성에 가기 위한 새로운 방안을 모색하기 시작했다. 아마도 그들 인내심의 한계는 며칠 전 러시아 연방우주공사가 국제우주정거장에 탑승한 러시아 우주비행사들이 자국 군대가 지상에서 점령한 우크라이나 두 지역의 깃발을 들고 있는 사진을 공개한 순간 정점에 달했을 것이다.

러시아 연방우주공사도 런던에 있는 인터넷 기업인 원웹의 인공위성 36대를 군사적 목적으로 사용하지 않을 거라고 보장하지 않으면 발사하지 않겠다고 발표했다. 그 위성들은 러시아가 운영하는 카자흐스탄의 바이코누르 우주기지에서 발사될 예정이었다. 더불어 러시아는 영국이 2020년에 이 회사가 파산을 면하도록 도와주었다는 이유로 영국 정부가 원웹의 주주에서 퇴진할 것을 요구했다. 이에 대해 원웹은 러시아의 요구를 거부하면서 모든 발사를 보류한다고 발표했다. 그러자 스페이스X는 원웹이 경쟁업체임에도 불구하고 그들이 인공위성을 쏘아올릴 수 있도록 도와주었다.

이 안타까운 공방전에서 많은 피해자가 속출했는데, 특히 드미트리 로고진은 유럽우주국이 러시아 연방우주공사와의 관계를 단절한 지 며칠 만에 국장 직위에서 해임되었다. 하지만 가장 큰 피해를 입은 쪽은 쇠퇴의 기미가 보이기 시작하는 러시아와 그 나라의 우주 프로그램이다.

러시아는 이미 로켓 엔진 판매, 인공위성 발사 서비스, 국제우주정거장으로의 우주비행사 수송 같은 경쟁에서 시장 점유율을 잃고 있었다. 2011년에 미국의 우주왕복선들이 퇴역하게 되면서 NASA는 국제우주정거장에 우주비행사들을 보내려면 러시아의 소유스 우주선을 이용해야만 했다. (이런 까닭에 로고진이 빗자루 운운하며 조롱한 것이다.) 하지만 2020년부터 NASA도 스페이스X의 드래곤 우주선이라는 선택지가 생겼다.

국제우주정거장에 탑승하는 특별한 상황 때문에 이런 소동 중에도 두 나라 간 업무상의 관계는 유지되어야 했지만 이제 러시아는 NASA를 도와 우주정거장의 수명을 2030년까지 연장하는 데는 별 관심이 없는 듯하다. 2022년 여름, 모스크바는 2024년에 국제우주정거장을 떠날 것이라고 발표했지만 이듬해 4월에 그 결정을 번복하면서 협력은 2028년까지 이어질 것이라고 말했다.

두 나라 관계의 심각성을 고려할 때 NASA가 러시아 연방우주공사에 미국이 주도하는 루나 게이트웨이 건설과 관련해 협력을 요청하거나 미국의 민간기업들이 현재 개발하려고 하는 다수의 상업용 우주정거장 건설을 위해 그들과 제휴할 가능성은 매우 희박하다.

전 세계적으로 지난 수십 년 동안 발전해온 것보다 더 빠른 속도로 우주산업이 확장되고 있음에도 러시아는 대부분의 협력관계, 투자, 전문기술 등에서 소외되었다. 그리고 우크라이나 침공 이후에 100만 명이 넘는 러시아인들이 조국을 떠났는데 그중에는 수천 명의 엔지니어, 컴퓨터 전문가, 과학자 등도 포함되어 있었다. 이런 상황이 러시아의 우주 프로그램에 얼마나 심각한 타격을 입힐지는 알 수 없지만 어떻게든 영향을 미치리라는 것만큼은 확실하다. 전쟁이 발발한 후 몇 주 동안 작성된 몇몇 확인되지 않은 보고서들에 의하면, 러시아 연방우주공사는 자칫 귀국하지 않을 경우를 우려해 직원들이 해외로 나가는 것을 금지했고 국경 경비대에는 특정 부류의 과학자들이 조국을 떠나지 못하도록 막으라는 명령이 하달되었다고 한다. 2023년에 러시아의 TV 시청자들은 여러 신병 모집 영상들을 보았는데 그중 한 영상에서는 이런 내레이션이 흘러나왔다.

"러시아 연방우주공사는 여러분이 우란Uran 의용군에 입대해 주기를 호소합니다. 그곳에서 여러분은 이 위대한 전쟁에서 승리할 수 있도록 훈련받게 될 것입니다."

우란은 러시아어로 천왕성을 의미한다. 당시 미국과 영국 정부는 우주산업 종사자들을 포함한 러시아 과학자들에게 취업비자 발급과 영주권 취득을 더 수월하게 처리해 주는 법안을 발의했다.

우주 분야에서 러시아의 전성기는 지나간 것으로 보인다. 러시아는 중국에도 밀리고 있다. 이제 붉은 별(러시아)이 과학과 인간의 노력이라는 창공에서 아주아주 눈부시게 빛나던 시절과는 확실히 멀어졌다.

러시아가 우주에서 일으킨 사건들

소련은 스푸트니크부터 우주에 진출한 최초의 인간에 이르기까지 수많은 최초의 업적을 달성했으며 심지어 달 착륙 경쟁에서 패배한 후에도 그들의 우주비행 활동은 계속되었다. 그들은 금성과 화성까지 진출하기도 했고, 인간을 우주에 장기간 머물게 하는 기술에 집중하면서 1971년에 건설된 최초의 우주정거장 살류트 1호를 비롯해 저궤도에 여러 차례 우주정거장을 건설했다. 하지만 그들의 성공은 오래가지 못했다.

소련은 1991년 말에 해체되었고 이듬해 초에 소련의 우주 프로그램은 러시아 연방우주공사의 전신인 러시아 연방우주국으로 이관되었다. 경제가 혼란에 빠지면서 국제우주정거장에서의 주도적 역할에도 불구하고 러시아는 1990년대 전반에 걸쳐 우주 예산을 대폭 삭감했다.

그리고 모든 것이 달콤하고 밝은 빛만 있었던 것은 아니다. 국제우주정거장과 관련된 최근의 여러 사건은 러시아와 협력하는 국가들의 분노를 유발했다.

2018년에 러시아의 국영 타스통신은 미국인 우주비행사 세리나 오뇽 챈슬러에 관한 이례적인 기사를 게재했다. 이 매체는 어떠한 증거도 제시하지 못한 채 그녀가 국제우주정거장에서 심각한 정신적 위기에 시달렸으며 그로 인해 도킹된 상태인 소유스 캡슐에 드릴로 구멍을 뚫었다고 비난했다. 만약 그게 사실이라면 그녀는 왜 그런 행동을 했을까? 근거 없이 비방하던 타스통신에 따르면, 그 구멍이 우주정거장 전체의 압력을 서서히 낮추게 되고 그렇게 되면 즉시 지구로 귀환해야 하기 때문이다.

　실제로 구멍은 발견되었고 무난히 수리되었다. 언제 어디서 구멍이 생겼는지는 확인되지 않았으나 지상에서 일어났을 가능성도 배제할 수 없다. 하지만 미국인 우주비행사가 우주에서 고의로 이런 일을 벌였다는 발상은 웃어넘길 수 있는 사안이 아니었고 누군가가 비난을 떠넘기려 한다는 의혹을 불러일으켰다. 심지어 러시아는 승무원 두 명을 우주정거장 밖으로 내보내 우주유영을 하며 증거를 수집하도록 했다. 그들은 범죄현장을 조사하기 위해 칼을 사용해 소유스 외부의 단열재 일부를 떼어내기도 했다. 하지만 이 사건에 대한 러시아의 공식적인 조사결과는 발표되지 않았다.

　2021년에는 훨씬 더 위험한 사건이 일어났다. 그 사건과 관련해 그나마 좋은 소식이라면 20톤에 달하는 러시아의 다목적 실험실 모듈인 나우카Nauka가 국제우주정거장과 도킹에 성공했다는 것이다. 나우카는 러시아어로 〈과학〉을 의미하며 그 모듈을 통해 러시아 연방우주공사는 상당한 실험 기능을 갖추게 되었다. 그리고 화장실도 추가되었다. 나쁜 소식이라면 도킹에 성공하고 세 시간 후에 나우카의 추진장치가 재점화되면서 우주정거장 전체가 정상 때보다 약 45도 기우는 사고가 발생한 것이다. 미국과 러시아의 지상 관제센터가 연락을 취했고 우주정거장을 원래 상태로 되돌려놓기 위해 우주정거장의 반대쪽 추진장치를 가동하기 시작했다. 긴급상황은 한 시간 동안 이어졌고 나우카의 연료가 모두 소진되고서야 가까스로 종료되었다. 러시아 연방우주공사는 이 사고에 대해 거의 언급하지 않았지만 나우카의 추진제 탱크에 장착되는 우크라이나산 장치에 문제가 있었고 그것이 원인이라고 비난했다.

하지만 이 두 사건 모두 2020년에 러시아가 수명을 다한 자국의 인공위성을 파괴해 그로 인해 발생한 우주쓰레기가 국제우주정거장으로 돌진하도록 만들었던 사건과는 비교도 되지 않는다. 국제 우주 커뮤니티는 러시아의 이 같은 행동을 비난했다. 이 모든 사건은 공교롭게도 러시아, 미국, 유럽 강대국 간의 협력이 악화되면서 발생했다. 그들 사이의 관계는 이미 2014년에 러시아가 크림반도를 점령하기 이전부터 악화일로를 걷고 있었지만 법적으로 우크라이나 영토로 남아 있던 크림반도를 러시아가 합병하면서 더욱더 악화되었다.

푸틴,
우주 군사력만큼은 밀릴 수 없다

푸틴 대통령은 스스로 "러시아의 또 다른 이름"이라고 표현한 소련의 영광을 되찾으려는 야망을 숨기지 않았다. 과거 바르샤바조약기구 가입국들이 모두 NATO에 가입하면서 NATO가 러시아 국경을 향해 다가오는 것을 푸틴은 불안해하며 바라보았다.

  이번 세기에 들어 그는 주로 군사력에 의존해 러시아를 세계적인 강대국으로 회복시키려고 노력하고 있다. 소련 군대가 해체된 후 러시아는 1992년에 러시아 우주군을 창설했다. 이 부대는 몇 차례 개편되었다가 현재는 러시아 항공우주군 예하에 소속되어 있다. 이렇게 한 이유는 항공우주의 모든 군사적 국면을 책임지는 효율적인 단일 지휘체제를 만들기 위해서였다. 이 방면에서 러시아는 미국보다 4년 앞서고 있었다. 자체 웹페이지에 따르면 러시아 우주군은 다가오는 위험에 대비해 우주를 감시하고, 적의 공격을 예방하고, 우주선의 제작과 발사를 총괄하고, 군사위성과 민간위성을 제어하는 임무를 맡고 있다.

2003년에 러시아 항공우주군 수뇌부는 미군이 인공위성을 이용해 병력과 군 시설 및 건물을 정확히 조준해 이라크의 막강한 군대를 타격하는 모습을 주의 깊게 지켜보았다. 미 지상군이 투입되었을 때 이라크 군대는 저항할 수 있는 상태가 아니었다.

전문가들에 따르면 제2차 세계대전 기간에는 철도 교량 하나를 파괴하려면 공군기가 4,500회 출격해 9,000발의 폭탄을 투하해야 했다. 베트남전에서 그 수치는 폭탄 190발로 감소했고, 코소보에서는 고작 크루즈 미사일 1발에서 3발이면 충분했다. 이라크를 침공할 무렵에는 인공위성으로 유도되는 미사일 단 1발로 임무를 완수할 수 있었다. 러시아는 우주를 기반으로 한 군사 자산에서 자신들이 미국에 뒤처져 있다는 것을 깨닫고 미국을 따라잡기 위한 준비를 시작했다.

러시아는 현재 글로나스GLONASS라는 위성항법 시스템을 운영하고 있다. 이것은 러시아판 미국의 GPS에 해당한다.

24개의 인공위성으로 구성된 글로나스 군집위성은 GPS보다 2년 늦은 1995년에 최종적으로 완성되었다. 지구 전체를 감당하는 완전한 기능을 유지하려면 수시로 새 인공위성을 발사해 고장이 났거나 수명이 끝나가는 인공위성들을 대체해야 한다. 하지만 1990년대의 경제적 혼란 속에서 러시아는 우주 프로그램 관련 예산을 80퍼센트나 삭감했다. 그래서 2001년에는 고작 여섯 대의 인공위성만 운영되었는데 이는 러시아 국내만 감당하기에도 부족했다. 또 러시아 핵미사일의 경우 글로나스를 통해 목표물을 찾을 수 있기 때문에 이 같은 상황은 러시아의 전략적 이익에도 심각한 타격이었다.

2000년에 자신이 정권을 장악한 후에 경제가 호전되기 시작하자 푸틴은 글로나스 시스템의 복구를 최우선 과제로 삼으며 해당 예산을 두 배 이상 늘렸다. 2011년에는 다시 24개의 인공위성을 갖추었고 10년 만에 처음으로 지구 전체를 감당할 수 있게 되었다. 서방의 제재로 인해 휴대전화 및 자동차 제조회사들에게 글로나스를 그들의 제품에 탑재하도록 설득하기는 어려웠지만 러시아의 군사력은 전혀 이상이 없으며 글로나스 시스템의 정확도 또한 문제가 없다.

하지만 글로나스에 대한 치중은 러시아가 오직 인공위성 기반의 시스템을 통한 상황인식과 통신의 신뢰도에만 의존해야 한다는 군사적 우려를 여실히 드러냈다. 글로나스는 시리아와 우크라이나에서 러시아 군사작전을 지원하는 데 사용되었는데 두 전쟁 모두 초정밀 무기가 투입되었다. 이런 이유에서 우크라이나 해커들이 글로나스를 공략했지만 제한된 성과를 거두는 데 그쳤다. 크렘린이 이 시스템에 의존하게 되면서 러시아가 해커들의 침입을 차단하기 위한 시스템 방어에 투자하는 것은 당연했다.

러시아는 적의 인공위성 시스템을 공격하는 데에도 투자했다. 그런 공격을 실행하기 위한 한 가지 방법은 자국의 인공위성 중 하나를 다른 나라의 인공위성에 접근시키는 것이다. 그렇게 할 수 있는 합법적인 근거는 많다. 우주쓰레기 피해를 조사한다는 명목을 붙이면 된다. 하지만 당신이 러시아라면 그 위성을 붙잡거나, 액상 물질로 시야를 차단시키거나, 무기를 발사하고 싶을 수도 있다. 몇 차례에 걸쳐 미국은 러시아의 인공위성이 자국의 인공위성을 "스토킹하고 있다"며 공식적으로 불만을 표출했다. 2020년에 미 우주사령부는 러시아의 코스모스 2542 위성이 또 다른 미니 위성인 코스모스 2543 위성을 자체 분리하는 모습을 지켜보며 우려를 표했다. 2543 위성은 다른 러시아 인공위성에 가까이 접근하는 대신 오히려 미국의 군사용 정찰위성에 접근했다. 더욱 걱정스러운 점은 그 위성이 우주공간을 향해 고속 추진체를 발사했다는 사실이다.

이 사건이 암시하는 것처럼 러시아는 우주에서 전투력을 높이기 위해 다양한 옵션을 구축하고 있다. 그중 일부는 군사적 의도를 그럴듯한 핑계로 가릴 수 있는 이중 목적의 시설들이고, 다른 일부는 전쟁을 막기 위한 억지력의 일환이라고 정당화할 수 있는 것들이다.

러시아와 다른 국가들은 인공위성을 무기로 사용할 뿐만 아니라 우주로 발사할 지상 무기들도 연구하고 있다. 2021년에 러시아는 위성 요격용 무기를 시험발사했는데 이는 우주에서 군사력으로는 미국에 맞설 수 없지만 적의 핵심 장비를 무력화하거나 파괴할 수 있는 능력은 보유하고 있다는 것을 과시하려는 일련의 사례 중 하나였다. 당시 러시아가 파괴한 미국의 구형 인공위성은 가장 큰 위성 중 하나였다. 러시아가 이때 선택할 수 있었던 다른 인공위성 중에는 파편을 훨씬 적게 발생시킬 수 있는 것들도 많았다. 하지만 그들은 미국에 메시지를 전달하기로 결심했다. 크렘린의 관점에서 이것은 꽤나 합리적인 보험인 셈이었다.

동일한 논리가 이미 초음속으로 비행하는 개조된 미그-31 전투기에서 공중 발사 시스템을 이용해 우주로 로켓을 발사하는 프로젝트에도 적용된다. 그 로켓은 소형 인공위성을 발사할 수 있다고도 알려졌는데 아마도 무기를 발사할 수 있는 위성일 것이다.

이미 운영되고 있는 무기 중 하나인 페레스벳Peresvet 레이저 시스템은 다른 나라의 인공위성에 대응하기 위해 개발되었다. 이 시스템은 트럭 탑재형 장비로 러시아의 이동식 대륙간탄도미사일 부대 다섯 곳에 배치되어 있으며, 러시아 영토를 통과하는 외국의 인공위성이 러시아 부대의 이동을 추적하지 못하도록 막는다. 다만 이것이 대즐링dazzling이나 블라인딩blinding 기능을 갖추고 있는지는 확실하지 않다. 대즐링은 인공위성에 엄청난 양의 빛을 발사해 일시적으로 목표물을 보지 못하도록 하는 것이다. 블라인딩은 인공위성의 영상 시스템에 영구적인 피해를 입힌다. 다섯 부대 중 이 무기를 성공적으로 사용했던 부대가 있는지는 알려지지 않고 있다.

대부분의 전문가는 페레스벳이 단지 대즐링 기능만 갖추고 있다고 믿고 있지만 권위 있는 온라인 매거진 《스페이스 리뷰》는 러시아가 칼리나Kalina라고 알려진 새로운 시스템으로 한층 더 발전해 있다고 말한다. 2022년에 실시한 심층조사에서 구글 어스 이미지와 오픈 소스 특허 문서를 세밀히 살펴본 결과, 러시아의 크로나 우주 감시단지에서 다른 나라의 인공위성을 파괴할 수 있는 능력을 갖춘 최첨단 레이저 시스템(즉 칼리나)을 가동하고 있는 것을 발견했다.

2킬로미터 높이의 언덕 꼭대기에 건설된 크로나 단지는 조지아 국경에 인접한 젤렌추크스카야 마을 바로 서쪽에 자리하고 있다. 그곳에 새로운 부지를 조성해 망원경을 설치할 수 있는 커다란 돔을 설계했다. 《스페이스 리뷰》에 따르면, 단지의 시공사 선정 입찰을 위한 기술문서에는 "영상 40도에서 영하 40도에 이르는 온도에서도 가동될 수 있고 진도 7의 지진에도 견딜 수 있어야 한다"라고 기재되어 있다. 이곳의 돔은 10분 이내에 개방되어 신속하게 망원경으로 하늘 전체를 감시할 수 있도록 두 부분으로 이루어져 있다.

이 돔 건물은 터널을 통해 라이다Lidar라는 장비를 갖춘 다른 건물과 연결되어 있다. 라이다는 인공위성을 향해 빛을 발사하고 그 빛이 되돌아오는 시간을 측정한다. 이를 통해 인공위성의 위치와 그것이 이동하는 방향과 속도를 알 수 있다. 장비가 정밀해질수록 측정치는 더 정확해진다. 만약 칼리나가 지금도 운용되고 있다면 이 순간에도 인공위성에 레이저를 발사할 것이다. 레이저빔은 지구의 대기를 통과해야 하기 때문에 출력이 강해야 한다. 또 더 많은 빛을 발사할수록 더 많은 피해를 입힐 수 있다. 대부분의 관측위성은 불과 수백 킬로미터 상공인 저궤도에 위치해 있다. 칼리나는 불과 몇 분이면 그 인공위성들을 포착하고 추적할 수 있으며 짧은 시간 안에 대즐링이나 블라인딩도 실행할 수 있다고 예측된다. 《스페이스 리뷰》는 이 시스템을 통해 러시아가 어느 한순간에 약 10만 제곱킬로미터 정도의 자국 영토를 다른 나라의 인공위성 시야에서 차단할 수 있다고 추정한다. 이는 포르투갈보다 큰 러시아의 한 지역이 순식간에 우리의 시야에서 사라진다는 뜻이다.

칼리나는 인공위성의 한 지점을 선택해 그곳에 모든 레이저빔을 집중시킬 수도 있다. 그러면 그 인공위성의 카메라나 엔진이 타버려 쓸모 없어지게 된다. 이 정도 위력의 레이저는 CD를 재생하거나 수술에 사용되는 것보다 수천 배 이상 강력한 수준인데, 칼리나는 직경이 수 미터인 망원경에서 발사되는 여러 레이저빔이 서로 평행을 이루며 흩어지지 않고 뻗어 나가게 할 수 있다. 만약 이것이 효과를 거둔다면 칼리나는 정지궤도에 있는 인공위성까지 파괴할 수 있을 것이다.

실제로 칼리나를 사용했다면 러시아는 그것에 대해 부인할 수도 있다. 그 레이저빔은 눈에 보이지도 않고 발사 순간에 소음도 전혀 없으며 연기도 피어오르지 않기 때문이다. "그게 뭡니까?" 모스크바에서 말한다. "레이저요? 우리가 전쟁 행위를 했다구요? 참나, 그게 뭐든 우리와는 아무 관계도 없습니다. 혹시 북한은 살펴봤나요?"

그럼 이제 이런 무기가 우주에서 발사된다고 상상해 보자. 〈우주로〉 발사되는 것이 아니라 〈우주에서〉 발사되는 것이다. 우주에는 레이저빔을 굴절시키거나 약화시킬 대기가 전혀 없기 때문에 그곳에서는 무기가 훨씬 더 작아지고 그러면서도 더 큰 목표물을 파괴할 수 있을 것이다. 우주정거장 같은 목표물 말이다.

칼리나는 "푸틴의 슈퍼 무기"라고 불리는 차세대 시스템 중 하나다. 그 슈퍼 무기에는 지구 대기권을 이동하면서 방향과 고도를 변경할 수 있는 극초음속 미사일도 포함된다. 이런 역량을 갖추고 있기에 러시아의 표적이 된 국가들은 러시아가 발사한 미사일이 어디로 향하고 있는지 파악해서 그에 따른 적절한 대비를 하기가 어렵다.

더 절실한 쪽은
중국이 아닌 러시아다

2018년 이후로 러시아의 우주 군사활동은 우주에서 미국의 우위를 잠식하고 그들의 기반시설에 위협을 가하기 위해 중국과 밀접하게 연관되어 왔다. 이와 관련한 두 나라의 관계는 1990년대 초에 시작되었다. 중국은 1989년에 톈안먼 광장에서 벌어진 민주화 시위자들에 대한 대규모 학살 이후로 다양한 기술적 제재를 받고 있었고 러시아는 소련 붕괴의 충격에서 회복하고 있었기 때문에 두 나라는 서서히 우주정책에 관해 협력하기 시작했다.

2018년에 두 나라는 로켓 엔진, 우주비행선, 위성항법, 우주쓰레기 모니터링을 포함한 광범위한 프로젝트에 협력하는 공식 협정을 준비하고 있었다. 하지만 마지막 항목과 관련해서는 그렇게 원만하지는 않았다. 모니터링 시스템을 보유하는 것은 어쩌면 정찰 시스템을 보유하는 것일 수도 있기 때문이다.

이런 상황과 더불어 두 나라가 우주 관련 무기를 발전시켜 온 점 때문에 미국과 유럽은 우주에서의 군비경쟁을 막기 위한 새로운 조약을 준비하자는 러시아와 중국의 합동 제안을 의심해 왔다. 2008년과 2014년에 두 나라가 제안한 초안 문서는 여전히 논의 중이며 부실한 내용으로도 유명하다.

그 문서는 "평화적인 목적"과 "군비 통제"에 관한 언급만 남발하고 있지 그동안의 다른 모든 제안이나 협정과 마찬가지로 우주에서 무기에 해당하는 것은 무엇인지도 규정하지 않고 있고, 한 국가의 인공위성이 다른 국가의 인공위성에 얼마나 가까이 접근할 수 있는지에 대한 한계도 자세히 설명하지 않고 있다. 미국 입장에서 더욱 심각한 문제는 칼리나 같은 지상에 기반한 위성요격용 무기의 개발, 시험, 비축에 대해서는 전혀 명료하지 않다는 것이다. 이것은 러시아와 중국에 유리한 부분이다. 이들 두 나라는 재래식 전쟁 능력에서는 자신들이 미국에 뒤처진다는 것과 현대의 전쟁은 인공위성에 의존한다는 것을 잘 알고 있다. 따라서 지상에서 인공위성을 향해 발사할 수 있는 무기를 금지하는 것에는 애초에 관심이 없다.

미국은 우주쓰레기를 만들어낼 수 있는 직접 상승식 위성요격용 무기의 전 세계적인 금지를 제안하면서 신기술 때문에 야기되는 새로운 문제들까지 해결할 수 있는 더욱 포괄적인 조약을 요구했다. 하지만 어느 정도까지 합의가 이루어질지는 예상하기 어렵다. 무엇보다 미국도 지상에서 발사하는 무기와 다른 기술들을 자체적으로 개발하고 있기 때문이다.

보다 가능성이 큰 시나리오는 러시아와 중국이 2035년까지 달 표면이나 달 궤도에 국제달과학연구기지를 건설하는 계획과 같은 정책을 통해 양국의 관계를 꾸준히 강화하는 것이다.

기술적 노하우의 다각적 이전을 위한 방편으로 양국은 러시아의 글로나스와 중국의 베이더우 위성항법 시스템을 호환할 수 있도록 하는 작업을 진행하고 있다. 이것은 만약 한 국가가 제3의 국가와 전쟁을 치르다가 자국의 통신 및 관측 시스템이 타격을 받으면 다른 한 국가의 서비스를 이용할 수 있다는 것을 의미한다.

이것은 서로에게 윈윈인 것처럼 보인다. 하지만…… 푸틴 대통령님……, 한 가지 문제가 있습니다.

러시아는 중국과의 관계에서 열세인데 어떤 경우에도 중국에 뒤처지는 것은 원치 않는다. 하지만 중국은 자금과 인프라를 갖추고 있고 더 이상 누군가를 뒤쫓아가지 않을 것이다. 중국의 우주기술이 러시아의 기술을 개량한 것이라는 말은 이제 철 지난 옛말이 되어 버렸다. 현재 자체 우주정거장을 보유한 나라는 러시아가 아니라 중국이다. 달의 뒷면에 우주선을 착륙시킨 나라 또한 러시아가 아니라 중국이다. 더욱이 중국은 재사용이 가능한 초대형 발사체 기술에서도 앞서 있으며 우주와 관련된 민간 부문도 훨씬 더 활성화되어 있다.

이 관계에서 더 절실한 쪽은 러시아다. 이런 현실은 러시아를 돕는 문제에 중국이 보다 신중해질 수 있다는 것을 의미한다. 중국은 경제적 제재의 위험성 때문에 러시아에 기술을 이전하는 것을 꺼린다. 만약 그렇게 하면 자칫 중국도 제재를 당할 수 있기 때문이다.

두 나라의 우정에 대해 중국이 미온적 태도를 취하고 있음에도 이 관계는 러시아에 이익이다. 국제우주정거장에서 철수하고 나면 러시아 우주비행사들이 우주에서 장기간 머물 수 있는 유일한 장소는 중국의 톈궁 우주정거장뿐이다. 중국이 없으면 러시아는 달에 자체 기지를 건설할 여유조차 없는 것이 사실이다. 중국과의 협력관계를 통해 러시아는 주요 우주강국으로 부상할 수 있고, 중국은 러시아와의 우정에 대한 대가로 적정한 가격으로 러시아산 석유와 가스를 사들일 수 있다. 한편 이 거래의 이면에는 미국이 주도하는 느슨한 민주주의 연대에 맞서는 반대 세력권을 구축해 다른 국가들을 이에 합류하도록 설득하려는 두 나라의 공동 전략이 숨어 있다. 하지만 러시아의 우주 프로그램에 관해서는 대부분이 거부하려고 할 것이다.

야망은 있지만
자금, 장비, 전문성이 없다

러시아는 한때 최첨단을 자랑했지만 이제는 소외되고 있다. 스스로 이를 자초한 측면도 있다. 러시아의 새로운 법률은 아무리 기본적인 정보라도 자국의 우주산업에 대해 보도하는 모든 러시아 언론매체의 기사, 트윗, 게시물 등에는 다음과 같은 면책조항을 추가 기재하도록 했다.

"이 보도(자료)는 외국 에이전트의 역할을 하는 외국 대중매체 채널

혹은 러시아 법인체에 의해 작성되거나 배포되었습니다."

가장 좋은 시기에도 스스로를 외국 에이전트라고 선언하는 것은 결코 좋은 생각이 아니었는데 게다가 지금은 가장 좋은 시기도 아니다.

여전히 우주에 많은 관심이 있는 러시아의 대중은 정부가 승인한 극히 일부 사항들을 제외하면 우주에 관한 정보를 거의 접하지 못할 것이다. 2019년에 실시한 한 여론조사에 따르면, 러시아인의 31퍼센트가 우주에 관한 뉴스를 관심 있게 지켜보는 것으로 밝혀졌다. 국민의 약 59퍼센트는 러시아가 우주와 관련해서 계속 뛰어난 성과를 거두기를 원했고 53퍼센트는 그렇게 할 것이라고 믿었다.

그리고 국력의 쇠퇴에도 불구하고 러시아가 우주경쟁에서 선두권에 머물기 위한 계획을 세우고 있는 것은 분명하다.

러시아의 새로운 왕관의 보석은 최신 발사센터인 보스토치니 우주기지다. 러시아는 자국의 영토 안에 주요 우주선 발사기지가 없었던 탓에 카자흐스탄에 사용료를 지불하고 바이코누르에서 발사해야 했다. 크렘린은 이런 황당한 상황을 개선하기로 결정하고 보스토치니를 그에 대한 해결책으로 선택했다. 그들의 의도는 구소련과는 완전히 단절하고 군사 및 민간 우주 프로젝트의 주요 구성 요소를 러시아 국경 안에 배치함으로써 전략적 자율성을 확보하려는 것이었다.

공사는 2007년에 러시아 극동지역인 아무르에서 시작되었다. 그곳은 모스크바에서 약 8,000킬로미터, 중국 국경과는 200킬로미터 떨어져 있다. 가장 가까운 도시는 아무르강 북쪽에 자리한 인구 20만 명의 블라고베셴스크다. 이 도시는 전형적인 구소련의 따분한 자치구로, 시민들은 그곳에서 강 건너편에 있는 높이 솟은 현대식 아파트 단지와 네온사인이 눈부시게 번쩍이는 오피스 빌딩이 들어선 새롭게 변신한 중국의 헤이허를 볼 수 있다. 50년 전에 헤이허는 한적한 마을에 불과했지만 지금은 인구 25만 명이 거주하는 도시이자 어떻게 중국이 러시아를 추월했는지를 상기시켜 주는 장소가 되었다.

바로 그곳에 보스토치니 우주기지가 들어선다. 그 프로젝트는 러시아에서 가장 낙후되고 고립된 지역인 아무르 전역에 경제적 파급효과를 일으키려는 목적도 있다. 지리적 요소 또한 그곳을 선정한 이유 중 하나였다. 일단 과거에 대륙간탄도미사일 기지로 사용된 부지였기 때문에 기존의 주요 철도 노선에 접근하기가 편리했다. 또 고립된 입지 조건은 로켓의 잔해가 대도시 중심부에 떨어질 위험을 줄여주고, 그곳의 위도는 여기서 발사되는 로켓도 바이코누르에서 발사되는 로켓과 거의 같은 무게를 지탱할 수 있음을 의미한다. 또한 이곳은 시베리아 횡단 고속도로 인근에 위치하고 있는데 바로 이 덕분에 3만 5,000명의 인구를 수용하는 신도시 건설을 포함한 대규모 프로젝트 진행 시 필요한 기반시설을 보다 쉽게 이용할 수 있다.

하지만 보스토치니 우주기지는 예산과 기한을 초과해 건설되었고 러시아 산업 전반을 좀먹는 고질적인 부정부패에 시달렸다. 자금 횡령이 심각한 문제임을 인식한 푸틴 대통령은 고위급 정치인들에게 보스토치니는 사실상 "국가 프로젝트"라는 점을 상기시켰다. 하지만 세상에, 그래도 그들은 지속적으로 수억 달러를 빼돌렸다. 최소 1억 7,000만 달러를 고위 공무원들이 착복했는데 그들 중 수십 명이 체포되어 수감되었다.

현재 보스토치니에서는 로켓이 발사되고 있긴 하지만 몇몇 부수적인 프로젝트들까지 완료되려면 적어도 10년은 더 있어야 한다. 따라서 더 많은 돈을 빼돌릴 시간적 여유가 아직 많이 남아 있다. 이 기지의 정문 현판에는 이렇게 적혀 있다.

"별들로 가는 길은 여기서 시작된다."

글쎄, 누구도 감히 〈돈이 떨어지지 않는다면〉이라는 단서를 덧붙이지 못할 것이다.

그곳에는 야망은 있지만 미국과 중국의 우주 프로그램에 맞서는 데 필요한 자금, 장비, 전문성은 없다. 하지만 이런 현실에도 불구하고 몇몇 장기 프로젝트들이 현재 진행되고 있다.

재사용이 가능한 2단 로켓이 2026년까지 보스토치니에서 발사될 예정이다. 아무르라는 이름의 이 로켓은 스페이스X의 팰컨 9과 매우 흡사하지만 크기는 더 작고 화물은 겨우 10.5톤 정도만 실을 수 있다. 소유스 2 로켓의 업그레이드 버전이지만 여전히 적재량은 팰컨 9 로켓의 절반에도 미치지 못하는 것이다.

러시아는 러시아궤도서비스정거장(Russian Orbital Service Station, ROSS)이라고 불리는 새로운 우주정거장의 설계도 완료한 상태다. 하지만 그것을 궤도에 진입시키려는 목표는 2025년에서 2028년으로 연기되었고 일부 러시아 전문가들은 2030년을 언급하고 있기도 하다. 앞서 나우카 실험실 모듈을 설계하고 제작하고 발사해 국제우주정거장에 부착하기까지 12년이 걸렸다는 점을 감안하면 그런 예상마저 다소 낙관적인 것처럼 보인다. 나우카는 2007년에 가동될 예정이었지만 2021년에야 비로소 도킹에 성공했다. 만약 ROSS가 완성된다 해도 국제우주정거장보다 크기도 작고 1년에 고작 4개월만 사람이 거주할 수 있어 우주비행사가 수행할 수 있는 실험의 양은 제한적일 것이다.

한편 러시아는 무인 우주선을 달과 금성을 경유해 목성까지 4년 조금 넘는 기간 안에 이송할 우주 예인선 제작도 계획하고 있다. 거기에는 레이저 무기와 전기 엔진을 가동하기 위한 500킬로와트급 원자로가 장착될 것이다. 제우스라는 이름의 이 예인선은 2030년에 첫 번째 임무를 위해 발사될 예정이다. 2021년 모스크바 에어쇼에 전시된 제우스의 모형은 거대한 메카노 세트(금속이나 플라스틱 조각을 볼트와 너트를 사용해 다양한 형태로 조립하는 어린이용 장난감)처럼 보였는데, 만약 기술이 진척된다면 화성까지는 2년이면 유인 우주선으로 왕복 비행이 가능하고 목성까지는 4년이면 갈 수 있을 것이다.

    우주정거장, 재사용이 가능한 로켓, 우주 예인선. 아주 인상적인 목록이다. 이제 러시아가 해야 할 일은 그것들을 우주로 올려보내기 위한 자금, 과학자, 장비를 확보하는 것이다.

〈Made in Russia〉의 추락

우크라이나 침공 이전에도 러시아는 우주활동을 통해 벌어들이는 수입을 잃어가고 있었다. 우주택시 서비스는 점점 경쟁이 치열해지고 있다. 러시아는 외국 우주비행사를 국제우주정거장으로 이송하는 데 한 명당 7,000만 달러(1,009억 원)를 받고 있었기 때문에 수입원이 심각하게 줄어들었다. 미국도 러시아산 로켓 엔진 구매를 단계적으로 중단하고 자국산으로 대체하고 있다.

    러시아는 군사용 우주 프로그램 예산을 공개하지 않고 있지만 오픈소스 보고서에 따르면 연간 15억 달러 정도로 추정된다. 러시아 연방우주공사 예산은 연간 약 30억 달러로 삭감되었고 연구와 개발에 책정된 자금은 거의 없다. 이에 반해 미국 NASA의 경우 제임스웹 우주망원경 프로젝트에만 100억 달러가 들었고, NASA의 연간 예산 또한 약 250억 달러에 이르며, 2023년에 미국 정부는 군사적 우주활동에 263억 달러를 지출했다. 중국은 훨씬 적은 약 100억 달러 정도 지출하지만 더 늘리려고 노력하고 있다.

더욱이 러시아의 우주 프로그램은 구조적인 문제에 시달리고 있고 부정부패가 만연하며, 보스토치니 우주기지를 제외하더라도 낡은 옛 기반시설에 의존하고 있는데 그나마도 일부는 국경 너머에 있는 상황이다. 러시아의 민간기업은 서방의 제재로 인해 압박을 받고 있는 고위험의 국가 주도 산업에 투자하기를 꺼린다.

여기에 인구의 고령화까지 더해진다. 러시아의 숙련된 노동인구 중 상당수가 은퇴할 시기에 가까워지고 있고 그에 따라 산업계는 향후 10년 동안 그들을 대체할 고도로 숙련된 전문가가 최소 10만 명 정도는 필요하다. 하지만 러시아의 젊고 유능한 엔지니어와 과학자들은 다른 첨단 벤처기업보다 급여가 적은 우주산업에 그다지 매력을 느끼지 않는다.

서방의 제재가 강화됨에 따라 러시아 경제가 타격을 입고 원자재 조달이 어려워지면서 러시아 연방우주공사는 다른 나라와 경쟁하는 데 어려움을 겪고 있다. 그런 측면에서 첨단장비에 대한 제재가 2023년 8월에 거의 50년 만에 재개한 첫 번째 달 탐사 임무가 실패로 끝나는 데 영향을 미쳤을 수 있다. 러시아는 8월 10일, 인도를 물리치고 달의 남극에 착륙한 최초의 국가가 되기 위해 보스토치니 우주기지에서 무인 우주선 루나 25호를 발사했다. 그런데 8월 20일, 관제센터에서 루나 25호를 착륙준비궤도pre-landing orbit에 진입시키기 위해 조종하는 과정에서 비정상적인 상황이 발생했다. 러시아 연방우주공사에 따르면, "탐사선은 예측 불가능한 궤도로 진입했고 달 표면에 충돌한 끝에 소멸되었다." 다시 말해, 루나 25호가 추락한 것이다.

서방의 제재로 인해 러시아는 부득이하게 우주선의 가장 중요한 일부 장비들을 직접 제작할 수밖에 없었다. 여기에는 물체의 평형 유지에 사용되는 자이로스코프도 포함되었다. 원래 러시아는 유럽우주국의 자이로스코프를 사용하려고 했지만 우크라이나 침공 이후에 유럽우주국이 프로젝트에서 탈퇴했다. 그에 대한 대안으로 모스크바는 자국의 필류긴 학술센터에서 오직 국산 부품만 사용한 유도장치를 비롯해 러시아산 대체재를 빠른 기간 안에 제작했다고 자랑했다. 러시아 연방우주공사는 루나 25호의 충돌 원인을 엔진 과열 때문이라고 설명했는데 그것도 나름 그럴듯한 이유였지만 관련 장비가 〈Made in Russia〉인 것도 실패의 요인일 수 있다.

러시아는 이류 우주국가의 지위에 머무르지도, 그런 지위를 받아들이지도 않을 것이다. 하지만 우주탐사와 과학실험에서 최고 수준을 유지할 수단이 없다면 최고 수준의 〈군사활동〉을 지속할 방법을 선택할 것이다.

협력은 중요하다. 그 협력의 필요성을 인정하기 때문에 국가 대 국가의 관계가 무너졌을 때조차 우주에서는 러시아와 미국 사이에 계속 에어로크를 열어두고 있었다. 또한 긴장완화로 가는 길을 찾는 것이 항상 쉬운 것은 아니지만 그중 하나는 아주 밝게 빛나고 있어 90분마다 초속 7.6킬로미터의 속도로 우리 머리 위를 지나갈 때면 우리는 육안으로도 그것을 볼 수 있다. 그것은 바로 국제우주정거장이다.

하지만 우주의 지리는 지구의 지정학에 영향을 받지 않을 수 없다. 소유스와 아폴로의 도킹과 국제우주정거장을 매개로 이루어진 데탕트는 이제 우리의 우주에서는 사라지고 없다.

유럽, 중동, 아시아, 아프리카 국가들의 우주 진출

앞 페이지 그림: 우주에서 관측하게 되면 1994년에 태평양 상공을 뒤덮은 허리케인 에밀리아를 촬영한 이 사진처럼 지구의 기상 상태를 아주 세밀히 파악할 수 있다.

"지구라는 우주선에는 승객이 없다. 우리는 모두 승무원이다."
- 마셜 맥루언, 철학자

중국, 미국, 러시아가 3대 우주강국이라면 다른 많은 국가도 저마다 존재감을 키우려고 애쓰고 있다. 신기술 덕분에 개발도상국을 포함한 점점 더 많은 국가가 더 쉽게 기회를 얻을 수 있게 되었다. 하지만 비용과 기반시설의 문제로 대부분의 국가는 독자적으로 로켓을 발사하지 못한다.

유럽, 따로 또 같이

그중 유럽은 한 걸음 앞서 있다. 유럽우주국은 1975년에 10개국이 참여해 설립했고 현재는 22개 회원국을 보유하고 있다. 유럽우주국은 "한층 더 가까워진 연합"이라는 목표의 일환으로 유럽연합 국가들이 주도하고 있지만 유럽연합과는 전혀 별개의 기관이며 유럽연합의 우주 프로그램과도 무관하다. 유럽우주국의 예산은 유럽연합이 약 25퍼센트를 지원하고 나머지는 개별 회원국들이 부담한다. 주목할 만한 점은 이곳 회원국들이 인공위성 제작 및 발사, 로봇팔과 주거 모듈 같은 우주 관련 비즈니스에서 세계 시장의 약 20퍼센트를 점유하고 있다는 것인데, 이는 유럽우주국의 예산이나 민간 투자 수준이 미국의 지출액에 비해 거의 푼돈에 불과하다는 점을 고려하면 대단한 성과다.

조직으로서 유럽우주국은 갈릴레오 위성항법 시스템(유럽판 GPS), 코페르니쿠스 지구 관측 프로그램, 국제우주정거장에서의 역할 등을 포함해 나름대로 독자적인 성공을 거두었다. 하지만 달 기지 건설과 같은 야심찬 프로젝트의 경우 유럽은 서로 간의 협력뿐만 아니라 우주강국과의(이 경우에는 미국) 협력도 이끌어내야 한다. 유럽우주국은 미국과 공고한 동맹을 맺고 있으며 아르테미스 협정의 달 탐사 로켓 발사 프로그램에도 참여하고 있다.

러시아가 최초로 우주에 강아지를 보냈다면 유럽은 최초로 양을 보냈다고 주장할 수 있다. 정확하게 말하자면 〈못 말리는 어린 양 숀Shaun the Sheep〉(영국 애니메이션 「못 말리는 어린 양 숀」에 등장하는 양 캐릭터 인형)을 보냈다. 좋다. 비록 살아 있는 양은 아니지만 전 세계 주요 언어로 울음소리를 내고(영어로 baa, 프랑스어로 bee, 일본어로 meeh) 180개국에서 그를 보았다는 점을 감안하면 숀은 지구의 적절한 대표 사절단인 셈이다.

유명한 봉제인형인 숀은 2022년 11월 아르테미스 1호의 오리온 우주선에 탑승해 미국 플로리다 케네디 우주센터에서 발사되어 지구로 귀환하기 전까지 달 너머로 6만 4,000킬로미터를 비행했다. 그것은 오리온 우주선과 NASA의 초대형 발사체인 SLS 로켓에 대한 첫 번째 통합 테스트였다. 숀은 오리온 우주선에 전력과 물, 산소를 공급하고 우주선이 경로를 유지하도록 제어하는 생명유지 시스템을 담당한 유럽우주국이 발탁했다. 유럽우주국의 데이비드 파커는 이렇게 말했다.

"음, 이것은 인간에게는 작은 발걸음일지 모르지만 양 전체의 역사에서는 거대한 도약입니다."

아르테미스 프로그램이 진행되면서 미국을 제외한 아르테미스 협정 서명국들이 자국의 우주비행사를 탑승시키기 위해 치열한 경쟁을 벌일 거라는 건 충분히 예상할 수 있다. 하지만 미국을 제외하면 유럽이 대부분의 비용을 부담하고 있고 그 프로젝트에서 핵심 역할을 담당하고 있기 때문에 유럽우주국은 자신들의 우주비행사들에게 우리 태양계 탐험을 위한 자리가 보장될 것으로 믿고 있다. 다만 어떤 국가의 우주비행사들인지는 언급하지 않았다. 달에 가는 〈최초의 유럽인〉이 되는 것은 엄청난 일일 것이다. 하지만 범유럽 연대는 한계가 있으며 각국은 자국의 우주비행사가 그 거대한 도약을 이루기를 바랄 것이다.

유럽우주국은 2029년에는 혜성 인터셉터Comet Interceptor라는 우주선을 발사한다는 야심찬 계획도 갖고 있다. 그 임무는 말 그대로 혜성이 나타나면 중간에서 재빨리 접근해 관측하는 것이다. 이를 위해서 먼저 우주선을 지구에서 약 150만 킬로미터 떨어진 태양과 지구의 L2 라그랑주 점에 있는 제임스웹 우주망원경 근처에 대기시킨다. 그곳에서 혜성이 접근하기를 기다리다가 나타나면 곧바로 다가갈 것이다. 태양 주위로 처음 궤도를 형성하는 혜성은 매우 귀한 자원이다. 이에 대해 유럽우주국의 마이클 퀴퍼스는 이렇게 설명한다.

"혜성은 태양계의 시초부터 존재해온 가공되지 않은 물질을 포함하고 있는데 우리는 그것을 통해 어떻게 태양계가 형성되었고 또 오랜 세월에 걸쳐 어떻게 진화해 왔는지 이해할 수 있습니다."

하지만 확실한 전문기술과 세계적 수준의 장비를 갖췄음에도 유럽은 우주 안보에 관해서는 뒤처지고 있다. 유럽연합 국방장관 회의는 2022년에야 처음으로 열렸다. 2012년에 처음 열렸다 해도 늦은 것일 텐데 2022년이라면 늦어도 너무 늦은 것은 물론 매우 태만한 것이다. 하나의 기관으로서 유럽연합은 다른 어떤 주요 경제국 못지않게 우주에 기반을 둔 자산에 의존하고 있지만 그것들을 보호할 수단이 부족하다. 유럽연합은 우주에서 "안전하게 운영할 수 있는 자체적인 역량을 확보해야 한다"고 꾸준히 언급하고 있다. 하지만 실제로 위성 요격용 무기, 광선무기, 전파교란기 등을 제작하는 데는 거의 진전이 없다. 위원회는 우주쓰레기 추적과 최첨단 양자암호 보안통신 장비에 대한 연구를 진행하고 있지만 역시 그것들을 보호할 방안에 대해서는 거의 언급하지 않고 있다.

2018년에 프랑스가 러시아의 인공위성이 프랑스-이탈리아 공용 군사위성에 접근하는 것을 발견했을 때 그들이 가장 먼저 생각했던 것은 "브뤼셀(유럽연합)이 이것에 대해 어떻게 처리할까?"가 아니었다. 프랑스 국방장관 플로랑스 파를리는 이렇게 말했다. "러시아 위성이 접근했습니다. 그것도 꽤 가까이 말입니다." 그녀는 프랑스와 이탈리아의 군대가 전 세계에 걸쳐 사용하는 극고주파 대역통신을 러시아가 감청하려는 시도를 했다고 비난했다. 비록 자세한 언급은 피했지만 그녀는 프랑스가 적절한 조치를 취했다고 말했다. 유럽연합 우주군은 거의 유럽연합 군대나 다름없다. 하지만 각각의 국가들은 각자 자국의 역량을 강화하는 데 집중할 가능성이 더 크다.

유럽연합 회원국 중 세 나라는 이미 자체 우주군과 우주정책을 갖추고 있다. 바로 유럽의 우주강국으로 꼽히는 이탈리아, 독일, 프랑스다. 이들은 모두 유럽연합의 우주 프로그램에 참여하고 있지만 "회원국들이 유럽연합 우주비행선의 기약 없는 발사를 지지할지 여부를 알아보기 위한 정상회담 개최의 실현성을 검토하려는 고위급 회담 개최의 가능성을 살펴보기 위한 실무진이 구성될 수 있음"(휴, 숨이 차도 잠시 참아보자!)을 시사하는 위원회의 장황한 공식 발표를 기다리지는 않을 것이다. 오히려 세 국가는 자체 우주선을 제작하는 방안을 적극적으로 검토하고 있다. 다른 분야와 마찬가지로 우주 관련 부문에서도 유럽은 각국의 〈전략적 자율성〉을 추구한다. 이러한 정책은 국가 및 유럽연합 차원에서 수십 년 전부터 이어져 왔다. 1960년대에 유럽 본토의 민주주의 국가들은 우주와 관련해서는 미국의 독점에 의존해 필요한 부분을 얻든지, 직접 자국의 역량을 강화하든지 선택할 수 있었다.

미국에 의존하지 않으려는 프랑스, 우주산업에서는 별로 눈에 띄지 않는 독일

이탈리아가 먼저 치고 나갔다. 1964년에 비록 미국 로켓에 편승하는 도움을 받긴 했지만 그들은 산 마르코 1호 위성을 발사했고 이로 인해 소련, 미국, 캐나다, 영국에 이어 지구 궤도에 인공위성을 올려놓은 다섯 번째 국가가 되었다. 그 후로 이탈리아는 국제우주정거장 건설에 주요 역할을 담당했고 국제우주정거장의 지휘를 맡은 최초의 유럽 여성인 사만다 크리스토포레티를 포함한 여러 우주비행사를 국제우주정거장에 보내기도 했다. 또 이탈리아의 거대 방위산업체인 레오나르도는 프랑스의 탈레스 그룹과 제휴를 맺고 유럽 대륙 최대의 인공위성 제조사인 탈레스 알레니아 스페이스를 설립했다. 탈레스는 현재 룩셈부르크에 본사를 둔 스페이스 카고 언리미티드와 공동으로 우주에서 생명공학, 제약, 농업 및 신소재와 관련된 품목을 생산하려는 야심을 품고 최초의 허공 우주공장을 건설하기 위한 작업을 진행하고 있다. 또한 자국의 우주 기술력을 유지하기 위해 이탈리아 정부는 2021년부터 2027년까지 거의 50억 유로에 달하는 예산을 책정했는데 그중에는 벤처기업을 지원하기 위한 자금 9,000만 유로도 포함되어 있다.

    그 다음으로 치고 나온 프랑스는 자체 로켓을 설계하고 제작하고 발사한 세 번째 국가다. 제2차 세계대전 이후에 샤를 드골 프랑스 대통령은 미국이 제공하는 핵우산의 보호 아래로 들어오라는 워싱턴의 제안을 거절했다. 프랑스 영토에 미국 미사일을 배치한다는 발상은 프랑스의 국력을 재건하겠다고 결심한 남자에게는 저주나 마찬가지였다. 결국 1964년에 프랑스는 핵무기를 운용할 수 있게 되었고 이듬해에는 군용 통신위성을 발사하면서 미국의 보호로부터 프랑스의 독립을 당당하게 과시했다. 이제 드골이 집권한 프랑스는 핵무기와 인공위성을 탑재할 수 있는 탄도미사일이라는 핵 억지력을 갖추었다. A-1(Army-1) 위성은 프랑스의 인기 만화 『아스테릭스*Astérix*』의 주인공 이름을 따서 〈아스테릭스 1호〉라고 불렸는데 그 캐릭터는 프랑스 사람을 가리키는 골족을 상징하는 인물로도 통한다. 만화 속에서 아스테릭스는 외세의 점령에 훌륭하게 저항했는데 이후에는 미국에 대항하는 프랑스인의 상징이자 자존심으로 떠올랐다.

프랑스의 예외주의는 1980년대에 재차 그 모습을 드러냈다. 1979년에 리비아의 카다피 대령이 아프리카 국가 차드 북부를 침공했다. 그러자 1983년에 미국은 프랑스에 압력을 가해 차드를 지원하도록 요구하면서 프랑스군에 그들이 보유하지 못한 고품질의 위성사진을 제공했다. 이에 프랑스는 일부 위성사진이 오래된 것이며 이는 자신들을 속이기 위한 것이라고 의심했고, 또한 양국의 의견 차이로 미국의 정찰에 의존하지 않겠다는 결론을 내렸다. 그 당시 프랑스 제트기는 미국이 불과 몇 초 만에 촬영할 수 있는 사진을 얻기 위해 무려 10시간 동안 비행을 해야 했다. 그래서 프랑스는 1986년에 해상도 20미터(가로세로 길이가 20미터인 물체를 점으로 식별하는 수준)의 컬러사진을 촬영할 수 있는 상업용 관측위성 SPOT-1호를 발사했다. 때마침 체르노빌 원전사고가 발생했는데 프랑스는 SPOT-1 덕분에 주변 유럽 국가들보다 사고 상황을 더 잘 파악할 수 있었다.

1995년에는 스페인과 이탈리아와 공동으로 개발한 헬리오스Hélios 군사위성을 발사하면서 해상도 1미터의 흑백사진을 촬영할 수 있게 되었다. 이라크 전쟁을 앞둔 2003년에는 이 인공위성이 제공한 정보로 프랑스가 이라크 침공에 참전하지 않기로 결정하는 등 그 효용성을 입증했다.

헬리오스 위성은 이제 유럽연합의 다국적 기업인 에어버스에서 운영하는 플레이아데스Pléiades 시스템으로 대체되었다. 이 시스템은 민간 고객뿐만 아니라 프랑스와 이탈리아 국방부에도 정보를 제공하는데 각각의 고객에게 매일 일정 분량의 위성사진을 전송한다. 그 데

이터는 2013년에 말리 내전에 개입한 프랑스가 수도 바마코로 진격하는 반군을 저지할 때 매우 유용하게 쓰였다.

프랑스는 상업 및 군사적 측면에서 여전히 주요 우주강국의 입지를 지키고 있다. 2020년에 프랑스는 자국의 군사 우주전략을 발표하며 이렇게 선언했다. "프랑스는 우주 군비경쟁을 벌이지 않을 것입니다." 하지만 이 말은 더 큰 인공위성을 보호하기 위한 작고 가벼운 나노위성들의 무리, 적의 시야를 차단하기 위한 지상 기반의 레이저 시스템, 그리고 다소 터무니없지만 인공위성에 기관총을 탑재하자는 등 이후의 제안과는 다소 모순된다. 그래도 저궤도에 우주쓰레기가 계속 쌓이게 하는 것은 무책임하다는 이유로 지상 기반의 직접 상승식 위성요격용 미사일을 개발하는 것은 하지 않았다. 프랑스 우주사령부는 2019년에 에어버스와 탈레스 같은 기업들의 본사가 있는 툴루즈 인근에서 창설되었다. 그들의 주요 임무는 프랑스의 인공위성을 보호하고 자국의 우주 역량에 대한 공격을 저지하는 것이다.

일방주의는 한계를 드러내기 마련이며, 특히 미국과 중국의 주도로 서서히 또 다른 형태의 양극화 세계로 향해 가는 요즘 같은 시기에는 그 한계가 더욱 두드러진다. 따라서 프랑스의 독자적인 정책은 21세기 상황에 맞게 변형되었다. 예를 들면 프랑스는 우주의 안보와 협력을 강화하기 위한 다자간 기구인 미국, 영국, 프랑스, 독일, 캐나다, 오스트레일리아, 뉴질랜드 등 7개국이 참여한 연합우주작전Combined Space Operations에 가입했는데 그것은 애초에 미국, 영국, 오스트레일리아, 뉴질랜드, 캐나다 등 다섯 나라가 참여한 기밀정보 동맹체인 파이브 아이즈Five Eyes의 한 축이었다. 이 조직은 상업적 측면에서도 유럽우주국과 협력을 확대하고 있다.

독일은 우주로 로켓(베르너 폰 브라운의 V-2 로켓)을 발사한 최초의 국가였지만 우주산업에 있어서는 별로 눈에 띄지 않고 있다. 하지만 독일의 우주 관련 부문은 유럽에서 두 번째로 큰 규모고 유럽우주국에 대한 기여도 역시 두 번째로 크다. 유럽우주국의 유럽우주운영센터는 프랑크푸르트 인근의 다름슈타트에 있는데 그곳에서는 무인 우주선을 통제하고 우주쓰레기를 추적한다. 뮌헨에는 국제우주정거장의 콜럼버스 실험실을 관리하는 콜럼버스통제센터가 있다. 또 쾰른에는 우주비행사들을 임무에 따라 훈련시키는 유럽우주비행사센터와, 화성의 물 흔적과 생명체 탐사 임무를 맡은 유럽우주국의 마스 익스프레스(Mars Express, 2003년에 발사된 유럽 최초의 화성 탐사선)를 위해 고해상도 스테레오 카메라를 개발한 독일항공우주센터 본부가 있다. 독일은 또한 지구 관측 분야의 세계 최정상으로, 지구의 초정밀 3D 이미지를 제공하는 최첨단 레이더 위성인 TerraSAR-X와 TanDEM-X를 생산했다.

2021년에 독일군은 〈벨트라움콤만도 데어 분데스베르Weltraumkommando der Bundeswehr〉라는 멋진 이름이지만 안타깝게도 고작 〈우주사령부〉라고만 번역되는 새로운 우주부대의 창설을 준비하고 있다고 발표했다. 이 우주사령부는 우주를 방어의 영역으로 여기면서 우주상황인식에 중점을 두고 독일의 군사위성 및 민간위성을 보호하는 데 주력한다. 독일 국방장관 안네그레트 크람프-카렌바우어는 네덜란드 국경과 인접한 위뎀에 우주사령부 기지를 개소하던 날에 독일이 인공위성에 얼마나 의존하고 있는지를 다음과 같이 피력했다.

"이것들이 없으면 우리는 아무것도 할 수 없습니다."

지상에서는 강국일지 몰라도
우주에서는 한참 뒤처져 있는 영국

영국은 유럽의 또 다른 주요 우주강국으로 브렉시트 이후에도 유럽 우주국의 회원국으로 남아 있긴 하지만 〈제3국〉의 신분이다. 이는 영국이 비행기가 정확히 착륙하고 선박이 좁은 항로를 탐색하고 자동차가 목적지에 잘 도착할 수 있도록 지원하는 갈릴레오 위성항법 시스템과 우주 기반의 다른 시설들에 접근할 수 있는 권한을 상실했음을 의미한다. 그럼에도 2022년에 영국의 위성통신 기업인 인말새트가 적절한 대체 방안을 테스트하기 시작했을 때 유럽우주국과 유럽연합의 우주프로그램국은 양측 서비스 간에 간섭이 일어나는 상황을 방지하기 위해 협력했다. 영국의 유럽연합과의 이혼은 무척 볼썽사나웠지만 그래도 새로운 관계를 형성할 만한 선의의 여지는 남아 있다.

영국의 상황은 프랑스와는 전혀 다르다. 냉전시대 초기에 영국은 인공위성과 로켓을 직접 제작할 능력이 부족했고 지금도 군사용 위성영상을 미국에 의존하고 있다. 그 대가로 미국국가안전보장국은 영국의 시설들을 사용한다. 하지만 1960년대에 영국은 미국과 소련에 이어 군사보안 통신위성 시스템을 갖춘 세 번째 국가였다.

대영제국의 해체로 영국은 세계 전역에 흩어져 있던 군대들과 정보센터들이 서로 소통할 수 없는 상태가 되었다. 하지만 영국의 인공위성 스카이넷Skynet 1A가 1969년에 케네디 우주센터에서 미국 로켓에 실려 발사되었다. 뒤이어 다른 위성들도 발사되면서 불과 몇 년 사이에 런던에서 싱가포르에 이르기까지 각 기지의 군용통신이 연결되었다. 영국은 제국으로서는 후퇴하고 있었는지 모르지만 여전히 전 세계에 걸쳐 사용할 수 있는 연결체계를 확보한 셈이다.

영국이 발사한 인공위성은 정지궤도에 위치해 있기 때문에 영국의 해외 군사 자산과 정보 자산을 대부분 커버할 수 있었다. 물론 어느 정도의 빈틈은 있었지만 그래도 영국이 전쟁을 치러야 한다고 예상했던 곳은 없었다. 하지만 적은 저돌적으로 잘못된 장소인 남대서양으로 침투했다. 1982년에 아르헨티나는 스카이넷의 관측 범위에서 벗어난 포클랜드섬을 침공했다. 영국 왕립해군 기동부대가 아르헨티나 군대가 후퇴하도록 설득하기 위해 그곳에 도착했을 때 그들과 영국 본토 사이의 보안통신이······ 어려웠다. 이럴 때 친구가 있으면 도움이 된다. 영국 육군의 특수작전 부대인 SAS 팀은 그들이 조달한 미국 델타포스의 휴대용 단말기를 사용해 미 국방 위성통신망을 통해 런던으로 메시지를 보냈다. 당시 미국의 도움이 없었다면 포클랜드 전쟁의 결과는 달라졌을지도 모른다. 이와 같은 상황을 겪으며 영국은 상당한 불안을 느꼈고 이후 차세대 스카이넷에 투자하는 계기가 되었다. 이 시스템을 통해 영국군은 발칸 반도, 이라크, 아프가니스탄에서 작전을 수행하는 동안 독자적으로 통신할 수 있었다. 현재 스카이넷 6A는 에어버스에서 제작하고 있고 2025년에 발사될 예정이며 고출력 레이저의 공격에도 견딜 수 있게 설계되었다.

스카이넷 6A는 영국 우주사령부에서 운영할 예정인데 이 부대는 2021년에 창설되었다. 영국 정규군에 속하는 이 새로운 부대는 군 외부의 누구도 눈치채지 못한 채 조직되었다. 그럼에도 이 같은 상황은 스카이넷을 제외하면 정계와 안보 엘리트들이 수십 년 동안 국제관계와 전쟁에서 우주를 소홀히 여겨왔지만 이제는 심각하게 받아들이고 있음을 보여주는 것이다. 정부는 영국이 이 분야에서 "의미 있는 행위자"가 되길 원하다고 말한다.

영국 우주사령부는 그들의 역할이 "우주에서 영국과 동맹국의 이익을 수호 및 방어하고 영국의 모든 우주방어 역량을 관리하는 것"이라고 말한다. 하지만 선제공격이나 위성요격 능력과 무기 개발 계획에 관해서는 전혀 언급하지 않는다. 사령관인 폴 갓프리 공군 소장은 이렇게 말한다.

"궁극적으로 우리는 〈방어〉를 위해 우주활동을 수행하고 있습니다. 우리의 목표 중 하나는 우주와 관련된 자산을 수호하는 것입니다. 우주방어나 그곳에서 일어나는 상황에 대한 이해 없이 항공모함을 운용할 수는 없습니다."

그들은 군사작전을 위한 위성통신에도 중점을 두고 있다. SAS와 SBS 같은 영국 특수부대 요원들은 공중에서 적이 자신들을 감시하고 있을 때와 영국 우주사령부가 그 같은 사실을 포착해 자신들을 지원해줄 수 있을 때를 알게 된다면 상당한 도움을 받을 것이다. 일부 첨단 인공위성은 워낙 성능이 뛰어나 과거에는 전략적 은폐의 수단으로 활용되기도 한 구름과 어둠을 뚫고도 정찰을 할 수 있다. "만약 다른 군에 복무하는 우리의 형제자매가 자칫 자신들이 위험해질 수 있을 때를 안다면 우리는 그들을 도울 수 있습니다." 갓프리가 설명했다. "요즘 인공위성의 뛰어난 성능을 감안하면 어두운 밤과 악천후는 도움이 되지 않기 때문에 그들은 다른 식으로 행동해야 할 것입니다."

영국은 프랑스와 함께 유럽의 양대 군사강국일지는 모르지만 우주와 관련해서는 중국, 미국, 러시아, 일본, 프랑스, 아랍에미리트 및 그외 다른 국가들에도 한참 뒤처져 있다. 현재 영국 국방부는 21세기의 정치와 전쟁은 우주와 밀접하게 연관된다는 것을 모든 부서가 충분히 이해하고 있지는 못한 듯하다. 우주기술을 전문적으로 다루는 영국의 한 정보 소식통은 이렇게 말한다.

"기술적 측면에서 우리는 첨단을 걷고 있고 현재 투자가 집중적으로 이루어지고 있는 저궤도에 주력하고 있습니다. 하지만 아직 강대국들과 어깨를 나란히 할 수준은 아닙니다."

그 간격을 좁히기 위해 영국의 방위산업 업체인 BAE 시스템즈는 어두운 밤과 악천후에도 지표면의 고해상도 이미지뿐만 아니라 레이더 및 고주파 정보를 수집하는 군집위성을 제작해 궤도로 발사하는 작업을 진행하고 있다. 아젤리아(Azalea, 진달래라는 뜻)로 알려진 이 위성의 센서는 주어진 임무에 맞게 우주에서 재구성될 수 있다. 그러면 인공위성에 탑재된 머신러닝 장비가 데이터를 분석해 관심을 갖는 활동을 확인한 후 그것을 안전한 경로를 통해 고객에게 전달한다. 고객은 대부분 군 관계자일 것으로 예상된다.

콘월 우주공항은 2023년 초에 이곳의 활주로를 이용해 비행기에서 인공위성을 발사하는 버진 오빗의 시도가 실패했음에도 여전히 첨단 우주센터로 남아 있다. 이곳은 인공위성을 제작할 수 있는 클린룸도 갖추고 있다. 이 공간은 먼지와 공기 중의 다른 입자들을 최대한 차단하는 방이다. 인체에서 매시간 3만 개의 작은 각질이 떨어진다는 것을 고려하면 클린룸의 청결을 유지하려면 대걸레와 양동이로는 어림도 없다. 콘월 우주공항은 그런 작업을 해주는 장비가 설치되어 있어 현재 영국에서 인공위성을 제작하고 그것을 로켓에 탑재해 발사할 수 있는 유일한 장소로 손꼽힌다.

한편 소형 인공위성을 우주로 발사하기 위한 새로운 우주공항이 스코틀랜드 최북단의 서덜랜드에도 건설되고 있다. 이 프로젝트는 2016

년에 구상되었고 2023년에 착공에 들어갔다. 이 프로젝트를 추진하는 기업인 오벡스는 공항의 시설을 확장해 2020년대 말에는 재사용이 가능한 19미터 높이의 프라임 로켓으로 1년에 12회 정도 수직 발사를 실행할 수 있기를 기대한다.

서덜랜드에서 북쪽으로 약 250킬로미터 떨어진 셰틀랜드 제도에도 또 다른 발사장이 개발되고 있다. 과거 영국 공군기지의 부지에 건설된 삭사보드 우주공항은 1년에 30회의 발사를 목표로 삼고 있다. 만약 당신이 로켓 발사를 보고 싶다면 스코틀랜드 북부에서 비행기나 야간 여객선을 타고 메인랜드로 알려진 셰틀랜드 제도 최대의 섬으로 이동한 후에 그곳에서 두 종류의 여객선(현금 결제만 가능)을 타고 영국 최북단 거주지이자 다른 모든 섬들 위에 있는 섬으로도 알려진 언스트 섬으로 가야 할 것이다.

미국의 GPS를 추월하려는 중국

우주 부문의 혁신을 추진하는 영국, 그런 영국과 더불어 프랑스, 이탈리아, 독일 같은 기존의 강국들이 속해 있다는 것은 유럽우주국을 우주 분야에서 강력한 존재로 만든다. 이것이 첫 번째 우주 연맹이었다. 공식적인 두 번째 연맹으로 부상하는 기구는 아시아태평양우주협력기구(APSCO)로 2008년에 중국, 방글라데시, 이란, 몽골, 파키스탄, 태국, 튀르키예가 주축이 되어 설립했고 베이징에 본부를 두고 있다. 이 기구는 유럽우주국을 모델로 삼고 있으며 상임이사회와 사무국도 운영하고 있다. 잦은 지진에 시달리고 기후변화에 대한 우려 또한 고조되는 상황이기에 인공위성 개발과 정보 공유를 위해 협력하는 것은 당연한 이치다. 하지만 중국이 주도권을 장악하고 있다. 이 기구의 주요 목표는 미국의 GPS를 추월해 유력한 위치 확인 수단으로 중국 베이더우 위성항법 시스템의 입지를 강화하려는 것으로 보인다.

중국의 막대한 힘은 인도-태평양 지역에서 행해지는 대부분의 우주개발과 협력에 집중되고 있다. 이 지역의 분열은 또 다른 연맹인 아시아태평양지역우주기관포럼(APRSAF)을 통해 드러난다. 이것은 중국 주도의 아시아태평양우주협력기구보다 앞서 일본의 주도로 설립되었지만 공식적인 단체의 성격은 부족하다. 명칭에서 나타나는 것처럼 이것은 조직이 아니라 〈포럼〉으로 사실상 토론장의 형식을 띠지만 그 토론은 주로 일본과 베트남처럼 중국에 우호적이지 않은 국가들에 의해 이루어진다.

군사적인 측면보다
비군사적 참여가 활발한 일본

―

유럽연합과 마찬가지로 일본도 비군사적 우주강국이지만 동아시아의 긴장이 고조되면서 군사용 우주 장비에 대한 투자를 더 이상 거부하기 어렵다는 것을 깨닫고 있다. 하지만 일본의 망설이는 듯한 행보는 군사용 인공위성 정보를 계속해서 미국에 의존하는 상황과 밀접하게 연관되어 있다.

비군사적 차원에서 일본은 인상적인 우주비행 역사를 지니고 있고 거창한 달 탐사 프로그램도 운영하고 있다. 일본은 자체적인 발사 역량을 갖춘 극소수의 국가 중 하나다. 1970년에 첫 번째 인공위성을 우주로 발사했고 1990년에는 무인 우주선을 달 궤도에 진입시키는 데 성공했다. 국영 일본우주항공연구개발기구(JAXA)는 목표 지점의 90미터 이내에 착륙할 수 있도록 설계된 달 탐사용 착륙선인 슬림SLIM을 개발해 2023년에 발사했다. 아르테미스 협정 서명국으로서 일본은 루나 게이트웨이 건설에도 협력할 것이고 2028년, 2029년, 혹은 2030년에 일본인 우주비행사를 달에 보낼 수 있기를 희망하고 있다.

일본은 민간기업도 참여하고 있다. 2022년 12월에 스페이스X의 한 로켓이 〈M1〉으로 알려진 착륙선을 싣고 달로 떠났다. M1은 도쿄에 본사를 둔 일본의 중소기업인 아이스페이스에서 제작했는데 그 회사는 달까지 장비를 운송하거나 천연자원 채굴을 위해 달 표면을 탐사하고자 하는 국가 기관 및 민간 고객과 계약하기를 바라고 있다. 당시 M1의 적재화물에는 아랍에미리트의 달 탐사용 로버인 라시드, 저온 내구성 테스트를 위한 일본 회사의 고체 배터리, 캐나다 기업의 AI 비행 컴퓨터, 또 다른 캐나다 기업의 AI 기반 360도 카메라가 포함되었다. 그중에서 360도 카메라는 특히 아랍에미리트의 로버를 촬영하기 위해 장착되었다.

아이스페이스의 기업 연혁을 살펴보면 흥미로운 부분이 있다. 2017년에 구글은 민간 우주선 자격으로 달에 착륙해 500미터를 이동하며 촬영한 영상을 가장 먼저 지구로 전송하는 팀에게 2,000만 달러의 상금을 수여하는 경연을 주최했는데 이 회사는 그 대회의 참가자 중 하나로 시작했다. 당시 팀 하쿠토로 알려졌던 이 회사는 로버 개발에 주력했던 탓에 우주선을 달에 보내는 작업은 인도의 경쟁팀에 의존해야 했다. 두 팀은 무사히 달에 착륙한 이후에 500미터 경주를 시작하기로 하고 그 전까지는 서로 돕기로 합의했다. 하지만 불행히도 어떤 팀도 2018년 이전이라는 마감 기한까지 준비를 마치지 못했고 결국 상금은 주인을 찾지 못했다.

2023년 4월, 아이스페이스는 세계 최초가 될 수 있는 달 표면의 상업적 착륙을 시도하면서 또 한번 참담한 실패를 겪었다. 이 회사의 하쿠토-R 미션Hakuto-R Mission 1 착륙선이 달의 한 절벽 위를 지나는 동안 소프트웨어에 결함이 발생했고 컴퓨터가 기체의 고도를 잘못 계산하면서 연료가 부족해지는 상황에 빠지고 말았다. 결국 착륙선은 5킬로미터를 추락하면서 박살이 났고 아이스페이스 주가도 마찬가지로 추락했다. 발사 전에 회사의 주가는 2,373엔에 거래되었지만 충돌 후에는 800엔 아래로 떨어졌다.

이것은 그해에 벌어진 두 번째 큰 실패였다. 앞서 3월에는 일본의 주력 우주 프로그램이 심각한 타격을 입었다. 일본우주항공연구개발기구의 차세대 로켓으로 스페이스X 팰컨 9의 잠재적 경쟁자인 H3 로켓이 첫 비행에서 2단계 엔진을 점화하는 데 실패한 후에 자폭한 것이다. 이것은 충격이었다. H3 로켓은 극도로 경쟁이 치열한 인공위성 발사 시장에 일본이 유력한 선수로 등장한다는 것을 보여줄 예정이었고 이미 여러 건의 주문도 받아놓은 상태였다. 이 로켓은 일본 자체의 위성항법 시스템으로 알려진 일본판 GPS인 미치비키Michibiki 네트워크를 구축하는 데 사용될 예정이었다. 파괴된 로켓에는 북한의 탄도미사일 발사를 감지하도록 설계된 실험용 센서가 탑재된 관측위성 한 대도 실려 있었다. 그것을 대체할 위성은 2028년까지는 준비되지 못할 것이다. H3 로켓은 국제우주정거장에 보급물자를 전달하고,

달의 극지방에서 물의 존재를 탐사하고, 궁극적으로는 루나 게이트 웨이에 화물을 운송하는 임무에도 사용될 예정이었다. 결국 이 프로젝트 전체가 심각한 난관에 부딪힌 셈이다.

H3 로켓 발사의 실패는 군사적 우주강국으로 도약하려는 일본의 계획도 지연시켰다. 일본은 제2차 세계대전 후 헌법으로 평화주의를 채택하면서 수십 년 동안 사실상 무력행사를 금지해 왔으나 이후 느리지만 꾸준하게 재무장을 해왔다. 일본의 재래식 군대는 이제 공격 장비를 갖추고 있는데 다만 우주에서만큼은 여전히 방어적 자세를 유지하고 있다. 세계 최고의 기술력과 탄탄한 산업기반을 갖춘 일본이 우주 기반의 통신 시스템에 의존한다는 것은 만약 자체 인공위성이 기능을 상실하면 경제가 위태로워질 수 있다는 것을 의미한다. 따라서 일본은 우주쓰레기를 추적하고 처리하는 기술에도 적극적으로 투자하고 있다. 우주쓰레기를 추적하는 임무 중 일부는 일본 항공자위대 소속의 우주작전대(SOS)가 담당한다. 그들은 잠재적으로 적대적인 외국의 인공위성을 감시하기도 한다. 하지만 일본이 중국, 미국을 비롯한 다른 국가들의 선례를 따라 공격용 우주 무기를 개발할 가능성은 낮다.

우주쓰레기에 중점을 둔다는 것은 일본이 이 분야에서 주요 선수가 될 수 있는 좋은 위치에 있다는 것을 뜻한다. 도쿄에 본사를 둔 기업인 아스트로스케일은 고장난 인공위성에 접근한 후 포획해 그것을 지구 대기권으로 던지도록 설계된 로봇팔이 장착된 우주선을 제작했다. 이는 우주쓰레기를 대기권으로 떨어뜨려 불에 태워 소멸시키려는 것이다. 언뜻 보면 간단해 보이지만 인공위성이 시속 27,000킬로미터가 넘는 속도로 이동하는 동안에 그 작업을 실행해야 한다. 아스트로스케일의 시연을 통해 소위 〈수명 종료(ELSA-d)〉로 알려진 이 서비스는 2026년에 실용화될 것으로 전망된다.

우주국가 대열에 합류한 대한민국,
고체연료 ICBM 시험비행에 성공한 북한

일본의 이웃인 대한민국은 뛰어난 기술력을 활용해 우주강국으로 성장하고 있는 또 다른 국가다. 이 나라는 2022년 달의 화학 성분과 자기장을 연구하기 위한 달 탐사선(다누리호)을 보내면서 우주국가의 대열에 합류했음을 알렸다. 하지만 그것이 미국 케이프 커내버럴 공군기지에서 발사된 스페이스X 로켓에 실려 우주로 보내졌다는 사실은 현재 대한민국의 한계를 드러낸다.

바로 인접한 북한은 자체적인 로켓 발사 역량을 보유하고 있으며 주로 서해 연안에 위치한 서해위성발사장을 이용한다. 하지만 그들이 거둔 성공은 제한적이었다. 2012년부터 2022년까지 북한은 다섯 차례 인공위성 발사를 시도해 고작 두 차례만 성공했는데 그 두 인공위성이 제대로 작동했는지의 여부도 불확실하다. 2022년 12월 말에 평양은 그들이 인공위성을 우주로 보내는 데 성공했다고 말하면서 그 주장을 뒷받침하기 위해 대한민국의 수도 서울이 포함된 위성 사진을 공개했다. 이는 북한이 정찰 정보를 얻기 위해 이제는 전적으로 중국에 의존할 필요가 없다는 것을 의미한다. 하지만 이런 미심쩍은 주장이 사실이라고 해도 북한 인공위성의 관측 범위는 여전히 제한적이다.

이런 사실은 이후 2023년 5월에 실행된 또 다른 발사 실패를 통해서도 드러났다. 당시 로켓과 탑재된 인공위성은 이륙하고 얼마 지나지 않아 대한민국 해안에서 멀리 떨어진 바다로 추락했다. 고맙게도 대한민국 해군이 수색에 나섰고 두 주일 후 해저에서 잔해를 인양했다. 이윽고 한 달 동안 기술적인 분석을 마치고 난 후인 7월에 대한민국 군 당국은 그 인공위성이 "정찰위성으로서 군사적 효용성이 전혀 없다"라고 발표했는데, 그 말은 위성에 장착된 카메라들이 쓰레기라는 것을 정중히 에둘러 표현한 것이었다. 극히 드물게 사실을 인정한 북한이 무책임하게 발사를 실행해 중대한 실패를 초래한 관계자들을 매섭게 질책했다는 조선노동당 회의 보고서를 발표한 것은 또 다른 수치였다.

북한 주변 국가들과 미국은 북한의 인공위성 발사가 핵탄두가 장착된 ICBM, 즉 대륙간탄도미사일 발사 능력을 시험하기 위한 것으로 의심한다. 실패한 인공위성이 발사되기 한 달 전에 북한은 처음으로 고체연료 ICBM의 시험비행에 성공했다고 발표했다. 그것은 앞서 18개월 동안 바다 위로 발사했던 100발의 미사일 중 하나였다. 고체연료 ICBM은 이미 동체에 탑재된 연료를 사용하기 때문에 액체 추진제를 사용하는 미사일보다 기동성이 더 뛰어나다. 또 더 쉽게 은폐할 수 있고 불과 몇 분 만에 발사를 준비할 수 있다. 반면 액체연료 ICBM은 발사 준비에 몇 시간이 소요될 수 있다. 따라서 4월의 테스트는 비약적인 발전이었지만 여전히 북한은 보유 중인 탄두를 미사일에 알맞게 소형화하고 대기권 재진입 과정에서 탄두가 혹독한 조건을 견딜 수 있도록 하는 극악의 난제를 남겨두고 있었다. 하지만 고체연료 ICBM은 북한이 직접 공격 미사일로 다른 국가의 인공위성을 타격할 수 있는 더 좋은 기회를 제공한다.

이류 우주강국으로 부상한 인도

인도-태평양 지역의 또 다른 주요 국가인 인도는 민간 프로젝트에서 일본 및 한국과 긴밀하게 협력하고 있지만 그들의 우주 프로그램을 이끄는 동력은 최대 경쟁국인 중국에 군사력만큼은 뒤처지지 않으려는 열망에서 비롯된다. 인도의 주요 안보 관심사는 현재 중국이 상시로 군함을 배치하고 있는 인도양과 최근에 무력 충돌이 여러 차례 일어났던 중국과의 국경지대인 히말라야 산맥에 집중되어 있다.

인도의 우주 관련 역량은 추진력을 얻고는 있지만 2040년 이전에 주요 우주강국이 되기에는 발전 속도가 너무 더디다. 2019년에 인도는 국방우주국을 설립했음에도 정작 참모본부에서 원했던 본격적인 우주사령부를 창설하지는 못했다. 인도는 군사위성 시스템과 민간위성이 있지만 독자적인 글로벌 위성항법 시스템을 개발하려는 중국의 자금력에는 상대가 되지 못한다.

2019년에는 위성요격용 무기 테스트에 성공했다. 앞서 중국이 2007년에 실행한 테스트는 인도에 미래의 우주방어가 지향할 방향과 현재 자국의 뒤처져 있는 상황을 여실히 보여주었다. 정부가 바뀌어도 인도는 꾸준히 우주의 군사화를 막기 위한 글로벌 거버넌스 강화에 힘써왔지만 2019년에 이르러 마침내 중국과 다른 강대국들이 발전하는 동안 수수방관할 수만은 없다는 결론을 내렸다. 그것은 중대한 결단이었다. 인도는 오랫동안 우주를 군사화한다고 다른 국가들을 비난해 왔다. 하지만 이 시도, 즉 위성요격용 무기 테스트를 통해 인도 또한 우주의 군사지도에 모습을 드러냈다. 더불어 인도는 미국, 일본, 오스트레일리아와 함께 안보협의체인 쿼드Quad에 참여해 동맹국들과 우주정책에 대해 협력하고 있는데, 이것은 과거 비동맹 운동의 리더이자 미래에도 유력한 선도국으로 꼽힐 수 있는 국가로서는 상당히 이례적인 움직임이다. 늘 그렇듯이 라이벌 관계는 변화의 원동력이 될 수 있다. 인도는 우주에서 중국의 군사활동에 대한 전문성이 중국의 동맹국이자 인도의 숙적인 파키스탄에 유리한 영향을 끼칠 거라는 걸 알고 있다.

인도는 우주와 관련된 민간 부문에서는 훨씬 더 잘 대처하고 있다. 그들은 인공위성 운송 산업을 성공적으로 발전시켰고 화성 궤도에 탐사선을 보내면서 우리와 가장 가까운 행성에 대한 지식을 확장시켰다. 2008년에는 찬드라얀 1호Chandrayaan-1 탐사를 통해 달의 극지방에서 거대한 얼음 퇴적물을 발견하는 등 달에 물이 존재할 가능성을 발견했다. 이 발견은 현재 달 기지 건설에 대한 전 세계적인 관심을 촉발했던 여러 요인 중 하나였다. 인도는 자체적인 달 기지나 우주정거장을 건설할 여유는 없지만 2023년 6월에 아르테미스 협정에 가입하면서 미국 주도의 달 기지 건설 프로젝트에서 나름의 역할을 맡을 것이다. 인도가 NASA와 협력하는 것은 매우 상징적인 일로 그것은 모디 수상이 워싱턴을 방문하던 시기에 이루어졌다. 인도는 오랫동안 미국과 러시아 중 어느 쪽과도 우주와 관련해 너무 긴밀하게 협력하는 모습을 보이지 않으려고 무던히 애써왔는데, 미국과 협력하기로 한 결정은 러시아의 우크라이나 침공과 다소 연관된 듯하다.

2023년 7월, 이 달은 그야말로 분주한 여름이었다. 당시 인도는 찬드라얀 3호를 발사하면서 두 번째 달 표면 연착륙을 시도했다. 이 탐사선은 2019년에 발사된 찬드라얀 2호의 후속으로, 당시 찬드라얀 2호는 착륙선을 내리는 데는 성공했지만 달 표면에 충돌하기 전에 관제센터와 교신이 끊어졌다. 찬드라얀 3호는 로버와 과학실험을 위한 다양한 장비를 탑재하고 있었다.

8월 23일, 드디어 착륙선이 달 표면에 성공적으로 안착했는데 이는 엄청난 국가적 자긍심의 원천이었다. 이로써 인도는 달 표면 연착륙에 성공한 네 번째 국가이자 달의 남극에 착륙한 최초의 국가가 되었다. 이제 인도는 이류 우주국가의 선두주자로서 입지를 굳히는 동시에 일류 우주국가로 도약하려는 확실한 야망을 드러냈다. 인도의 성공은 불과 며칠 전에 있었던 러시아 루나 25호의 실패와 뚜렷하게 대비되었다.

찬드라얀 3호의 임무는 상업적 측면에 주력하려는 인도의 계획에 부합하는 것으로 그 내용은 〈우주정책 2023〉 문서에 기재되어 있다. 이 정책은 민간 부문에서 장비 제작을 주도하도록 촉구하고 인도의 기업들에게 우주에서 왕성한 활동을 펼치도록 독려한다. 또 소행성이나 달 채굴과 관련해서는 이러한 프로세스에 참여한 민간기업들이 "인도의 국제적 책무를 포함한 적용 가능한 법규에 따라 획득한 모든 소행성 자원이나 우주 자원을 소유하고, 보유하고, 운송하고, 사용하고, 판매할 권리가 있다"라고 명시하고 있다. 이런 배경에서 인도는 일본, 미국, 룩셈부르크와 같은 궤도에 들어서는데 이 국가들은 모두 우주에서 자국 기업들의 자원 채취를 위한 법적 기반을 마련하고 있다.

140개가 넘는 인도의 우주 관련 벤처기업은 대부분 인공위성 발사와 데이터 수집 및 분석에 투자하고 있지만 아르테미스 협정 서명국으로서 달에 도달할 수 있는 자체 역량을 지닌 인도 정부는 목표를 보다 높이 설정하고 있다. 외교부 장관 지텐드라 싱은 이렇게 말했다.

"우리는 우주기술에서 비약적인 발전을 이루었기에 더 이상 달을 향한 행군에서 가만히 뒤처지기만을 기다릴 수는 없습니다."

기상예보도
다른 나라 위성에 의존하는 오스트레일리아
—

오스트레일리아는 인도와는 쿼드 동맹국이며 주요 군사적 고려 대상이 중국이라는 공통점도 갖고 있다. 하지만 인도와 달리 오스트레일리아는 몇 안 되는 자국 인공위성을 혹시 모를 중국의 공격으로부터 지켜낼 수단을 전혀 갖추지 못했다. 영토는 거대할지 몰라도 그들의 우주 역량은 초라한 수준이다. 하지만 이제 상황이 바뀌기 시작했다. 현재 오스트레일리아는 육군과 해군 군사력에서 중위권 국가에 오른 만큼 2030년까지 우주 전력에서도 중위권 강국이 될 계획을 세우고 있다.

남반구에 위치한 오스트레일리아의 지리적 입지는 정보 수집과 우주추적(인공위성과 우주선의 위치를 실시간으로 추적하고 모니터링하는 것)을 실행할 만한 안전한 기지를 물색하던 한 우방국을 매료시켰다. 그 나라는 바로 미국이었다. 오스트레일리아에서는 외딴 지역에 기지를 건설할 수 있기 때문에 그만큼 보안도 보장되고 무선 주파수 방해도 거의 받지 않는다. 또한 북반구에서는 볼 수 없는 우주 영역을 관측할 수 있으며 중국 우주발사체의 궤적과 정지궤도를 감시하기에도 적합하다. 1961년에 오스트레일리아는 미국과 협정을 체결해 자국 내 전역에 걸쳐 그와 같은 기지 여러 개를 건설했다. 일부 기지는 1969년의 달 착륙을 포함한 미국의 우주탐사 로켓을 추적하는 데 사용되었다. 가장 유명한 기지는 파인 갭Pine Gap 기지로, 만약 그곳이 관광지로도 유명한 앨리스 스프링스와 비교적 가까이 있지 않았다면 그저 인적이 드문 외진 곳이라고만 묘사되었을 것이다.

파인 갭은 확실히 해외에 있는 시설로는 미국의 가장 중요한 정보 수집 시설이며 두 나라를 상호신뢰의 관계로 이어주는 가장 강력한 결속체 중 하나다. 오스트레일리아는 미국의 확장된 핵우산의 보호를 받고 있으며 그에 따른 대가로 핵우산의 효과가 발휘되도록 기여해야 한다. 파인 갭 기지는 1970년에 문을 열었지만 1988년이 되어서야 파인갭합동방어시설이라는 명칭이 부여되었다. 〈합동〉이라는 단어는 기지 운영 방식의 변화를 반영한다. 오스트레일리아 국방부 관리들이 기지 부소장을 포함한 고위 관리직에 선임되었는데 이것은 파인 갭의 모든 활동이 "오스트레일리아 정부에 전달되고 동의를 받은 후에 이루어진다"는 의미를 뜻한다.

2013년에 당시 오스트레일리아 국방장관인 스티븐 스미스는 의회 연설에서 미국과의 동맹이 "가상공간, 위성통신, 우주라는 현대적 영역에서의 협력"으로 확장되고 있다고 언급하면서 이런 사실을 거듭 강조했다. 파인 갭의 시설 중에는 미국의 우주 기반 적외선 시스템(SBIS)의 지상 중계국이 있는데 그것은 탄도미사일 발사를 감지해 조기경보를 발동한다. 인도-태평양 지역에는 다른 어느 곳보다 중국, 인도, 파키스탄, 미국 등 많은 핵무장 국가들이 있기 때문에 오스트레일리아가 SBIS에 접근할 수 있다는 것은 매우 중요한 방위 자산이 될 것이다.

2022년에 오스트레일리아는 공군 안에 우주방위사령부를 창설했다. 이는 정부가 지정학과 전쟁의 새로운 영역이 등장했고 그 안에서 국가적 자주성을 가져야 한다는 것을 인식했음을 보여주는 신호였다. 이런 인식은 같은 해 공개된 한 문서에도 드러나 있는데 그 문서는 "기능이 약해지면 재편성하고 상대에게 공격을 받으면 방어할 수 있는" 역량을 갖추는 것에 대해 거론했다. 쉽게 말하면 이는 궤도에서 파괴되면 신속하게 교체할 수 있는 다수의 소형 인공위성을 제작한다는 뜻이었다. 문서상으로 얼마나 많은 위성이 군사위성일지 구체적으로 밝히지는 않았지만 적어도 일부는 이중 목적의 위성일 가능성이 크다. 우주방위사령부 사령관인 캐서린 로버츠는 오스트레일리아가 우주 영역에서 "한참 뒤처져 있다"는 것과 "위협에 대처할 수 있도록 역량 개발 속도를 높여야 한다"는 것을 인정했다.

우주방위사령부 창설 필요성은 2021년에 오스트레일리아가 오커스(AUKUS, 2021년 9월 15일 발족한 미국, 영국, 오스트레일리아의 안보협의체) 방위동맹을 체결하면서 커졌다. 오커스는 오스트레일리아에 핵추진 잠수함을 공급하는 계약이 핵심이지만 그 안에는 세 나라가 우주에서 협력해야 한다는 이해관계가 깔려 있다. 따라서 미국은 우주군을 갖추고 있고 영국도 우주사령부를 운영하고 있기 때문에 조약이 체결되고 수개월 만에 오스트레일리아 또한 우주방위사령부를 창설했다.

오스트레일리아는 민간 항공우주국이 2018년에야 설립되면서 상업적인 측면에서 뒤늦게 우주개발 경쟁에 뛰어들었다. 비록 규모는 작지만 뚜렷한 목표를 지닌 이 기관은 우주 관련 국내 산업을 1만 개의 일자리와 39억 호주달러의 규모에서 2030년까지 3만 개의 일자리와 120억 호주달러 규모에 이르도록 성장시킨다는 야망을 품고 있다. 이것은 대담한 목표이긴 하지만 적어도 착수하긴 했다. 오스트레일리아는 자체적인 상당 규모의 인공위성 시스템이 없기 때문에 현재 기상예보는 물론 화산활동부터 산림화재에 이르는 자연재해 감시를 다른 국가들의 위성에 의존하고 있다. 즉 일본, 중국, 유럽우주국, 미국 등에서 제공하는 데이터에 의존하고 있는 것이다. 따라서 이런 상황을 개선하기 위한 10개년 계획에는 2030년대 중반까지 기상, 통신, 군사 목적에 사용할 수 있는 다수의 위성 개발이 수반되어야 하지만 2023년 7월에 예산 삭감이 발표되면서 야망의 규모도 축소되었다. 그러면 오스트레일리아는 계속해서 다른 나라의 인공위성이 보내주는 데이터에 의존하게 될 것이고 결국 이류 우주국가들 중에서도 거의 바닥에 위치할 것이다.

우주와 관련된 인도-태평양 지역 국가들 간의 관계는 그 지역의 정치적 상황과 경제적 현실을 반영하고 있다. 중국은 이 지역을 장악할 방안을 모색하면서 우주 분야에서 일본의 영향력을 약화시키기 위해 아시아태평양우주협력기구를 조직했다. 그들은 개발도상국들을 끌어들이고 가입 비용의 일부를 지원하면서 어느 정도 성공을 거두었다. 이에 대해 일본과 인도는 우주에서의 군사력을 강화하고 양국과 오스트레일리아를 포함한 3개국의 상호협력을 증진하면서 대응했다. 중국은 가장 강력한 선수이긴 하지만 아시아태평양우주협력기구 국가들을 포함한다 해도 우군이 거의 없는 반면, 그 지역의 다른 국가들은 거의 모두 한 가지 공통분모를 갖고 있다. 바로 중국의 영향력에 압도될지 모른다는 불안감이다.

이러한 분열은 그 지역 전체가 하나의 조직으로 연합할 가능성이 희박하다는 것을 의미한다. 다행히 과학과 상업용 프로젝트를 통해 많은 협력이 이루어질 여지는 있지만 향후에도 군사적 측면에서는 각각의 세력권에 기반을 둘 것으로 전망된다.

대다수 국가와
반대 방향으로 위성을 발사하는 이스라엘

―

중동에서는 몇몇 국가들이 신흥 우주강국으로 부상하고 있지만 장차 동맹이 이루어질지는 아직 결정되지 않았다.

세계에서 가장 작은 국가 중 하나인 이스라엘은 1982년에 과학기술부 산하에 우주국을 설립했고 6년 만에 첫 번째 인공위성을 발사했다. 앞서 1970년대에 그들은 자국 군대의 경보 시스템이 욤 키푸르 전쟁에서 이집트와 시리아 군대의 기습공격을 포착하지 못했을 때 큰 충격을 받았다. 이에 정부는 자체적인 위성 정찰 능력을 갖추어야 한다고 결론을 내렸다.

이스라엘은 인공위성 기술에 대해서는 맨땅에 헤딩하는 수준으로 시작해야 했지만 1960년대에 프랑스와 함께 탄도미사일을 개발하며 축적했던 로켓공학 지식이 큰 도움이 되었다. 애초에 핵무기를 탑재하도록 설계되었던 제리코-2 로켓은 1980년대에 샤비트Shavit 발사체로 개조되었다. 현재 이스라엘은 정찰 및 통신 군집위성을 보유하고 있다.

대부분의 국가는 우주로 향하는 로켓을 동쪽으로 발사한다. 앞서 살펴보았던 것처럼 그래야 로켓이 지구의 자전 속도에서 추진력을 얻을 수 있기 때문인데 샤비트 로켓은 지구의 자전 방향과 반대인 서쪽으로 발사된다. 이렇게 역방향 발사를 하는 이유는 로켓이 자국 이스라엘과 주변의 적대적인 아랍 국가들을 통과하는 대신 지중해 상공으로 날아오르게 하기 위해서다. 이는 무엇보다 사람들을 보호하기 위함이며 이스라엘은 주변의 아랍 국가들이 자신들의 로켓 발사를 미사일 공격으로 오해하는 것을 원치 않기 때문이다.

샤비트 로켓의 경로는 발사대를 떠나 곧장 지중해 위로 솟아올라 지브롤터 해협을 통과해 대서양 상공을 뚫고 계속 날아오르는 것이다. 로켓이 서쪽으로 이륙하면 대기권을 빠져나가기 위해 더 많은 연료를 소모해야 하는데 그로 인해 로켓이 운반할 수 있는 무게가 30퍼센트 정도 줄어든다. 이것은 분명 단점이지만 이스라엘은 다소나마 그것을 긍정적인 방향으로 발전시켰다. 국가안보 문제가 우주 역량의 발전을 이끌었던 것처럼, 로켓의 역방향 발사도 고해상도 영상과 보안통신을 제공하는 인공위성을 소형화하고 경량화하는 기술혁신을 촉진했던 것이다. 인공위성은 크기가 작아질수록 로켓 하나로 발사할 수 있는 개수도 많아지고 그만큼 비용 대비 효율도 높아진다.

이스라엘은 현재 편대비행이 가능한 나노위성을 개발했고 2026년 궤도 진입을 목표로 울트라샛ULTRASAT 우주망원경을 개발 중이다. 또한 국립지구근접물체정보센터를 설립해 지구를 위협할 수 있는 물체들을 조사하는 동시에 그것들을 처리하기 위한 해결책을 찾고 있으며, 헤르몬산에 건설된 우주선Cosmic Ray 센터는 태양 폭풍 같은 자칫 위험할 수 있는 우주현상을 감시한다.

또한 이스라엘은 달에 돌아가려는 야망도 품고 있다. 그렇다, 〈돌아가는〉 것이다. 이스라엘의 민간기업인 스페이스일은 2019년에 베레시트Beresheet라는 우주선을 달에 보냈다. 하지만 그 우주선은 평온의 바다 상공에서 속도를 줄이던 중 하드웨어에 고장이 발생해 결국 달 표면에 불시착하고 말았다. 베레시트는 여전히 그곳에 있으며 내부에는 작은 히브리어 성경책이 있는데 그 성경에 나오는 첫 번째 단어가 바로 〈창세기〉 혹은 〈태초에〉를 의미하는 베레시트다.

이것은 단지 시작일 뿐이었다. 불시착이 일어나고 1년이 지난 후에 이스라엘과 아랍에미리트는 양국의 관계를 정상화하는 아브라함 협정Abraham Accords을 체결했다. 양국은 모두 우주기술 분야에서 세계적인 강국이기 때문에 비록 스페이스일이 주도할지라도 베레시트 2호 임무가 양국의 합동 프로젝트가 될 것이라는 2022년의 발표에는 나름의 설득력이 있었다.

2025년에 발사가 예정된 이 프로젝트는 달 궤도를 모선이 순환하면서 두 대의 달 착륙선을 내려보내는 것으로, 한 대는 지구와 마주하는 달 표면에 착륙하고 다른 한 대는 지금까지 오직 중국만 탐사했던 달의 뒷면에 착륙하게 된다. 만약 성공을 거둔다면 이것은 최초의 이중 착륙이 될 것이며, 각각 연료를 포함해 고작 120킬로그램에 불과한 두 착륙선은 달에 도착한 가장 작은 우주선이 될 것이다. 모선은 5년 동안 궤도를 더 돌면서 양국 모두의 관심사인 기후변화, 사막화, 급수원에 대한 정보를 포함한 데이터를 전송할 것이다.

2019년에 발사된 베레시트 1호의 측면에는 "작은 국가 원대한 꿈"이라는 문구가 적혀 있다. 이 문구는 중동에서 가장 야심찬 우주 프로그램을 진행하고 있는 아랍에미리트에도 적용될 수 있다.

자국 우주산업에
중국 기업의 진출을 허용한 아랍에미리트

영토는 작지만 에너지 자원이 풍부한 이 아랍 국가는 2009년에야 카자흐스탄에서 첫 번째 관측위성을 발사했고 2014년까지 우주청도 없었다. 하지만 2021년 2월 9일 화성의 대기를 조사하기 위한 호프Hope 우주선이 화성 궤도에 진입하면서 아랍에미리트는 미국, 소련, 유럽우주국, 인도에 이어 화성에 도착한 역사상 다섯 번째 국가가 되었다. 중국은 톈원 1호가 불과 24시간 차이로 늦게 나타나면서 여섯 번째 국가가 되었다.

  아랍에미리트 우주청의 사라 알 아미리 청장은 이 놀라운 성과에 만족하지 않는다. 그녀의 팀은 현재 우주선을 발사해 금성을 근접 통과한 후에 한 소행성에 착륙시키는 총 36억 킬로미터의 비행 임무를 준비하고 있다. 2028년 발사를 목표로 하고 착륙은 2033년으로 예정되어 있다. 이 나라의 우주청은 석유와 가스 의존도에서 탈피하기 위한 아랍에미리트의 광범위한 경제 다각화의 일환으로 설립되었다. 이는 아랍에미리트를 첨단기술의 허브로 변모시키려는 야망에도 부합한다. 그들은 이미 자체 인공위성을 제작할 수 있으며 아랍어로 새 떼를 의미하는 시르브Sirb라는 이름의 소규모 군집위성도 개발하고 있다.

  이스라엘과 마찬가지로 아랍에미리트도 아르테미스 협정 가입국이다. 물론 이 협정이 다른 국가들과의 협력을 금지하진 않지만 아랍에미리트가 자국의 우주산업에 중국이 깊숙이 진출하도록 허용하는 상황은 눈에 거슬린다. 중국 통신장비 업체인 화웨이는 5G 네트워크를 구축하면서 아랍에미리트에 깊숙이 침투해 있다. 화웨이가 보안정보에 접근할 수 있는 그 어떤 불법적인 수단도 사용하지 않았다는 주장만으로는 아랍에미리트의 서방 동맹국들이 느끼는 불안을 잠재우진 못했다. 그래서 2021년에 미국은 보안상에 대한 우려를 표명하며 아랍에미리트에 F-35 전투기 50대를 판매한다는 계약을 취소했다. F-35 전투기는 화웨이의 5G 기술을 사용하진 않겠지만 아랍에미리트 네트워크 시스템의 지상 기지국과 통신탑에서는 미국의 최신 전투기가 운영되는 방식을 쉽게 파악할 수 있기 때문이다. 2023년 중반에도 양측은 여전히 이 문제의 해결 방안을 논의하고 있었다.

아랍에미리트는 2026년에 자체 개발한 달 탐사 로버인 라시드 2호를 중국 로켓에 실어 달로 보낼 계획인데, 아마도 아르테미스 3호 유인 우주선의 착륙 예정지 중 한 곳 근처에서 작업하게 될 것이다. 하지만 그 계획은 2023년 3월에 중국과의 협력을 금지하는 미국의 기술 규제로 인해 좌초되었다. 라시드 2호가 미국에서 제작한 부품을 사용하기 때문이다. 그럼에도 중국은 아랍에미리트가 여전히 많은 국가들과 협력해 달 기지를 건설하려는 자신들의 전반적인 계획의 일부라고 말한다.

군사적 용도를 위장하는 이란

중동 지역에서 자체 발사 능력을 갖춘 또 다른 국가는 이란이다. 1999년에 이란은 인공위성과 그것을 궤도에 올려놓는 데 필요한 로켓을 함께 제작한다는 목표를 발표했다. 하지만 로켓 관련 부분은 장거리

미사일 개발을 은폐하기 위한 구실로 사용되었다.

이란의 우주국은 정보통신부 관할이지만 우주로 발사되는 로켓을 제작하는 기업들은 미사일도 만들 수 있는 국방부의 자회사들이다. 이란의 가장 강력한 군대인 이슬람혁명수비대(IRGC)는 자체 우주 프로그램을 운영하고 있고 대통령이 아닌 최고지도자(이슬람 종교 지도자로 국가를 대표하는 실질적인 원수)에게 직접 보고한다. 2020년에 이란은 자체적으로 제작해 운영해 오던 몇몇 인공위성에 더해 추가로 명백한 군사위성을 발사했다. 2022년에는 두 번째 정찰위성이 발사되었다.

이처럼 이란은 인공위성과 로켓의 제작, 발사, 운영 능력을 갖추었지만 아직은 능숙한 수준이 아니다. 로켓은 종종 실패했고 인공위성은 대체로 성능이 떨어지고 수명도 짧았으며 범위도 저궤도에 한정되었다. 그럼에도 이란의 과학자들은 꾸준히 연구하며 발전하고 있고 야심만만하다. 하지만 2025년까지 사람을 우주로 보낸다는 호언장담은 다소 무리인 듯싶다. 2013년에 이란은 2018년을 데드라인으로 정했다. 당시 대통령이던 마무드 아마디네자드는 호기롭게 최초의 이란 우주비행사를 자청하고 나서면서 자신은 이란의 야심찬 우주 프로그램을 위해 기꺼이 목숨을 바칠 준비가 되어 있다고 말했다. 그에게는 다행스럽게도 그 프로그램은 실현되지 못했다. 이제 2025년이 왔지만 2032년이 더 현실적일 듯싶다.

2021년에 에브라힘 라이시 대통령이 집권하면서 그의 행정부는 이란 우주 프로그램의 비참한 상태를 애석해하며 다시 활성화하겠노라고 다짐했다. 우주국 책임자는 해고되었고 정부는 5년 안에 인공위성을 정지궤도에 올리겠다는 의지를 밝혔다. 이란은 자신들이 반드시 중동 최고의 우주강국이 되어야 한다고 천명했다. 저궤도에 발사되는 인공위성의 수도 늘었고 항구도시 차바하르에 새로운 발사센터를 건설한다는 계획도 수립했다. 이란 남동부에 위치한 그곳은 적도에 가깝기 때문에 로켓이 이륙한 후에 인도양 상공을 가로질러 동쪽으로 날아갈 수 있다. 2022년 말 러시아와 공동으로 위성을 제작하기로 협정을 체결하면서 이란의 노하우는 더욱 가속화될 것이다.

이란은 이스라엘과 미국 같은 잠재적 적대국이 우주에서 우위를 차지하는 것을 막고자 한다. 이론상으로 그들은 중거리 탄도미사일을 킬러 위성(적의 군사위성을 파괴할 목적으로 만든 인공위성)으로 개조할 수 있지만 300킬로미터 상공에서 초속 7.8킬로미터 속도로 이동하는 물체를 타격하는 데 필요한 정확도는 현재 그들의 능력을 넘어서는 것이다. 차라리 인공위성을 교란하고 기만하는 방법이 훨씬 경제적이고 수월하며 이란은 이미 그런 경험을 갖고 있다. 여러 해 동안 이란은 자국으로 송출되는 수십 개의 페르시아어 방송에 대해 전파교란을 해왔다. 케이블 기반의 인터넷은 철저히 검열되고 있어 수백만의 이란인들은 정보를 얻기 위해 인공위성에 의지하고 있다. 따라서 이것은 정부가 나라 밖에서 들어오는 신호를 탐지하고 차단하기 위해 끊임없이 전쟁을 벌여야 한다는 것을 의미한다.

다른 많은 국가들과 마찬가지로 이란도 민간 및 군사 목적으로 우주를 사용하고 있으며 동시에 대부분의 국가들처럼 군사적 측면을 위장한다. 아무리 부정해도 사실상 이란이 핵무기를 보유하려 하기 때문에 많은 선진국들은 이란의 우주 프로그램에 신경을 곤두세우며 그것을 중단시킬 방안을 모색하고 있다. 하지만 기술력이 부족한 많은 국가들은 대체로 우주는 먼저 그곳에 간 소수에 의해 독점되어서는 안 되며 과학적, 경제적, 심지어 군사적 발전을 위해 인류 모두에게 개방되어야 한다는 이란의 견해에 동조한다.

우주기술의
수입국으로 남아 있을 수만은 없는 아프리카

아프리카 국가들은 확실히 이란의 견해에 찬성한다. 남아프리카공화국, 나이지리아, 케냐, 보츠와나, 르완다를 비롯한 많은 나라들이 국가 차원에서 우주국을 운영하고 있다. 당장 우주탐사에 참여할 단기적인 욕심을 가진 국가는 거의 없지만 그들은 우주활동과 관련된 모든 법 체제에 대해서는 전 세계가 협의해야 한다고 주장한다. 또한 대부분 중국과 미국의 우주경쟁에서 어느 쪽도 확실하게 편들지 않았고 두 나라 중 자국 우주산업을 발전시키는 데 있어 가장 좋은 조건을 제시하는 국가와 협력할 것이다. 일례로 나이지리아는 첫 두 대의 인공위성은 중국을 통해 발사했지만 2022년에 미국이 주도하는 아르테미스 협정에 르완다와 함께 가입했다. 또 러시아는 아프리카 국가들의 인공위성을 가장 많이 발사했고 프랑스, 미국, 중국, 인도, 일본이 그 뒤를 이었다.

아프리카 국가의 단결과 협력 증진을 위해 결성된 아프리카연합African Union은 급격히 증가하고 있는 12억 아프리카 인구의 생활수준을 높이기 위한 장기적인 의제인 〈어젠다 2063〉에서 대륙 전체 우주 전략 개발을 15개 핵심 프로그램 중 하나로 천명하고 있다. 이 연합은 아프리카가 우주기술의 수입국으로 남아 있을 여유가 없음을 인식하고 빠르게 성장하는 우주 관련 스타트업 기업들을 지원하고 있다. 하지만 2017년에 아프리카연합 산하 우주국 설립을 위한 결의안을 통과시키고 본부를 유치할 국가로 이집트를 선정했음에도 별다른 진전을 보이지 못하고 있다. 오히려 각각의 국가들이 개별적으로 움직이고 있다.

많은 국가들이 자체적으로 우주국을 운영하고 있긴 하지만 아프리카 대륙에는 발사시설이 전혀 없는 실정이다. 인종차별 정책이 시행되던 기간에 남아프리카공화국은 핵무기를 보유했고 케이프타운 동부 해안의 데넬 오버버그 시험장에서는 우주로 로켓을 발사하기도 했다. 그곳에서는 이스라엘의 제리코-2 로켓의 테스트가 이루어졌을 뿐만 아니라 1980년대 후반에는 준궤도 비행에 성공했던 남아프리카공화국의 로켓 세 대도 발사되었다. 하지만 1989년에 정권을 잡은 F. W. 데 클레르크가 인종차별 정책을 폐지하기 위해 노력하고 핵 프로그램의 종료를 지시하면서 상황이 완전히 바뀌었다. 1991년에 남아프리카공화국은 핵확산금지조약에 서명했고 그 과정의 일환으로 오버버그의 장거리 미사일 발사센터를 해체했다. 그때부터 어떤 아프리카 국가도 자체적인 발사 능력을 갖추지 못하고 있다.

하지만 어쩌면 이 같은 상황이 바뀔지도 모르겠다. 2023년 초에 지부티는 중국의 홍콩항천과기그룹과 자국에 우주기지를 건설한다는 양해각서를 체결했다. 이 계획에 따르면, 아프리카의 뿔에 위치한 작은 국가인 지부티는 최소 10제곱킬로미터의 토지를 35년 동안 중국에 임대하고 그 기간이 끝나면 중국은 그곳의 기반시설을 지부티 정부에 반환할 예정이다. 10억 달러 규모의 이 프로젝트에는 항만시설과 도로 건설도 포함되는데 중국은 이를 통해 자국의 항공우주 장비를 일곱 개의 인공위성 발사대와 세 개의 로켓 실험용 발사대가 세워질 부지까지 운송할 수 있다.

만약 이 프로젝트가 실행된다면 중국은 아프리카의 핵심 요지에 우주기지를 보유하게 된다. 지부티는 적도에 가까워 발사 비용이 절감된다. 더불어 그곳은 아덴만에 이르기 전까지 바다가 좁아지는 홍해의 병목지점에 자리하고 있어 중국 해군기지의 거점도 될 것이다. 이런 전략적 요충지에 우주 관련 시설을 건설하면 중국은 그 지역에서 막대한 영향력을 행사할 수 있다. 또 지부티 입장에서는 명성을 얻고, 첨단산업에 해외 투자를 유치하고, 수십 년 후에는 관련 시설을 인계받을 것이다.

머지않은 미래에 인공위성은 많은 아프리카 국가의 주요 성장 분야가 될 것이다. 대부분의 아프리카 경제는 주로 농업에 의존하고 있어 그만큼 기후변화에 매우 취약하다. 1998년에 아프리카 대륙의 첫 번째 인공위성이 궤도에 진입한 이후로 40개 이상의 인공위성이 우주로 보내졌고 발사율 또한 높아지고 있다. 첫 번째 인공위성은 이집트의 나일셋Nilesat 101로 그것의 역할은 500만 가구에 멀티미디어 서비스를 제공하는 것이었지만 이제는 대부분의 인공위성이 환경을 모니터링하기 위한 목적으로 설계되고 있다. 그들이 보내는 데이터는 삼림과 호수의 크기 변화를 조사하는 데 사용되며 임박한 문제들에 대한 조기경보 시스템 역할도 할 수 있다. 또한 식량 생산을 촉진할 수도 있다. 가나 대학은 열대우림동맹 및 다른 단체들과 협력해 SAT4 농업 프로젝트를 추진했는데, 이를 통해 코코아를 재배하는 수만 명의 가나 농민들에게 위성에서 보낸 데이터를 활용해 개별적인 토지 정보를 제공함으로써 수확량과 소득을 높일 수 있도록 도움을 준다.

남아프리카공화국은 자체적으로 인공위성을 개발하고 있고 2022

년에는 스페이스X를 통해 자신들이 설계하고 제작한 나노위성 세 대를 궤도에 진입시켰다. 각각 가로, 세로, 높이가 20센티미터, 10센티미터, 10센티미터의 크기에 불과한 이 인공위성들은 해양 영역 인식 군집위성의 일부로 남아프리카공화국 해안에 있는 선박들을 탐지하고 식별하는 역할을 한다. 남아프리카공화국의 배타적 경제수역은 해안에서 200해리까지 인정되는데 이 나라는 해안선이 굉장히 길기 때문에 배타적 경제수역이 자국의 영토보다 더 넓다. 때문에 나노위성들 덕분에 이제는 수십 년 전보다 훨씬 더 정확하게 영토를 관리할 수 있게 되었다.

한편 나이지리아도 자체 인공위성을 보유하고 있는데 정부는 이를 북부 지역의 보코하람(나이지리아의 이슬람 극단주의 테러 조직) 반군을 감시하는 데 활용했다. 하지만 2021년에 여학생 집단 납치 사건이 발생하면서 관측 범위의 한계가 드러났다. 나이지리아 국가우주개발연구기구의 책임자는 고화질 관측위성이 "폭동이 일어난 지역의 상공에 정지해 있지 않았습니다"라고 말하면서 당국이 소녀들을 납치한 집단의 움직임을 추적하지 못했다는 사실을 인정했다. 따라서 앞으로 인공위성이 늘어나면 관측 범위도 확장되고 아프리카 대륙의 분쟁 지역에 평화유지군을 파견해온 나이지리아의 오랜 전통에도 도움이 될 것이다.

아프리카에서 주목을 받는 또 다른 분야는 천문학이다. 비교적 청명한 그곳의 밤하늘은 외국 기업과 학계의 관심을 받고 있다. 에티오피아, 이집트, 나이지리아, 나미비아, 모리셔스, 가나는 모두 주요 천문관측서를 보유하고 있으며 열성적인 아마추어 천문학자들을 위한 천체 관광 산업 또한 성장하고 있다.

남아프리카는 특히 시각천문학(visual astronomy, 망원경이나 쌍안경 같은 도구를 사용해 천체를 직접 눈으로 관찰하는 천문학의 한 분야)과 전파천문학에 좋은 입지를 갖추고 있다. 그곳에는 전파가 드물고 하늘도 맑고 은하수도 직접 볼 수 있는, 거의 사람이 거주하지 않는 방대한 지역들이 많다. 일례로 탁 트인 시야 덕분에 세계 최대의 전파망원경 중 하나인 미어캣MeerKAT 망원경이 남아프리카공화국의 노던 케이프에 자리하고 있다. 그 망원경은 남아프리카공화국 정부의 자금 지원을 받아 10년에 걸쳐 3억 3,000만 달러가 투입되어 완성되었다. 그것은 각각 20미터 높이의 위성접시 64개로 이루어져 있다.

2018년에 가동된 이후로 미어캣 망원경은 은하수보다 22배나 큰 규모인데도 그동안 드러나지 않았던 거대 은하를 발견한 것을 포함해 연이어 여러 성과를 거두었다. 향후 몇 년 안에 이 망원경은 스퀘어킬로미터어레이(Square Kilometre Array, SKA)에 통합될 예정인데, 이것은 인도, 중국, 이탈리아, 포르투갈을 포함한 12개국 이상의 국가들이 투자한 자금으로 남아프리카공화국과 오스트레일리아에 200개의 연계형 위성접시와 13만 1,000개의 안테나를 설치하는 대규모 국제 프로젝트다. 2030년 정도에 완공되면 SKA는 세계 최대 규모의 과학 구조물이 될 것이다. 비록 150킬로미터 이상 흩어져 있을지라도 위성접시와 안테나를 모두 합치면 총면적은 약 1제곱킬로미터에 달하는데 바로 이것이 SKA 이름의 유래이기도 하다.

SKA는 광학 우주망원경의 시야를 방해하는 우주먼지의 구름을 뚫고 관측할 수 있기에 우리의 지식에 혁명을 일으킬 것으로 전망된다. 또한 혹시라도 존재한다면 수조 킬로미터 떨어진 행성에서 보내는 전파 신호도 포착할 수 있을 정도로 아주 민감하다고 알려져 있다. 이 프로젝트는 국가와 기업 간의 협력이 모두에게 얼마나 유익한지 보여주는 사례다. 우주시대가 시작되고 수십 년 동안 우리는 수많은 사례들을 보아왔고 비록 세계는 양극화되고 있지만 여전히 많은 과학적, 상업적 노력이 진행되고 있다. 하지만 냉혹한 정치와 연관되면 우리는 다시 냉혹한 현실로 돌아가야 한다.

위에서 언급한 국가들뿐만 아니라 브라질, 튀르키예, 인도네시아 같은 잠재적인 국가들도 감히 빅 3 우주강국의 지위에 도전할 엄두를 내지 못한다. 다른 지역에서는 라틴아메리카및카리브해우주국의 일곱 개 회원국을 찾을 수 있는데, 2020년에 창설된 이 조직은 아프리카우주국과 마찬가지로 개발에 초점을 맞추고 있다. 2019년에 설립된 아랍우주협력그룹도 있지만 소통은 거의 이루어지지 않고 있다. 물론 11개 회원국은 매년 회의를 개최하지만 아직은 대부분의 활동이 국가적 차원에 머물고 있다. 저마다 독자적인 인공위성 역량을 구축하면서 동시에 이런 기구를 통해 협력하는 상황은 대부분의 국가들에게 합리적인 선택이다. 다만 아프리카우주국의 추진 과정은 이들 기구가 타성에 빠져들면 겪게 될 함정을 보여준다.

유럽우주국을 제외하면 진정한 지정학적, 우주정치학적 관점에 부합하는 두 세력권은 미국 주도의 아르테미스 협정과 중국-러시아가 맺은 달 관련 협약이다. 이들 셋은 모두 우주에서의 행동 기준과 국제법을 마련하기 위해 노력하고 있다. 대체로 유럽우주국은 중국과 러시아보다 미국의 관점에 더 가깝다. 다른 국가들은 단지 특정 우주 문제에 대한 견해뿐만 아니라 어느 한쪽 세력권이나 다른 쪽 세력권을 편들 경우 그것이 자국과의 관계에 미칠 영향을 고려해야 한다. 우주가 경제적, 군사적으로 중요성이 커질수록 어느 한쪽을 선택해야 한다는 압박도 커질 것이다. 이는 지구에서도, 우주에서도 마찬가지다.

2038년,
결국 우주전쟁이 일어나다

앞 페이지 그림: 우주에서 레이저를 발사하는 군사위성

"무한한 것에는 두 가지가 있다. 바로 우주와 인간의 어리석음이다.
그런데 나는 우주에 대해서는 확신할 수 없다."
- 알베르트 아인슈타인

인류는 새로운 영역으로 모험을 떠날 때마다 전쟁을 치렀다. 선박의 제조는 전함으로 귀결되었고 비행기의 발명은 전투기와 폭격기를 탄생시켰다. 우주도 전혀 다르지 않아 이제 그곳에서는 〈잠재적인 전장〉이 형성되고 있다.

우리는 우주에서 평화적인 활동을 수행하도록 이끌 수 있는 유의미한 체제가 없다는 것을 이미 알고 있다. 또한 점점 더 많은 국가가 우주활동에 참여하고 있고, 이미 라그랑주 점부터 달 기지에 이르기까지 관심이 집중되는 핫 스팟을 두고 긴장이 표출되고 있다는 것도 잘 알고 있다. 그렇다면 만약 우리가 우주를 두고 대립을 향해 치닫는다면 그것은 어떤 모습으로 표출될까?

개념상으로 일부 우주정치학 학자들은 우주전쟁을 〈하늘 위의 교통로〉를 차지하기 위한 싸움으로 이해해야 한다고 주장하는데, 지구에서 각국이 해상 항로와 그에 따른 교통과 교역을 두고 경쟁을 벌여 왔던 것처럼, 전 세계 국가들은 이제 우주에서도 궤도 항로를 두고 경쟁을 벌이게 된다는 것이다. 한편 우주전쟁 전문가 블레딘 보웬 같은 사람들은 지상의 강대국들이 해안선 주위의 바다를 장악하는 것처럼 그 위력을 우주에도 투사해 상공의 영역도 지배할 수 있다는 것을 고려해 이런 궤도 항로를 "우주 해안선Cosmic Coastline"이라고 부른다. 일반인들에게는 우주를 그 아래에 있는 영토나 전장을 지배하기 위해 점령해야 할 장소인 〈고지대high ground〉라고 생각하는 편이 이해하기 쉬울 수도 있다. 물론 모든 사람이 이 용어에 동의하는 것은 아니다. 보웬 교수는 고지대라는 말에는 우주의 자산은 무슨 수를 써서라도 지켜야 한다는 의미가 내포되어 있고, 단지 우주를 〈어떤 우위를 얻기 위한 장소〉로 언급하려는 의도가 다분하다는 점에서 잘못 사용된 단어라고 주장한다.

하지만 어떤 식으로 이 문제를 바라보든 간에 대부분의 분석가들은 단기적으로 어떤 강대국도 단독으로 우주를 장악할 수는 없으며, 지금도 가장 막강한 우주비행 국가조차 지구를 장악할 수 있는 것은 아니라는 데에 동의한다. 그러나 군사적, 경제적 측면에서 우주의 중요성이 커질수록 그만큼 경쟁 또한 치열해질 것이라는 데에는 대체로 동의한다. 이론상으로는 한 강대국이 결국 패권을 거머쥘 수도 있기 때문에 모든 주요 국가들은 경쟁에서 밀려나지 않기 위해 이 분야에 대대적으로 투자하고 있고 그 아래에 있는 국가들은 빅 3 우주강국에 대한 의존도나 그들의 지배력을 줄이려고 애쓰고 있다.

첫 번째 우주전쟁이 일어날 수 있는 퍼즐들은 이미 맞추어져 있다. 적어도 향후 10년 동안 우주에서 일어나는 전쟁은 대체로 지상에서 벌어지는 전쟁과 연관될 것이다. 기술 선진국들이 너무 많은 부분을 우주에 의존한다는 점을 감안하면 우주는 현대의 군사 전략에서 핵심을 차지한다. 인공위성이 없으면 지휘관들은 어디에 항공모함과 장거리 미사일, 병력을 배치할지 알지 못한다. 또한 어디에 적이 있는지도 알지 못한다.

에브렛 돌먼 교수는 단기적으로 우주전쟁은 중국, 대만, 인도, 일본, 미국을 포함한 아시아-태평양 지역의 긴장에서 비롯될 가능성이 가장 크다고 예측한다.

"현재 미국이 군사력을 행사할 수 있는 능력은 거의 전적으로 우주에서의 지원에 기반하고 있습니다. 여기에는 정밀 유도, 정보, 정찰, 그리고 적의 배치와 의도를 완벽하게 알고 있다는 환상에서 비롯된 정치적 의지 등이 포함됩니다. 따라서 중국이 미국이 반대하는 지상에서의 군사행동을 개시하기 전에 미국이 우주에서 받을 수 있는 지원을 미리 차단한다면 엄청난 우위에 서는 것입니다."

이러한 상황은 불가피한 것이 아니며 억지력을 발휘하는 수단 또한 많이 존재한다. 하지만 과거에도 잘못된 계산과 오해로 인해 전쟁에 휘말렸던 것이 사실이다. 국가는 선택에 의해 전쟁을 벌이기도 했다. 전쟁을 치르기로 선택한 경우를 전제로 한 다음의 가상 시나리오는 지상의 전쟁에서 우주가 어떻게 더 큰 역할을 할 수 있는지에 대한 하나의 가능성을 보여준다.

2030년,
중국과 미국의 일촉즉발 상황

2030년 5월 2일, 03시 09분, 콜로라도 샤이엔산 공군기지

스페셜리스트 포(Spc4/E-4) 우주 시스템의 야간 담당자는 중국 인공위성 두 대가 대만해협을 관리하는 미국 인공위성에 접근하고 있다는 것을 감지했다. 그녀는 우주군 동료들로부터 비교적 신참 요원이라고 불리지만 중국군이 해안에 병력을 집결시키고 있다는 것을 파악하면 즉시 상부에 보고해야 한다는 것 정도는 알고 있다.

중국 인민해방군은 지난 3개월 동안 함선, 병력, 상륙정 등을 해안으로 이동시키면서 대만을 공격할 수도 있다는 신호를 보냈다. 하지만 미국은 혼란스러웠다. 중국군 집결지의 위치를 보면 대만해협 너머를 침공할 태세지만 상륙정의 수는 공격을 감행하기에는 턱없이 부족한 수준이기 때문이다.

5월 2일 07시 24분

중국 인공위성은 더 가까이 접근했고 백악관에는 스페셜리스트 포의 최초 보고가 들어왔다. 그러자 단호한 외교 메시지가 곧장 베이징으로 전송된다. "귀국의 인공위성이 너무 바짝 붙어 따라오고 있다. 떨어져라." 바로 그날 답장이 왔다. 중국은 자국 인공위성에는 전혀 악의가 없다고 주장하면서 2002년 유엔에서 채택한 우주조약 관련 원칙을 언급한다. 즉 "천체의 모든 영역에 자유로운 접근이 허용되어야 한다"는 원칙 말이다. 더불어 미국이 중국의 인공위성을 근거리에서 감시하면서 벌어졌던 2028년의 상황을 상기시켰다.

5월 내내 긴장이 고조되었는데, 특히 미국이 중국 인공위성과 미국 인공위성 사이에 투입할 소형 보디가드 인공위성 두 대를 발사한 후에 더 심해졌다. 일주일 후에 연대의 표시로 영국도 같은 행동을 취했다.

6월 1일
이 사건은 언론의 헤드라인에서 자취를 감추었다. 아무 일도 일어나지 않았고 어쨌든 대만해협은 우기에 접어들어 침공을 시도하기에는 날씨 또한 좋지 않았다.

9월 4일
바다는 잔잔하다. 하지만 외교적 긴장은 거친 바다로 향해 나아갈 태세다.

9월 12일 09시 20분
파이브 아이즈의 정보 수집 네트워크와 연계된 오스트레일리아의 한 인공위성이 이유 없이 궤도를 이탈해 대기권으로 추락하면서 불타버렸다. 이어서 또 다른 중국 인공위성이 천천히 미국의 한 인공위성으로 접근하는데 이 위성은 미국의 핵 억지력을 위한 지휘통제 시스템의 일부에 속한다. 그러자 워싱턴은 경보 단계를 상향 조정한다. 대만해협을 관리하는 자국의 역량을 잠재적으로 위험에 빠뜨리는 것과 자국의 핵 억지력을 교란할 수 있는 능력을 갖추는 것은 전혀 별개의 문제다. 만약 조기경보 시스템의 일부가 교란되면 미국은 기습 핵 공격에 취약해질 것이다.

미국은 유엔 안전보장이사회의 긴급회의를 소집해 다른 국가들이 일정한 범위 안으로 침범하지 못하는 〈위성 안전지대〉를 만들자고 제안한다. 하지만 미국이 얻은 수확은 전혀 없다. 중국은 자신들은 법규를 준수하고 있다는 말을 반복하면서 우주조약을 언급하는데, 이 조약은 해당 영역이 "주권 주장에 의해 국가의 전용 대상이 되지 아니한다"라고 명시하고 있다.

9월 19일 19시 41분

중국 함선들이 병력을 태우고 내리는 훈련을 시작하자 워싱턴은 도쿄만에서 항공모함 함대를 출동시키면서 대만에서 비행기로 1시간 거리에 있는 오키나와 해상에서 일본의 항공모함과 합류하라는 지시를 내린다. 영국은 포츠머스에서 퀸 엘리자베스 항공모함 함대를 파견하고 오스트레일리아는 신형 핵추진 잠수함을 필리핀해로 보낸다. 인도와 대한민국은 침착한 대응을 요구한다.

10월 3일 04시 정각(태평양 표준시)

일이 터졌다. 하지만 미국이 우려했던 것과는 달랐다.

중국 함대가 공군의 호위를 받으며 항구를 출항해 해안을 따라 이동한다. 20분 후, 대만해협을 관리하는 미국 인공위성을 바짝 뒤따르던 중국 인공위성 두 대가 미국 인공위성의 카메라에 빛을 발사하며 기능을 마비시킨다. 동시에 그 지역 전반에 걸쳐 있는 미국, 일본, 오스트레일리아의 인공위성들도 중국에서 송출한 교란 신호에 방해를 받는다. 이 순간, 출항한 중국 함대는 항구로 회항하기 시작하지만 함대를 호위하던 중국 전투기들은 해안을 따라 곧장 중국 본토에서 불과 3킬로미터 떨어진 대만령 킨먼섬으로 향한다.

중국 인민해방군은 1949년에 그곳에서 패배를 겪었는데 1958년에 재차 점령을 시도했음에도 끝내 실패했다. 하지만 이번에는 거의 시작하자마자 전투가 끝나버린다. 대만은 2000년에 5만 명이던 그 섬의 주둔군을 2020년대에는 고작 3,000명으로 줄였다. 대만은 중국의 세 번째 침공을 막기 위해 2022년에 처음 배치한 우치우섬의 최신형 무인 자동 발사 단거리 무기 시스템에 의존하고 있었다. 하지만 하이난섬 무미안 근처에 있는 중국의 전자전 담당자들은 이미 그 시스템 내부에 깊숙이 침투해 있다. 그래서 소수정예의 중국 특수부대가 소형 쾌속정을 타고 짧은 거리를 가로질러 맹렬한 기세로 킨먼섬 해안에 상륙할 때 총성은 거의 들리지 않는다. 그나마 작동하는 극소수의 무기조차 엉뚱한 방향으로 조준된다. 가장 큰 문제는 이 특수부대가 아니다. 대만 공군이 187킬로미터 떨어진 대만 본토에서 목표물을 제대로 인식하지 못한 채 초계 비행을 하는 동안 중국의 낙하산 부대원 2만 명은 공군의 완벽한 엄호를 받으며 킨먼섬으로 하강한다. 줄어든 대만 주둔군 방어력의 30퍼센트가 겨우 중국의 첫 번째 공격에 무너진다. 패배는 기정사실이다. 09시 50분에 항복이 선언되고 16만 명의 섬 주민들은 이제 중화인민공화국의 통치를 받게 된다.

대만은 미국이 반격에 참여해줄 것을 호소한다. 하지만 워싱턴은 거부했고 대만은 자국 단독으로는 반격할 수 없다는 것을 알고 있다. 하지만 미국도 어떤 형태로든 대응이 필요하다는 것을 잘 알고 있다.

10월 4일 10시 10분(태평양 표준시)
하루의 시간이 걸렸지만 소형 추진로켓을 장착한 미국의 보디가드 인공위성 두 대가 중국 인공위성 위로 이동해 로봇팔로 그들을 대기권 아래로 밀어내자 그 위성들은 추락하면서 파괴된다. 중국은 분노했지만 뒤이어 벌어지는 상황은 훨씬 더 위험하다.

10월 4일 12시 55분(태평양 표준시)

미국은 자국의 핵 지휘통제 위성에 가장 근접한 중국 인공위성을 향해 레이저빔을 발사해 산산조각을 낸다. 그들은 이때 2020년대 초에 평화적인 목적으로 레이저 기능을 장착했던 재사용이 가능한 X-37의 업그레이드 버전인 X-40A 무인 우주비행선을 사용한다. 이 공격은 비스듬한 각도에서 행해지는데 그로 인해 생성된 약 4,000개의 파편 대부분은 깊은 우주를 향해 날아가고, 수백 개의 작은 조각들은 궤도에 남아 이미 중국을 포함한 여러 국가의 우주비행사들에게 위협을 가한 기존의 우주쓰레기 대열에 합류하게 된다. 설상가상으로 또 다른 미국 인공위성이 해군 통신에 사용되는 중국 인공위성을 뒤쫓고 있다. 이 위성은 24시간에 걸쳐 중국 인공위성에 접근하다가 결국 안테나를 붙잡고 180도로 휘어버린다. 한마디로, 이는 우주에서 일어난 가벼운 〈접촉사고〉라 할 수 있다.

자신들도 같은 방식으로 보복하겠다는 중국의 위협은 무위로 돌아갔다. 마침내 위기는 진정되었지만 그 여파는 여러 해 동안 이어질 것이다. 미국, 일본, 오스트레일리아, 인도네시아, 영국은 대만 본토에 대한 공격이 발생하면 지원에 나선다는 방위조약을 대만과 체결한다. 하지만 여기엔 킨먼섬과 본토 사이의 다른 섬들에 대한 방어 보장은 빠져 있다. 게다가 이것이 우주에서 벌어진 군사활동으로 인정된 첫 번째 사건임에도 불구하고 "내 궤도에서 나가Get Out of My Orbit"

라는 의미인 GOOMO라는 별칭으로 불리는 우주상황인식 조약도 빠져 있다.

인공위성, 매력적인 공격 대상
—

그리고…… 다시 지구로 내려와 보자. 모든 미래의 시나리오는 순전히 이론에 불과한 것이고 앞에서 살펴본 시나리오에 오류가 있을 수도 있지만 그 안에서 언급한 기술은 대부분 이미 존재하는 것들이다. 우주군은 우주 시스템 운영자를 두고 있고, 프랑스는 적극적인 방어의 목적으로 무기를 탑재할 수 있는 보디가드 인공위성을 개발했으며, 인공위성을 교란하고 기만하는 장비 또한 이미 사용되고 있고, 대만은 우치우섬에 자동 발사 단거리포를 배치했으며, 미국의 X-37 우주비행선은 현존하는 우주선이다.

 이미 지상에서 전쟁을 수행하는 데 우주를 활용하고 있지만 당분간 우주전쟁 자체는 아주 천천히 전개될 것이다. 인공위성은 이미 서로를 공격할 수 있지만 인공위성을 조종하려면 서두르지 않고 신중하고 정확한 움직임이 요구된다. 어떤 식으로든 다른 인공위성을 공격하기 위해 목표 지점으로 자신들의 인공위성을 진입시키려면 운영자는 서로 다른 궤도들의 교차점을 계산해야 한다. 이처럼 인공위성의 궤도를 변경하려면 엄청난 노력이 필요하다. 그리고 인공위성이 총알보다 빠른 엄청난 속도로 따라붙는다 할지라도 우주는 어마어마하게 광대하다. 저궤도(160킬로미터 상공에서 시작)와 지구 정지궤도(35,786킬로미터 상공) 사이의 공간을 예로 들어보자. 두 궤도 사이의 부피는 지구 부피의 190배에 달한다. 커버해야 할 공간이 엄청난 것이다.

누군가 우주에서 한 인공위성이 다른 인공위성을 추격하는 실시간 전쟁영화를 만든다면 당신은 하루 전체 휴가를 내고 팝콘도 많이 준비해야 할 것이다. 물론 커피도 필요할 것이다. 장점이라면 화장실을 다녀와도 많은 장면을 놓칠 확률이 적다는 것이다.

이런 느린 움직임에는 나름의 장단점이 있다. 잠재적인 적대세력들은 서로 접촉해 다가올 위기를 해결할 시간을 확보할 수 있다. 하지만 선제공격의 위험이 커지기도 한다. 만약 한 국가가 경쟁국이 몇 개의 인공위성을 지극히 위협적인 위치로 이동시키는 것을 본다면 그 위성을 지원하는 지상의 인프라, 즉 킬 체인(kill chain, 적의 공격 징후를 감지해 선제공격을 가하는 방위 시스템)으로 불리는 것을 공격하고 싶은 유혹을 느낄 수도 있다. 이것은 사이버전을 통해 실행될 수 있다. 하지만 설령 외교를 통해 처리한다고 해도, 즉 이것은 상대의 위협 행위에 대한 비례적 대응이며 더 이상의 공격은 가하지 않을 것이라고 알린다고 해도 이런 행위는 보복을 유발하기 쉽다. 먼저 공격을 당한 국가는 보복공격의 일환으로 직접 상승식 위성요격용 무기를 상대의 인공위성 중 하나에 발사한 후에 마찬가지로 비례성 원칙을 주장할 수 있다. 바로 그 순간 그 어떤 상황이 벌어져도 이상하지 않다. 더 이상의 행위가 일어나지 않으면 다행이지만 최악의 경우에는 핵전쟁이 일어날 수도 있다.

위성요격용 무기는 모든 인공위성에 항상 위협이 되지만 가장 큰 문제는 핵무장 국가들의 조기경보 시스템에서 핵심 역할을 하는 인공위성의 안전이다. 그중 일부는 핵미사일 발사에 대해 경고하지만 다른 일부(AEHF라고 하는 미 공군이 운영하는 군사 통신위성 시스템에 속한 인공위성들)는 핵무기 공격 이후 통신에 사용된다. 이 위성들은 대당 10억 달러를 상회하며 작은 집 한 채 정도의 크기인데 그것들이 위협을 받는다는 징후가 감지되면 이를 소유한 국가들은 극도로 불안해질 것이다.

미래의 인공위성은 더 정교해지고 더 많은 비용이 투입될 것이다. 미국은 2030년에 가동하는 것을 목표로 차세대 공중 지속성 적외선 경고 인공위성 시스템을 개발하면서 수십억 달러를 투입하고 있다. 이 인공위성들도 집채만 한 크기로 인해 아주 매력적인 공격 대상이 될 것이며, 특히 앞에서 살펴본 전쟁 시나리오에서 간략히 다루었던 우주상황인식 문제를 감안하면 조약의 필요성을 보여주는 또 다른 사례가 될 것이다.

이런 문제에 대한 합의가 이루어지지 않은 상태에서는 경쟁이 가열될수록 충돌이 일어날 가능성은 커진다. 아직은 우리가 그런 지경까지 이르지는 않았지만 다음의 시나리오를 고려해 보면 어쩌면 그리 멀지 않은 상황일 수도 있다.

2038년, 전쟁터가 되어버린 달

2038년 4월 4일 05시 10분(달 표준시) 아르테미스 통합 달 기구(AIMS)

일본의 달 감시 근무조는 하루 전에 모스크바 북쪽의 플레세츠크 우주선 발사기지에서 발사된 러시아 우주선을 계속 추적하고 있다. 불과 몇 분 전까지만 해도 그 우주선이 다국적 AIMS 기지에서 500킬로미터 떨어진 러시아 달 기지를 향해 가고 있다는 것이 확실했지만 마지막 순간에 야간 근무조 운영자들은 그것의 궤도가 변경되었다는 것을 알아챘다. 이제 그것은 두 기지 사이의 한 지점으로 향하는 듯하다. 그런데 경로가 다시 변경된다. 운영자들은 몇 차례 빨리 계산을 해보고 즉시 경보 버튼을 누른다.

　아르테미스 협정을 명백하게 위반한 상태로 러시아 우주선은 곧장 달의 남극에 위치한 영원한 빛의 봉우리 지역에 있는 영국 기지로 향하고 있다. 하지만 러시아는 아르테미스 협정 가입국이 아니며 모스크바는 오랫동안 이 협정의 그 어떤 조항도 자신들에게 구속력을 갖지 못한다고 주장해 왔다. 특히 영국이 섀클턴 크레이터 인근에 선포한 자칭 〈안전지대〉 같은 것이 러시아는 마땅치 않았다. 그곳은 밝게 빛나는 봉우리와 다르게 영원히 그늘에 가려져 있으며 따라서 크레이터 내부에 엄청난 양의 얼음과 메탄이 매장되어 있어 달의 가장 중요한 영역으로 여겨진다.

　경보음은 영국, 미국, 일본, 아랍에미리트까지 아르테미스 협정 가입국 4개국의 기지에 모두 울려 퍼지지만 그 누구보다도 영국은 신속하게 행동해야 한다. 로버 로봇이 출동해 착륙로를 차단하고 기지의 에어로크를 이중으로 잠근다. 05시 55분, 러시아 우주선이 로버를 피하면서 비교적 평탄한 표면을 찾아 착륙로의 오른쪽으로 하강하기 시작한다. 06시 09분, 사고가 발생한다. 작고 매끈한 돌덩이 하나가 우주선의 아래쪽에 세게 부딪히면서 우주선 날개가 기울어져 바닥에 충돌한다. 이 충격으로 우주선 동체가 360도로 회전하다가 살짝 왼쪽으로 밀려나 불과 50미터 전방에 있던 로버와 충돌하며 두 동강이 난다.

　영국 의료팀이 전방 구역에 도착한 순간 그들은 러시아 우주비행사

여섯 명의 시체를 발견한다. 후방 구역에서 구조팀은 두 개의 장비를 발견한다. 하나는 기본적인 건설용 로봇이고 다른 하나는 드릴이 장착된 로버다. 러시아는 안전지대에 반대한다는 자신들의 의사를 강조하면서 실상을 표면에 드러내려고 작정한 듯하다. 러시아 입장에서 안전지대는 그저 달의 세력권을 위장하기 위해 사용하는 용어일 뿐이다.

4월 6일 20시 38분

유엔 우주이사회 긴급회의에서 영국은 러시아 우주비행사들의 비극적인 사망에 대해 진심 어린 애도를 전하지만 러시아가 자국의 안전지대를 무시한 것은 유감스럽다고 말한다. 러시아는 착륙 지점을 차단한 것에 대해 영국을 비난하면서 모두에게 1979년의 달조약에 달과 달의 자원은 "모든 인류의 공동유산"으로 명시되어 있다는 점을 상기시킨다. 이에 대해 미국은 그 조약이 비준되지 않았다는 점을 지적한다. 중국은 침묵을 지킨다. 그렇다면 위기가 끝난 것일까?

4월 13일 05시 12분(달 표준시), 두 번째 시도

이번에 러시아는 자신들이 목적지로 이동하는 중이라고 밝힌다. 모스크바는 미국 기업 노스링크에 달의 북극에 위치한 자국의 보어 기지에 착륙해 희토류를 채굴할 것이라고 통보한다. 하지만 노스링크는 그동안 희토류의 정확한 매장 위치를 확인하기 위해 상당한 투자를 해왔기 때문에 이것은 자신들의 상업적 권리를 침해하는 것이라고 응답한다. 이와 관련해 미국 정부는 러시아에 자국민을 보호할 미국의 의무는 지구 경계 너머까지 확장된다고 경고하면서 자국 우주

군에게 경계 태세를 강화하라고 지시한다.

러시아 우주선이 하강하기 시작하자 미국은 로버 세 대로 착륙로를 막고 반복적인 경고 메시지를 보낸다. 이윽고 착륙로의 전방과 우측, 좌측에 배치된 전방작전기지(FOB)에서 다가오는 비행체의 시야를 교란하기 위해 세 방향에서 레이저를 발사하기 시작한다. 그렇게 하면 러시아가 하강을 멈추고 기수를 돌릴 것이라고 예상한 것이다. 그런데 예상 밖의 상황이 펼쳐진다. 러시아 우주선이 전방의 FOB에 광선 빔을 발사한다. 이 빔은 눈부신 레이저를 발사하는 미국 장비를 강력한 위력으로 폭발시킬 정도다. 그 파편은 FOB의 측면에 10센티미터 크기의 구멍을 냈고 두 명의 레이저 담당자 중 한 명의 우주복을 여기저기 찢어놓았다. 그녀는 의료진이 도착하기 한참 전에 죽는다.

러시아 우주선은 하강을 멈추고 러시아 우주정거장과 랑데부하기 위해 돌아간다. 하지만 유엔 긴급회의를 개최하거나 분노의 성명을 발표할 시간조차 없기 때문에 미국은 일단 발포한다. 그들은 크루즈 미사일을 발사해 코카서스 북부에 위치한 러시아의 젤렌추크스카야 기지의 전자광학 센서를 타격한다. 동시에 지상 기반의 직접 상승식 미사일을 사용해 러시아의 정찰위성 세 대를 저궤도 밖으로 날려 보낸다. 사이버 공격으로 상업용 위성 네 대의 기능까지 마비되면서 러시아 휴대전화 대부분이 먹통이 되고 모스크바 증권거래소의 주식거래도 중단된다. 향후 18시간 동안 발생할 러시아의 경제적 피해는 보수적으로 추산해도 약 7억 6,000만 달러에 이른다.

이 공격들은 계산된 것이다. 미국이 목표물로 삼은 것은 러시아의 핵 조기경보 시스템과 직접적으로 연결되어 있지 않으며, 젤렌추크스카야를 타격한 미사일은 제3군 우주감시부 소속 병사 단 세 명의 목숨만 앗아갔을 뿐이다. 이후 러시아의 조치는 전문가들을 당황하게 만든다. 분명 그들은 미국이 보내는 메시지를 읽었다. 미국은 명백히 "그에 상응하는" 대응이라고 여기는 수준으로 행동했고, 이제 러시아도 그 정도로 해두고 외교 채널에 맡기든지 아니면 비슷한 방식으로 대응할 수 있는 적절한 조치를 취할 수 있다. 하지만 러시아는 48시간 동안 킬러 위성 여섯 대를 워싱턴의 핵미사일 조기경보 시스템과 연결된 미국 인공위성들 뒤로 이동시킨 후에 그것들을 공격하기 시작한다. 미 우주군이 직접 상승식 미사일로 러시아의 인공위성 여섯 대를 모두 파괴하기 전에 미국 인공위성 네 대가 공격을 당한다. 미국의 조기경보 시스템 일부가 먹통이 되면서 워싱턴은 경계 태세를 데프콘 2단계로 격상시키는데 이런 상황은 1962년 쿠바 미사일 위기 이후로 처음이다. 모스크바도 맞대응하며 임박한 핵활동 바로 아래 단계인 〈최고 수준의 전쟁 준비 태세〉를 선포한다.

미국은 기존 인공위성들을 신속하게 군사용 우주정거장 옆에서 대기하던 비상용 예비 위성으로 교체한다. 이제 양국은 서로 상대가 핵무기를 준비하고 병력과 함대를 이동하는 모습을 볼 수 있다. 전 세계가 이를 숨죽이며 지켜본다. 이윽고 백악관과 크렘린에서 각각 선제공격을 논의하는 회의가 열리자 중국이 수화기를 든다.

이렇게 세계는 2038년의 핵전쟁 위기에서 벗어난다. 중국은 3국 정상회담을 주최하고 이 빅 3는 달에서 사용하는 모든 채굴용 레이저는 오직 아래쪽으로만 조준한다는 협정을 포함한 몇 가지 신뢰구축 조치를 실행하기로 합의한다. 표면적으로 긴장은 완화되고 있다. 하지만 불과 한 세기도 채 안 되는 기간 안에 상호확증파괴가 두 번째로 거의 한계점까지 시험을 당하고 있다는 것을 모두가 깨닫는다. 1962

년의 쿠바 미사일 위기 때와 마찬가지로 이번에도 사람들이 마음을 모아 재앙을 모면한다. 하지만 언젠가 세 번째 상황이 발생한다면 그때는 그리 행운이 따르지 않을 수도 있다.

우주전쟁을 막기 위한 전략들

앞의 시나리오에서 가장 위험한 부분은 바로 핵무장 국가의 조기경보 시스템이 먹통이 될 수도 있다는 점이다. 만약 한 국가가 잠재적인 적국이 왜 자신들 국가의 조기경보 시스템 기능을 마비시킨 건지 그 이유를 찾지 못한다면 선제공격 가능성이 급격히 커질 것이다.

한편 현재 명백히 당면해 있거나 혹은 아직 드러나지 않고 있지만 조만간 일어날 몇 가지 다른 위험 요소들도 존재한다. 인도와 파키스탄 같은 경우 위성요격용 무기를 사용해 서로를 공격하면서 각각의 동맹국들을 끌어들일 수도 있고 어쩌면 이 두 핵무장 국가가 행동의 수위를 높여 파국으로 치달을 수도 있다.

또 불량국가[18]는 마음만 먹으면 은밀히 킬러 위성을 발사해서 한 국가 혹은 전 세계를 상대로 협박하면서 몸값을 요구할 수도 있다. 우주탐사와 관련된 협정에서 배제된 것에 불만을 품은 또 다른 불량국가는 저궤도에 여러 발의 대형 핵폭탄을 터뜨리면서 대부분의 인공위성을 파괴하고 전 세계를 혼란에 빠뜨릴 수도 있다.

---

18 국제적인 테러를 행하거나 미사일 발사 등을 통해 세계 평화를 위협한다고 미국이 지정한 국가로 쿠바, 이란, 북한 등이 대표적이다.

이 모든 것이 공상과학 소설 같으신가? 1962년에 미국은 스타피시 프라임Starfish Prime이라는 코드명의 군사 프로젝트에 착수했다. 그들은 단지 무슨 일이 일어나는지 보기 위해 태평양 상공 400킬로미터에서 수소폭탄을 터뜨렸다. 그것은 히로시마에 떨어진 원자폭탄보다 100배나 더 강력했다. 단 몇 초 만에 전자기 펄스(핵무기로부터 발생하는 진폭이 작은 감마선)가 하와이에 정전을 일으켰고 하와이부터 뉴질랜드까지의 밤하늘은 인간이 만든 오로라로 인해 빛의 향연이 펼쳐졌다. 이로 인해 지구 주위에는 인공 방사능대가 형성되어 10년 동안 유지되다가 사라졌다. 또한 바로 전날 발사되었던 텔스타 통신위성을 포함해 적어도 일곱 대의 인공위성이 손상되거나 파괴되었다. 미국인들은 "아차!" 싶었다. 훗날 한 과학자는 이렇게 말하기도 했다.

"매우 충격적이면서도 당황스러웠던 것은 스타피시 프라임이 엄청난 양의 전자를 밴앨런대에 추가했다는 사실이 밝혀졌는데…… 이 결과는 우리 모두의 예측에서 벗어난 것이었습니다."

소련도 지구 근처에서 핵폭탄을 터뜨리는 것이 좋은 발상이라고 생각했다. 다행스러운 사실은 미국이 벌인 사건으로 인해 이제 그와 같은 테스트는 금지되었다는 점이다. 하지만 만약 불량국가가 저궤도에서 훨씬 더 강력한 핵폭탄을 터뜨리면 수년 동안 인공위성을 사용할 수 없게 된다는 점을 그 테스트가 입증했다는 것은 불행한 사실이었다. 핵폭풍에 휩쓸린 전자장비는 모두 파괴될 것이고 뒤이은 방사능에 모든 대체장비도 망가질 것이다.

이 모든 상황은 미래의 우주전쟁에서 실현될 가능성이 있는 것들이다. 그렇다면 그런 상황을 막기 위해 우리는 무엇을 할 수 있을까?

우주정치학자 중 강경파는 우주의 군사화가 이미 진행되고 있기 때문에 앞서 나가는 방법은 경쟁자들이 따라올 수 없을 정도로 먼저 속도를 내는 것이라고 확신한다. 이것은 일종의 억제 전략이다.

군비축소와 관련된 오래된 문제는 그 어떤 국가도 무기를 보유하지 않은 국가와 무기 제한을 협상하지는 않는다는 것이다. 〈토머스 정리Thomas theorem〉는 1920년대에 윌리엄 토머스와 그의 부인인 도로시 토머스가 고안했는데 "만약 사람들이 어떤 상황을 실제라고 규정하면 그 상황은 결과적으로 실제가 된다"는 내용은 모든 역사에 걸쳐 적용된 듯하다. 국가는 잠재적인 위협을 실제적인 위협이라고 규정하는 경향이 있다. 따라서 우주강국 중 경쟁국에 밀려 군사적 측면에서 우주경쟁을 아예 포기하기로 한 국가에 의존하는 것은 바람직하지 않다.

군 지휘관들은 정치 지도자들로부터 국익을 향상시킬 수 있는 역량을 개발하라는 임무를 부여받는다. 미 우주군의 2020년 문서에서 이 사례를 살펴보자.

"우주군은 우주에서 미국의 행동의 자유를 보장할 수 있는 군대를 조직하고 훈련시켜 선보여야 한다는 사명을 지닌다. 통합군에게는 치명적인 위력과 효율성을 부여한다……. 우주 전력은 적대적인 행위자에게 대가를 치르게 하고 적의 목표를 일축하는 미국의 역량을 알림으로써 억지력을 뒷받침한다."

이것은 잠재적인 적국에게 전하는 메시지다. 그리고 그들에게 메시지를 전달하는 것도 전략의 일부다.

당신의 비밀을 공개하는 것과 당신이 얼마나 강한지 알려서 적을 억제하는 것 사이에는 미묘한 차이가 있다. 만약 당신이 모든 것을 비밀로 한다면 상대방은 위험을 감수하고 공격해도 된다고 생각할 수 있다. 1980년대 소련과 미국 간의 무기 감축 조약은 서로의 핵역량에 대해 공동 사찰을 실행한다는 합의를 토대로 이루어졌다. "신뢰하되 검증하라Trust but verify"는 레이건이 했던 말로 알려졌지만 사실 그는 러시아의 격언 "도베랴이 노 프로베랴이(Doveryai, no proveryai. 신뢰하되 검증하라)"를 인용한 것이었다.

이제 미국의 군사우주 전략가들은 상대의 기습공격을 억제하기 위해 중국과 러시아에 자신들이 인공위성을 파괴할 수 있는 능력이 있음을 그들에게 보여주어야 하는지를 두고 논쟁을 벌이고 있다. 찬성하는 사람들은 눈에 보이지 않는 무기로는 억제할 수 없다고 주장한다. 반면 반대하는 사람들은 그것이 군비경쟁을 가속화할 것이라고 말한다. 이 논쟁은 전쟁만큼이나 오래되었다.

지금까지 우리는 억지력 덕분에 커다란 붉은 버튼을 누르는 상황을 막을 수 있었다. 상호확증파괴에 따르면, 핵공격은 보복으로 이어지고 그렇게 되면 결국 우리 모두가 파멸하리라는 것을 모두가 알고 있기 때문이다. 돌먼이 설명하는 것처럼 "상호확증파괴는 상호(모두), 확증(변명이나 예외는 없다), 파괴(완전한 손실)의 세 가지 요소로 이루어진다. 만약 위협이 믿을 만하지 않다면…… 억제가 실패한 것이다."

하지만 억지력이 있다고 해도 전통적인 형태의 전쟁까지 막지는 못한다. 우주에서도 마찬가지다. 아무도 최후의 수단에는 손을 대지 않지만 우주활동 역량을 파괴하지 않으면서 사용할 수 있는 다른 방법들이 있다. 인공위성에 대한 전파교란, 해킹 등은 어떤 우주쓰레기도 남기지 않는다. 따라서 상호확증파괴의 억지력은 누군가 이런 유형의 기술을 개발하거나 소규모 전투를 벌이는 것까지는 막지 못하는데 그런 행위는 자칫 확전의 양상을 초래할 수도 있다.

그 대안으로 나타나는 현상이 확대되는 군비경쟁이다. 따라서 이에 대처하기 위해서는 일련의 포괄적인 군비감축 협정을 제도화해야 한다.

수많은 위협 중에서도 가장 큰 위협은 아마도 중국과 미국 간의 경쟁일 텐데 이런 관계를 지정학에서는 〈투키디데스의 함정Thucydides Trap〉이라고 지칭한다. 이 용어는 하버드대 케네디스쿨 총장을 역임한 그레이엄 앨리슨이 집필한 저서 『예정된 전쟁Destined for War』을 통해 널리 알려졌다. 이 책에서 그는 투키디데스의 『펠로폰네소스 전쟁사History of the Peloponnesian War』에 나온 내용을 인용했다. "아테네의 부상과 그로 인해 스파르타가 느끼는 두려움이 전쟁을 불가피하게 만들었다." 지금의 상황에서 아테네는 중국에 해당하고 스파르타는 미국에 해당한다. 앨리슨은 신흥 강국이 기존 강국을 위협했던 16개의 사례를 확인하고 이 가운데 12개 사례가 전쟁으로 귀결되었다는 사실을 발견했다. 전쟁이 일어나지 않은 4개의 사례에서는 창의적인 외교 기술이 발휘되었다. 토르데시야스 조약(Treaty of Tordesillas, 1494년 스페인과 포르투갈이 맺은 사상 최초의 기하학적 영토 조약)을 이끌어낸 교황의 중재는 스페인과 포르투갈 간의 끔찍한 전쟁을 막았고, 20세기에 미국과 러시아의 관계는 핵전쟁 대신 냉전을 탄생시켰다. 4개의 사례는 모두 타협이 이루어졌는데 간혹 지저분한 협상이 연쇄반응을 일으키기도 했지만, 앨리슨이 책에서 주장하는 핵심은 참혹한 무력충돌은 피했다는 것이며 이 사례들은 우주시대의 초강대국들에게도 올바른 방향을 제시할 수 있다. 현재 빅 3 우주강국에게는 타협이 필요하다.

물론 이를 방해하려는 요소들도 많다. 중국과 러시아는 미국의 우주 진출을 지상에서의 우위를 이어가려는 의도로 간주한다. 어떤 면에서는 그들의 생각이 옳을지도 모른다. 마찬가지로 미국도 다른 두 나라의 기술적 성취가 미국에 위협이 되는 그들의 군사적 역량을 강화하는 데 사용될 것이라는 불안감을 떨치지 못한다. 이것도 일리 있는 생각이다.

위협과 대응의 관점에서 그 경계를 어디에 두어야 할지 판단하기는 어렵다. 러시아와 중국은 모두 차세대 극초음속 활강 미사일에서 앞서고 있다. 예측 가능한 궤도로 발사되고 비행하는 대륙간탄도미사일과 달리, 활강 미사일은 상층 대기권에서 최대 마하 8(초속 약 2.7킬로미터)의 속도에서도 방향과 고도를 바꿔가며 비행할 수 있다. 미국의 미사일 방어 시스템은 대응 시간 측면에서 이 속도를 따라가지 못하는데 특히 일정한 궤도가 없으면 목표물을 알 수가 없다. 활강 미사일의 탄두에 핵장치를 탑재할 수 있다는 것을 감안하면 러시아와 중국이 핵공격을 실행하려는 유혹이 매우 클 것이기 때문에 공격을 받기 전에 미국이 핵대응을 단행할 가능성도 커진다.

미국은 극초음속 미사일에 대한 단계별 방어체계를 개발하고 있다. 그들은 우주에서 미사일을 추적할 수 있는 센서를 갖추고자 한다. 동시에 공격 국가의 인공위성에 탑재된 미사일 유도장치를 해상, 육상, 우주에서 조준할 것이다. 더 나아가 미사일을 향해 발포할 수 있는 기능을 갖춘 인공위성이 등장할 수도 있다.

상업적 이익에 대한 방어도 고려해야 할 것이다. 지상에서 이루어진 최근의 사례는 2022년에 중국과 솔로몬 제도 간에 체결한 협정으로, 이 협정에 따르면 현지에서 중국의 이익이 위협을 받으면(2021년에 현지에서 중국의 자산과 중국인들을 노린 폭동이 일어났다) 중국 정부의 군대가 지원할 수 있게 되어 있다. 각 국가는 우주에 진출한 자국의 민간기업들에 대해서도 비슷한 견해를 가질 것이다.

따라서 해결책이 필요하다. 돌먼 교수는 다른 방안을 주장하면서 다음과 같은 〈상호확증의존Mutual Assured Reliance 전략〉을 제안한다.

"우주는 본질적으로 광범위하기 때문에(우주정치학적 분석에 의하면 지구는 우주에서 하나의 점에 불과하다) 우주에서 비롯되는 모든 이익과 손해는 모든 국가가 공유해야 합니다. 물론 그 비율이 균등하지 않다는 점은 인정합니다. 우주에 접근하지 못한다는 두려움에 사로잡히지 말고 인류에게 풍요로운 푸른 미래를 선사하기 위해 모든 국가가 우주탐사를 통해 이익을 거둘 수 있도록 노력해야 할 것입니다."

나는 우리 대부분이 그의 견해에 동의할 거라고 확신한다. 우리는 그런 미래를 향해 나아가야 한다. 무기 테스트, 킬러 위성, 군사용 우주정거장과 우주기지에서 벗어나야 한다.

20세기의 프랑스 철학자 레이몽 아롱은 우주와 관련된 경이로운 현대 기술이 탄생하기 40여 년 전(1983년)에 죽었지만 그 시절에도 우리의 가장 오래된 문제를 인식하고 있었다.

"인간의 마음과 국가의 본질에 혁명이 일어나지 않는다면, 과연 어떤 기적이 일어나 우주를 군사적으로 이용하는 행태를 막을 수 있단 말인가?"

혁명 만세!

달, 화성, 그리고 인간의 마음

앞 페이지 그림: 2021년 2월 18일 화성에 착륙한 최초의 헬리콥터인 인제뉴어티와 탐사 로버 퍼서비어런스를 묘사한 그림이다. 인제뉴어티는 제어된 조종을 통해 화성에서 동력 비행에 성공한 최초의 비행체이며 동시에 지구가 아닌 다른 행성에서 최초로 하늘을 난 기록도 갖고 있다. 2024년 1월 18일 화성 비행 임무를 종료했다.

"나는 미래로 뛰어들었다,
인간의 눈으로 볼 수 있는 한 멀리.
세계의 비전을 보았다,
그리고 그 모든 경이로움을 보았다."
- 알프레드 테니슨 경, 1842년

과거에는 멀리 있던 것이 이제는 가까워지고, 과거에는 느렸던 것이 이제는 빨라지고, 과거에는 불가능했던 것이 이제는 일상적인 것이 되었다. 따라서 이런 사실을 염두에 두고 우주와 미래에 대한 우리의 생각에 한계를 두어서는 안 된다.

다음의 두 신념을 비교해 보자. 먼저 레오나르도 다빈치는 이런 말을 했다.

"나는 항상 인간을 날게 해주는 장치를 만드는 것이 내 운명이라고 느꼈다."

반면 저명한 캐나다계 미국인 과학자인 사이먼 뉴컴은 1902년에 이런 말을 했다.

"공기보다 무거운 장치를 이용한 비행은 비록 완전히 불가능하지는 않다 하더라도 실용적이지도 않고 중요하지도 않다."

하지만 이듬해 라이트 형제 중 동생인 오빌 라이트는 미국 노스캐롤라이나의 소도시 키티 호크에서 비행기를 이륙시켜 다빈치가 상상했던 미래로 날아갔다.

우리는 지금 우주에서 일어날 역사를 써내려 가고 있다. 이미 위대한 선구자들이 놀라운 업적들을 이루었다. 그들은 엄청나게 어려운 곳에 갔고 엄청나게 어려운 일들을 해냈다.

앞으로 20년 동안 엄청난 수의 장애물들을 만나게 될 테지만 그때마다 그것들을 극복하지 못하면 우리는 그 이상의 단계로 나아가지 못할 것이다. 인류는 그저 현실에 안주하려고 여기까지 온 것이 아니다.

우주는 단지 인류의 고결한 미래를 위한 것만은 아닐 것이다. 우주에서는 돈을 벌 수 있고 사람들은 그것을 얻기 위해 우주로 진출한다. 우주와 연관된 상업적 기회는 무궁무진하다. 만약 일반인들에게 우주비행이 일상적인 일이 된다면 우주 호텔은 아주 먼 이야기가 아닐 것이다. 당신의 유골을 저궤도에 뿌리고 싶은가? 그것을 맡아줄 은하계 장례 서비스가 있을 것이다. 만약 어떤 기업이 사람들의 분노에 그다지 신경 쓰지 않는다면 우리의 아름다운 밤하늘을 지평선 전체를 채우는 광고로 망쳐놓을 수도 있다. 만약 당신이 우주선을 타지 못한다면 테크샷의 바이오패브리케이션BioFabrication 장치(신체 장기와 유사한 조직을 출력할 수 있는 3D 프린터) 같은 신기술이 유용할 수도 있다. 이 장치는 저궤도에서 인체의 장기를 프린트할 수 있는데 그렇게 하면 지상에서 세포와 조직의 자연적 성장을 제한하는 중력의 문제를 피해갈 수 있다.

고향에서 38만 5,000킬로미터 떨어진 곳,
우리는 이제 그곳에 살려고 간다

미래로 향하는 첫 단계는 우리가 달로 돌아가는 과정에서 시작될 것이다. 일단 그곳에서 직면하게 될 시급한 문제 대부분은 우리가 지구에서 오랫동안 겪어왔던 문제들과 똑같다. 즉 기본적으로 식량, 물, 거주지가 갖추어져야 한다. 더불어 호흡할 수 있는 공기를 만들어야 하고 그 작업에 필요한 전력원도 찾아야 한다. 이것이 고향인 지구에서 무려 38만 5,000킬로미터 떨어진 곳에서 우리가 해야 할 일들이다.

개척자들은 이미 달의 지형을 조사하고 있다. 초기에 아폴로 우주선이 달의 적도 부근에 착륙한 데에는 여러 이유가 있는데 무엇보다 지구로 귀환하는 과정에서 이륙 후에 시스템이 고장나더라도 적도에서 발사되면 자동 귀환 궤도를 활용할 수 있기 때문이다. 이 방법은 우주선이 달의 중력을 이용해 달 주위를 돌다가 새총이 발사되는 것처럼 지구로 튕겨 나가는 것이다.

달의 적도 주변은 태양에 직접 노출되는 빈도가 가장 높아 양극 지역보다 헬륨-3가 더 많이 매장되어 있을 수 있다. 헬륨-3는 달과 지구에서뿐만 아니라 심우주를 탐사하기 위한 에너지원으로서도 엄청난 잠재력을 지니고 있다는 점을 감안하면 이 지역은 에너지를 구하기에 최적의 장소일 것이다.

하지만 2020년대 후반과 2030년대까지 아마도 달의 적도 부근에서는 활동이 이루어지지 않을 것이다. 거주지를 찾을 때는 오로지 입지, 입지, 입지만을 생각해야 한다. 심지어 석탄창고를 소개하면서도 그곳의 훌륭한 자연채광을 극찬하는 부동산중개인들은 당신에게 똑같은 찬사를 늘어놓으며 달의 적도 인근에 있는 부동산을 팔려고 애쓸 것이다. 실제로 그곳에는 2주일 동안 자연채광이 지속적으로 비치지만 다음 2주일 동안은 계속해서 밤이 이어진다. 이런 현상이 발생하는 이유는 달의 자전이 지구 시간으로 약 한 달 정도 걸리기 때문인데, 따라서 달의 낮과 밤은 각각 지구 시간으로 대략 14일 동안 지속된다. 이는 달리 말해, 만약 당신이 달의 적도에 있는 한 장소에서 고개를 들어 올려다보면 태양이 하늘을 가로질러 사라졌다가 다시 제자리로 돌아오기까지 29.5일이 걸린다는 뜻이다. 이 말은 한 달 동안 달에 휴가를 가더라도 그 기간의 절반 동안은 배터리를 충전할 수 없기 때문에 여분의 배터리를 많이 챙겨가야 한다는 것을 의미한다.

달의 적도에서는 기온이 낮에는 영상 132도까지 올라가고 밤에는 영하 179도까지 떨어지기를 반복한다. 조금 더 과학적인 용어로 표현하자면 〈푹푹 찌는 불볕더위〉와 〈놋쇠원숭이의 고환이 떨어져 나갈 정도의 추위〉가 되풀이되는 것이다. 후자의 표현은 영국 왕립해군이 군함에서 대포를 사용할 때 놋쇠원숭이로 불리는 황동 받침대에 포탄을 피라미드 형태로 쌓아두었다는 전설에서 비롯된 관용구로, 기온이 급격히 떨어지면 황동(놋쇠)이 수축하여 피라미드 형태로 쌓아놓은 포탄 더미가 무너졌다는 것이다. 물론 이것은 사실이 아니다. 보통 포탄을 피라미드 형태로 쌓아두지는 않는데 배가 파도에 흔들릴 때마다 포탄이 떨어지면서 갑판 위로 굴러다닐 것이 뻔하기 때문이다. 하지만 여기서 중요한 사실은 기온에 따라 금속이 수축하고 팽창한다는 개념이다. 당신은 결코 우주선의 금속, 산소통, 주거 공간이 수축하고 팽창하는 것을 원하지는 않을 것이다.

이런 이유로 처음으로 달에 장비를 싣고 가는 사람들은 항상 달의 새벽 기간에 착륙했다. 2주일 동안 이어지는 달의 낮이 시작되는 그 시기에는 극단적인 온도 변화를 피할 수 있기 때문이다. 장비들은 혹서나 혹한을 견딜 수 있도록 설계될 수는 있지만 엄청난 온도 격차는 견딜 수 없다.

달의 적도 지역의 이 같은 어려움을 감안할 때 다음 우주선은 극지방에 착륙할 가능성이 훨씬 크다. 달의 극지방은 영구적인 거주를 위한 최적의 장소로 여겨진다. 적도 지역보다는 춥지만 반영구적으로 태양이 비치는 지역에서는 온도 격차가 그렇게 극심하지는 않기 때문이다.

3장에서 살펴보았던 것처럼 과학자들은 달의 남극에 위치한 남극-에이킨 분지에서 소위 〈정착지 사냥〉을 하고 있다. 그곳은 태양이 지평선 위로 거의 떠오르지 않아 크레이터 깊숙한 곳까지 태양빛이 닿지 못한다. 따라서 크레이터 대부분이 수십억 년 동안 그늘 속에 있었고 아마도 그 내부에는 산소, 수소, 물을 만드는 데 필요한 얼음이 존재할지도 모른다. 그러면 그 원소들로 로켓 추진제를 제조할 수 있기 때문에 그만큼 달 기지는 화성으로 향하는 전초기지가 될 가능성이 크다.

NASA의 과학자들은 첫 번째 달 기지 후보지로 기대되는 몇몇 지역을 찾아냈는데 모두 남극의 위도 6도 이내에 자리하고 있다. 각 지역은 15제곱킬로미터 정도의 규모에 다수의 유력한 착륙장 부지도 포함하고 있다. 태양은 하늘에서 아주 낮게 떠 있지만 최초의 거주자들은 태양광 패널로 충분한 에너지를 집적해 그들의 새로운 시작을 준비할 전력으로 사용할 수 있을 것이다.

어디서 살든지 숨을 쉴 수 있는 산소가 최우선이라는 것을 감안하면 다행히 레골리스regolith라고 불리는 달의 표토에서 산소를 공급받을 수 있을 듯하다. 수억 년 동안 달에 충돌해온 수많은 운석들의 폭격이 남긴 흔적은 수백 파운드짜리 망원경으로 아주 또렷하게 볼 수 있다. 달의 표면은 마맛자국 같은 거대한 크레이터들로 가득하다. 우리가 볼 수 없는 것은 달의 표토를 모래처럼 만든 수백만 개의 미소 운석들이 끼친 영향인데, 표토의 입자는 지구에서 볼 수 있는 모래보다 훨씬 날카롭고 거칠다. 물론 레골리스는 달의 표면 전체를 덮고 있기 때문에 그것을 구하기 위해 굳이 달 끝까지 갈 필요는 없다.

레골리스를 용기에 담아 고온으로 가열하다가 수소와 약간의 과학 지식을 첨가해 보라. 그러면 산소와 수소로 분리할 수 있는 수증기가 생성된다. 자, 그럼 이제…… 숨을 쉬세요.

그런 다음에는 숨을 내쉬어라. 이유는 우주비행사들의 날숨은 산소를 만드는 데 활용할 수 있기 때문인데 실제로 그들의 땀과 소변은 이미 재활용되고 있다. 우주비행사 더글러스 H. 휠록은 《뉴욕 타임스》와의 인터뷰에서 이렇게 말했다.

"국제우주정거장에서는 어제 마셨던 커피가 내일 마실 커피입니다."

이처럼 빛, 물, 산소, 에너지가 있다면 우리는 그곳에서 살아갈 수 있다. 이제 필요한 것은 거주 공간이다. 처음에는 지구에서 가져간 조립식이나 팽창식 구조물들로 만들어질 것이다. 달에 끊임없이 내리쬐는 엄청난 양의 방사선으로부터 거주자들을 보호하기 위해 그 구조물들은 레골리스로 덮어두어야 할 것이다. 중국의 달 탐사 임무 중 독일이 수행한 실험 데이터에 따르면, 희박한 대기로 인해 달 표면의 방사능 수치는 지구 표면보다 200배나 높은 것으로 나타났다. 다행히도 레골리스는 태양 복사에 대한 강한 내성과 낮은 열전도율을 지니고 있기 때문에 달에 기지를 건설할 때 마감재로 사용할 수 있다.

일단 거주 공간이 정상적으로 작동하면 지하 아파트를 포함한 다른 선택지들도 검토할 수 있다. 달에는 동굴로 이어지는 구덩이가 알려진 것만 해도 약 200개가 있는데 그들 대다수는 상시 온도가 영상 17도로 과학자들은 이를 〈스웨터 날씨〉(스웨터를 입기 적당한 날씨)라고 표현한다. 돌출된 바위들이 낮에는 구덩이가 뜨거워지지 않도록, 밤에는 열기가 소실되지 않도록 막는다고 추정된다.

《지구물리학연구회보》에 실린 한 보고서는 "달의 동굴들은 달에서 장기적인 탐사와 거주를 하기에 온화하고 견실하고 안전한 열환경을 제공할 것"이라는 결론을 내렸다. 일부는 지구에서 볼 수 있는 용암동굴과 유사한데, 용암이 식으면서 종종 용암이 흐르는 통로에서부터 시작되는 속이 빈 긴 터널이 생성된다. NASA와 유럽우주국의 우주비행사들은 이미 달의 지하를 탐사하기 위한 훈련을 받고 있다. 그들은 스페인 란사로테섬의 용암동굴로 가서 지형을 경험하고, 터널 안에서 월면 작업차를 운행하는 훈련을 하고, 주행 가능성을 파악하기 위해 주위 환경을 3D 지도로 작성하는 훈련을 받고 있다. 아주아주 오래전에 동굴에서 벗어나 건물을 짓고 살아온 인류가 이제 다시 동굴로 돌아가기 위해 최첨단 기술을 사용하는 것은 그야말로 아이러니하다.

물, 산소, 에너지원이 확보되고 주거지와 경작용 온실이 지어지면 이제 관심은 최대한 빨리 달에 풍부한 희토류를 채굴하는 것이다.

이것이 향후 10년 동안의 대략적인 계획이다. 암스트롱의 거대한 도약은 이제 달에서의 일련의 작은 걸음들로 이어지고 있고 그 발자취는 장차 지구가 아닌 우주에서 태어날 인류의 미래 세대로 이어질 것이다. 이것은 아주 머나먼 길이고 특히 방사능과 저중력의 위험으로부터 임산부들을 보호해야 하는 등 그곳에 도착할 때까지 우리가 극복해야 할 난관은 수없이 많다. 하지만 이미 그 여정은 시작되었다.

2050년 화성,
일론 머스크의 79세 생일파티는 그곳에서!
—

그럼 이제 화성으로 가보자. 달에서 로켓을 발사해도 지구에서 발사했을 때보다 화성과의 엄청난 거리가 단축되지는 않겠지만 그래도 앞서 언급했던 것처럼 발사에 필요한 연료의 양은 절감해 준다. 화성은 달에서 우리가 직면할 모든 문제들에 더해 더 많은 문제들을 갖고 있으며 평균적으로 무려 600배 이상 멀리 떨어져 있다. 인간을 화성에 보내는 일은 그만큼 훨씬 더 어려운 도전이다.

이 여정에서는 타이밍이 가장 중요하다. 지구와 화성이 서로 가장 가까이 있는 시기에 출발하는 것이 좋은데 두 행성은 타원형 궤도를 그리기 때문에 이런 시기는 26개월마다 한 번씩 돌아온다. 만약 당신이 가장 최적의 시기에 출발하려고 한다면 6만 년 만에 지구와 화성이 〈역사상〉 가장 가까이 근접했던 지난 2003년의 시기를 이미 놓쳐버렸다. 이제 두 행성은 2287년까지 다시는 그만큼 가까이 있지는 않을 것이다.

만약 당신이 시속 약 100킬로미터의 속도로 우주를 주행할 수 있는 자동차를 소유하고 있다면 화성까지 가는 데는 256년이 걸릴 것이며 화성에 도착하기 전에 "아직도 도착하지 않았단 말이야?"라는 말을 수없이 하게 될 것이다. 하지만 만약 당신이 빛의 속도로 이동할 수 있는 우주선을 소유하고 있다면 화성까지는 불과 몇 분이면 충분할 것이다. 그런 속도를 낼 수 없기 때문에 이제까지 지구에서 발사했던 최신 우주탐사선은 화성에 도달하기까지 최소 128일에서 최대 333일 정도 걸렸고, 따라서 당신은 기밀구조의 깡통 안에서 약 9개월 동안 꼼짝없이 갇혀 있어야 할 것이다. 그리고 만약 지구로 돌아오고 싶다면 2년 동안 계획을 세워야 하는데 지구가 귀환하기에 적절한 위치에 있는지 확인하기 위해 화성에서 수개월을 기다려야 하기 때문이다. 만약 당신이 무작정 다시 이륙해 태양 주위를 도는 궤도를 따라서 간다면 처음 출발했던 지점에 도착했을 때 지구는 그 자리에 없을 것이다. 이건 골치 아픈 문제다.

2022년에 일론 머스크는 최초로 인류가 화성에 착륙하는 날을 2029년으로 연기했다. 그때는 지구와 화성 간의 거리가 약 9,700만 킬로미터까지 단축되는 시기다. 지구와 화성 간의 평균거리가 약 2억 2,500만 킬로미터인 것을 감안하면 이것은 엄청난 지름길과도 같은 것이다. 만약 당신이 화성 여행을 예약하고자 한다면 다음의 날짜들이 도움이 될 것이다. 2031년 5월, 2033년 6월, 2035년 9월, 2037년 11월, 2040년 1월. 만약 화성으로 여행을 떠나는 100만 번째 사람이 되는 행운을 얻고 싶다면 2050년 8월을 시도해 보라. 어쩌면 머스크는 그해 자신의 79세 생일을 화성에서 축하할지도 모른다. 물론 아닐 수도 있다.

화성은 큰 도전이다. 누군가 화성에 유인 착륙하는 기한을 제시한다면 거기에 무조건 5년을 추가해라. 그마저도 최소한의 수치다. 온라인에는 2020년대에 인간이 화성 표면에 도착할 거라고 소개하는 2013년, 2014년, 2015년 기사들로 가득하다. 네덜란드 기업인 마스원은 2023년이면 인간을 화성에 착륙시킬 수 있다고 말하면서 투자자들로부터 수천만 달러의 자금을 유치했다. 하지만 2019년에 파산을 선언했다. NASA는 어쩌면 2033년에 인간이 화성 궤도를 돌 수도 있으며 2039년에는 사람들이 화성의 표면에 착륙하게 되리라 전망한다. 반면 중국은 2040년에서 2060년 사이라는 합리적인 기한을 설정하고 있지만 그들은 항상 장기적인 관점으로 바라보는 경향이 있다.

현재는 최신형 로버들이 화성 표면을 탐사하고 측량하고 있다. NASA의 화성 탐사 로버인 큐리오시티는 2012년에 도착한 이후로 약 30킬로미터를 이동했다. 퍼서비어런스는 2021년에 배치된 이후로 15킬로미터나 이동하고 있다. 이 둘 이후에 중국의 로버 주룽이 화성에 합류했고 유럽우주국은 2028년에 자체적으로 제작한 로버를 보내고자 한다. DNA의 이중나선 구조를 밝히는 데 중요한 역할을 한 영국의 여성 과학자 로잘린드 프랭클린의 이름을 따서 명명한 이 화성 탐사 로버는 2022년에 러시아 로켓에 실려 발사될 예정이었지만 러시아의 우크라이나 침공으로 무산되었다.

최초로 화성에 거주하는 사람들은 이주하기 전에 건설자들을 먼저 올려보낼 것이다. 로봇 우주선은 우주비행사들이 생존에 필요한 것들을 더 많이 가져갈 수 있도록 무거운 것을 들고 내리는 작업, 건설 작업 등을 수행할 것이다. 또 다른 우주선이 지구로 귀환할 연료를 실은 채 화성 궤도나 표면에서 대기할 수 있기 때문에 우주비행사들은 그들의 우주선에 많은 연료를 싣고 다닐 필요는 없다.

최초의 화성 정착민들이 직면할 문제 중 하나는 화성의 기온이 다소 쌀쌀하다는 것인데 밤에는 영하 63도까지 떨어진다. 또 다른 문제는 희박한 산소 탓에 숨을 쉴 수가 없다는 것이다. 물론 우리가 달에서 계획하고 있는 것처럼 산소를 만들어낼 방법은 있지만 그렇게 되면 거주지가 소규모로 제한되고 행성에 제대로 정착하기가 어려워진다. 그러니 테라포밍(terraforming, 다른 행성을 인간이 살 수 있는 환경으로 만드는 작업)을 시도해 보자. 2019년에 일론 머스크는 "화성에 핵폭탄을 터뜨리자!"라는 글을 트위터에 올리기도 했다. 화성의 토양과 극관(polar caps, 화성의 극에서 얼음으로 덮여 하얗게 빛나 보이는 부분)에 저장된 이산화탄소와 다른 가스들을 배출시켜 온실효과를 일으켜 행성을 따뜻하게 하기 위해 핵폭탄을 터뜨리자는 것이다. 기후변화가 이와 같은 거라면 기후변화 자체를 좋은 것으로 볼 수도 있다. 다만 모든 과학자들이 화성의 표면에 대기를 따뜻하게 할 만큼 충분한 이산화탄소가 있다는 것에 동의하는 것은 아니며, 실제로 일부 과학자들은 핵폭발로 인해 핵겨울(핵전쟁 같은 대규모 핵폭발 시 나타날 것으로 예상되는 저온현상)이 일어날 수도 있다고 말한다. 그렇다 해도 이것은 하나의 견해이며 머스크가 말하는 것처럼 "실패는 하나의 옵션이다."

머스크는 낙관론자다. 그는 스스로 2050년까지 화성에 100만 명이 거주할 수 있는 도시를 건설하겠다는 데드라인을 설정했다. 오타가 아니다. 분명히 100만 명이다.

그 계획은 다음과 같다. 먼저 재사용이 가능한 1,000대의 스타십 우주선을 제작한다. 일단 최초의 개척자들이 기본적인 기반시설을 구축하면 당신은 티켓을 구입한 후에 우주선을 타고 화성에 도착해 직업을 구한다. 머스크가 공개적으로 말한 것처럼 그의 목표는 티켓의 가격을 평균적인 집 한 채 가격으로 맞추는 것이다. 그러면 화성행 티켓을 구하기 위해 주택 소유자들은 집을 팔 수도 있을 것이다. 무엇보다 지구로 돌아올 확률은 앨버커키에서 덴버(두 도시 모두 미 서남부에 위치해 있으며 비행기로 네 시간이 채 안 걸린다)로 이주할 가능성보다 적다. 머스크도 이것을 인정했다. 그는 화성행 티켓을 팔기 위한 광고가 어니스트 새클턴이 1908년에 남극 탐험을 위해 만들었다고 알려진 광고와 비슷할 거라고 시사했다.

"위험한 여정에 참여할 사람을 구함. 적은 임금, 혹독한 추위, 수개월 동안의 완벽한 어둠, 끝없는 위험, 무사 귀환은 불확실. 하지만 성공 시에는 명예와 영광."

머스크는 자기 생전에 로켓을 타고 자신이 상상하는 화성의 자급자족 도시에 갈 수 있을 확률은 70퍼센트라고 말한다. 이는 믿기 어려운 말이지만 그에게는 온갖 실수에도 불구하고 과감히 꿈에 도전한다는 찬사가 쏟아진다. 그의 말처럼 "인생은 그저 문제를 해결해 나가는 것이 아니다. 자신에게 영감을 주고 마음을 움직이게 하는 것들이 있어야 한다." 더불어 그는 이런 말도 남겼다.

"나는 화성에서 죽고 싶습니다. 다만 충돌로는 말고요."

머스크와 동료 정착민들에게 필요한 것은 여정 도중에 건강을 유지하는 방법일 것이다. 무중력 상태에서 장기간의 임무를 수행하면 많은 건강상의 문제들이 생긴다. 단기적으로는 우주멀미가 발생할 수도 있다. 그 증상에는 구토, 현기증, 방향감각 상실, 심지어 환각까지 포함된다. 이것은 대체로 며칠 지나면 사라지지만 장기적인 문제라면 무중력 상태에서 더 심해진다.

체액은 우리 체중의 약 60퍼센트를 차지하며 중력으로 인해 우리

몸의 하반신에 모이는 경향이 있다. 인간은 지난 수십만 년 동안 직립보행을 해왔기 때문에 우리는 직립한 상태에서 심장과 뇌에 충분한 혈액이 공급되도록 인체 조직을 진화시켜 왔다. 따라서 우주에 있다고 해서 몇 개월 만에 진화가 중단되지는 않을 것이며 우리의 인체 조직은 무중력 상태에서도 기능을 수행할 것이다. 하지만 그 결과 우리 몸의 상반신에 체액이 증가하는데 이것이 바로 우주비행사들의 얼굴이 붓는 이유다. 하지만 더 큰 문제는 중력이 없으면 심장이 그렇게 강하게 박동할 필요가 없고 그로 인해 심장 기능이 약해진다는 것이다. 이것은 신체의 모든 근육도 마찬가지며 그 결과 몸이 수척해지기 시작한다. 심장이 약해진다는 것은 혈압이 낮아진다는 의미이며 그에 따라 뇌에 공급되는 산소의 양 또한 감소할 수 있다. 이런 상태는 어떤 경우라도 바람직하지 않지만 특히 당신이 로켓공학 분야에 종사하는 사람이라면 확실히 좋지 않다.

하중이 실리지 않으면 우리의 뼈도 약해지고 부러지기 쉬운데, 특히 척추와 엉덩이처럼 하중을 지지하는 부위의 뼈들이 약해진다. 우주에서 고작 3개월을 보낸 우주비행사들의 뼈는 회복되기까지 최대 3년이 걸릴 수 있다.

이것이 바로 우리가 국제우주정거장에 있는 우주비행사들이 운동기구를 사용하는 모습을 보게 되는 이유다. 다소 성가시기는 해도 수영이 도움이 될 수 있지만 물이 협조하지 않을 것이다. 우주에서는 체육관은 규모가 작아도 운동기구는 훨씬 더 무거워야 할 것이다. 이런 문제는 화성에서도 나타나겠지만 그 정도는 덜할 것이다. 화성의 중력은 지구의 약 38퍼센트 수준이기 때문이다.

회전하는 우주 도시, 로켓에 달린 돛, 그리고 인간의 마음
—

아마존 창업자이자 머스크의 우주 경쟁자인 제프 베조스는 독자적인 발상을 하고 있다. 그는 자신이 장기적인 문제들이라고 부르는 것을 연구하고 있다. 즉 지구의 에너지 공급이 고갈될 것이라는 문제 말이다. 그의 해결책은 앞서 살펴보았던 것처럼 아예 도시 자체를 우주로 옮기는 것이다. 프린스턴 대학의 물리학자 제러드 오닐의 저서 『하이 프런티어 The High Frontier』에서 영감을 받은 베조스는 지구 근처에 자리 잡은 1마일 폭의 밀폐된 바퀴 모양의 〈회전하는 도시〉를 구상하고 있다. 그것이 현실화되면 그 도시 안에 수백만 명의 사람이 거주할 수 있고 다른 구조물들에 중공업 단지가 들어설 수 있어 인구와 공해로부터 지구를 구할 수 있다. 그는 여기에 필요한 기술이 아무리 빨라도 수십 년 이상은 걸리리라는 것을 인정하지만 그의 회사가 지금부터 인프라 구축을 시작할 것이라고 말한다. 그는 자신의 회사인 블루 오리진이 2020년대 후반기 안에 민간 우주정거장을 발사할 계획이라고 말한다. 그 우주정거장은 850세제곱미터의 공간에 최대 10명의 인원을 수용할 수 있다.

베조스의 우주 도시는 저중력이나 무중력 환경에서 장기간 지낼 때 발생할 수 있는 많은 건강상의 문제에 대처해야 하는데 그 해결책으로 인공 중력을 생성하기 위해 자전을 해야 할 것이다. 그래서 회전하는 우주선은 반드시 필요하며 이것이 우리가 영화 「마션 Martian」과 「2001: 스페이스 오디세이 2001: A Space Odyssey」에서 그와 같은 구조물을 보게 되는 이유다.

하지만 너무 빠르면 안 된다! 너무 빠르게 회전하면 내이(inner ear,

귀의 가장 안쪽에 위치하며 청각과 평형감각을 담당하는 부위)의 체액에 영향을 미쳐 메스꺼움과 방향감각 상실을 유발할 수 있다. 천천히 1-2rpm 정도의 속도로 회전해야 하는데 그러려면 최소한 1킬로미터 길이의 우주선이 필요하다. 우연은 아니지만 중국과 NASA 모두 바로 이 부분에 대한 타당성 조사를 하고 있다. 양측 모두 그것이 실현되는 데는 수십 년이 걸리리라는 것을 알고 있다. 무엇보다 국제우주정거장을 건설하는 데도 10년이 걸렸으니 말이다. 하지만 그들은 조만간 해낼 것이라고 기대한다.

로켓 연료와 엔진 없이도 비행할 수 있는, 마치 항해의 시대로 돌아간 것 같은 최근의 발전이 그들에게 도움이 될 수도 있다. 거의 400년 전에 요하네스 케플러라는 천재는 이렇게 적었다. "하늘의 바람을 잘 타는 돛을 단 배가 있다면 누군가는 저 광활한 바다로 모험을 떠날 것이다." 2004년에 일본우주항공연구개발기구는 두 개의 대형 솔라 세일을 우주로 쏘아올렸다.

그것은 우주시대에 일종의 종이접기를 하는 것과도 같다. 그들은 복잡하게 접힌 패널들을 소형 로켓에 실어 규슈섬의 우치노우라 우주센터에서 발사했다. 이윽고 로켓은 두 개의 돛을 펼쳤는데 하나는 지름 10미터의 클로버잎 모양이었고 다른 하나는 주름진 부채 형태였는데 그들을 구성하는 각각의 패널은 종잇장보다 열 배는 얇았다. 일본은 접혀 있는 커다란 초경량 구조물이 우주에서 원래대로 펼쳐질 수 있다는 것을 입증했다. 현재 몇몇 국가들은 태양광 패널 역할을 하면서 동시에 놀라운 속도로 엄청난 거리를 이동하도록 우주선을 추진해줄 반사식 내열성 소재로 만든 더 크고 얇은 기본형 모델을 연구하고 있다.

우리는 태양광이 물체를 움직일 수 있는 충분한 힘을 발휘한다는 것을 알고 있다. 즉 빛 입자가 돛에 부딪히면 돛을 앞으로 밀어낸다. 일정한 태양광은 일정한 추진을 끌어내고 일정한 추진은 결국 기존 로켓 속도보다 5배 빠른 가속을 올린다. NASA의 과학자들은 이것을 〈토끼와 거북이〉 우화에 비유한다. 로켓과 솔라 세일 우주선을 동시에 발사하면 처음에는 로켓이 앞서 나갈 것이다. 하지만 솔라 세일 우주선은 점차 빨라지면서 시속 1억 킬로미터 이상 가속할 것이다. 반면 지금까지 가장 빠른 로켓 추진 우주선은 파커 태양 탐사선 Parker Solar Probe으로 최고속도가 시속 70만 킬로미터에 이른다. 달리 말해, 하나는 간신히 광속의 0.064퍼센트에 도달하는 것이고 다른 하나는 광속의 10퍼센트까지 끌어올리는 것이다.

이 정도 속도라면 런던에서 모스크바까지는 무난히 일 분 이내에, 달까지는 충분히 한 시간 이내에 도달할 수 있다. 이것은 바야흐로 현재 진행 중이다.

이론상 이런 기술은 결국 인간이 태양계를 가로질러 이동하는 데 사용될 수 있다. 하지만 여기에 수반되는 어려움을 생각하면 누군가는 이런 질문을 던질 수도 있다. "그냥 계속 로봇을 보내면 되지 않나요?" 이 질문은 저명한 천체물리학자인 도널드 골드스미스와 마틴 리스가 제기했다. 2020년에 그들은 「정말 인간을 우주에 보내야 할 필요가 있을까?」라는 제목의 기사에서 "무인 우주선이 훨씬 비용도 적게 들고, 매년 성능도 향상되고 있으며, 실패해도 아무도 죽지 않습니다"라는 말로 대답을 대신했다.

적절한 설명이다. 그들은 인간이 최초로 달에 착륙한 이후로 수백 대의 무인 탐사선이 태양계 전역에 보내졌고 국제우주정거장에서 행해지는 대부분의 과학실험은 기계가 수행할 수 있었다고 지적한다. 또 그들은 우주에서 인간이 이룬 숭고한 업적의 감정적인 선전효과를 인정하고 인간이 살 수 있는 대체 행성을 탐사하는 것에 반대하지는 않지만 안전과 실용성 측면에서 로봇이 이 부분을 충족해줄 수 있다고 믿고 있다.

이들의 주장은 인간의 우주여행에 지출하는 정부의 예산에 관해서는 더 없이 단호한 반면, 그 부분에 투자하는 민간기업에는 상대적으로 덜하다. 나는 정부와 기업 모두 몇 가지 이유에서 자금을 지출하고 인간을 우주로 보내야 한다고 생각한다. 아마도 어느 시점이 되면 지구에서 벗어날 피난처가 필요할 것이고 여기 지구에서 생활수준을 높이려면 더 많은 자원이 필요하다는 것 또한 분명한 사실이다. 이 여정을 준비하는 과정에서 과학적, 의학적, 기술적 진보가 이루어질 것이고 비록 아직은 그것이 무엇인지 알지 못하지만 아무튼 지금은 일시정지 버튼을 누를 때가 아니다.

물론 로봇이 이 상황에서 많은 것을 할 수 있고 또 그렇게 해야 하지만 로봇은 우리에게 우주에서 어떤 기분을 느끼는지, 지구에서 그토록 멀리 떨어져 있는 것이 심리적으로 어떤 감정인지 말해주지 못한다. 만약 인간적인 요소가 없다면, 그리고 마르코 폴로, 이븐 바투타, 정화, 콜럼버스, 아문센, 가가린, 암스트롱 등의 정신을 가진 후계자들이 없다면 사람들에게 이것이 우리의 미래이며 지금 하고 있는 일이 오랜 격언처럼 미래의 세대가 그늘에서 쉴 수 있도록 나무를 심는 것이라고 설득하기가 더 어려울 것이다. 역사적으로 우리 인류는 미지의 세계에 대한 유혹을 거부하지 못했다. 당연히 우리는 위험을 무릅쓰고 더 먼 곳까지 모험을 떠날 것이다. 미국의 우주비행사 유진 서넌이 말했던 것처럼 "호기심은 인간 존재의 본질"이기 때문이다.

먼 미래에 우리는

먼 미래로 가면 세상은 기묘해진다. 우주돛 같은 기술은 기상천외한 것처럼 보일지 모르지만 텔레비전과 달 위를 걷는 것도 한때는 그와 같은 범주에 속했던 것들이다. 지금은 공상과학 소설에나 나올 법하지만 이론상으로 따져보면 실현 가능한 것들도 있다.

아마도 과학적으로 가장 그럴듯해 보이는 것은 우주 엘리베이터에 대한 아이디어일 것이다. 이것은 앞서 2장에서 소개했던 러시아의 콘스탄틴 치올콥스키가 1895년에 처음 제안한 것이다. 그는 지구와 같은 속도로 자전하면서 지표면에서 지구 정지궤도까지 이어지는 타워를 상상했다. 그러면 사람들은 그 안에 물건을 실어 올려보낼 수 있다. 이게 전부다. 아주 간단하다. 21세기에 우주 엘리베이터 이론은 입증되고 있다. 그저 소재, 의지, 자금만 갖추면 되는 문제일 뿐이다. 비록 아직까지 3만 5,000킬로미터 높이의 타워 무게를 지탱할 수 있는 소재가 개발되지는 않았지만 그렇다고 해서 라이트 형제의 최초 비행기가 이륙하기도 전에 이런 상상을 한 한 남자의 선지자적 천재성이 폄하되는 것은 아니다.

우주 엘리베이터의 형태에는 지구에서 시작해 위로 올라가는 방식, 달에서 시작해 라그랑주 점을 지나 지구로 케이블을 내려보내는 방식, 지구를 거치지 않고 라그랑주 점에서 달까지 케이블을 연결하는 방식 등이 포함된다. 앞의 두 방식은 대형 로켓 없이도 적재물을 우주까지 올려보낼 수 있기 때문에 우주여행 비용이 대폭 절감된다는 장점을 갖고 있다. 당신이 어떤 보고서를 읽느냐에 따라 1미터 두께의 강철 케이블 혹은 자일론 같은 탄소 중합체를 사용해 제작할 수 있다. 음, 나라면 개인적으로 거미줄이나 인류에게 가장 질기다고 알려진 껌을 사용하겠다. 이 중 어떤 방식이든 실제로 실현 가능하다면 지구, 달, 라그랑주 점의 〈연결 지점〉에 대한 안전을 확보하는 것이 미래 국가안보 기관들의 주요 목표가 될 것이다.

한편 우주선에 관해서는 항상 전형적인 워프 속도 계수Warp Factor[19] 4.5가 나오는데, 이 수치는 수많은 웹사이트에서 진지한 사람들이 설명해 주는 것처럼 「스타트렉」에 등장하는 엔터프라이즈호의 평균 순항 속도다. 이 워프 속도 계수의 개념에는 한 가지 문제가 있다. 아인슈타인의 상대성 이론에 의하면 그 어떤 것도 빛보다 빠르게 이동할 수 없다. 따라서 워프 속도 1은 빛의 속도(광속)인데 워프 속도 7이 광속의 343배에 이른다고 하면 아인슈타인은 몹시 격노했을 것이다. 그것은 엄청나게 빠른 속도다.

다행히 이론물리학자들은 20세기의 가장 위대한 과학자의 이론이 걸림돌이 되도록 놔두지 않을 것이다. 이론상 엔터프라이즈호는 빛의 속도보다 빠르게 이동하지 않는다. 다만 그것은 빛보다 빠르게 이동하는 압축된 시공간의 〈왜곡된〉 버블 속에 있는 것이다. 이 버블이 원하는 지점에 도착하면 당신은 그 안에서 튀어나와 클링온(Klingon,

---

19 「스타트렉」 시리즈에서 사용되는 개념으로, 우주선이 빛의 속도보다 빠르게 이동할 수 있는 속도를 나타내는 비선형 척도다. 워프 계수는 빛의 속도를 기준으로 하며, 워프 1은 빛의 속도와 동일한 속도를 의미한다. 하지만 워프 계수에 따라 속도가 기하급수적으로 증가하는데 워프 2는 빛의 속도보다 약 열 배 빠른 속도를 뜻한다.

「스타트렉」에서 알파 사분면에 존재하는 호전적인 외계 종족)을 깜짝 놀라게 할 수 있다. 100미터 단거리 육상선수라면 이런 현상을 통해 이익을 볼 수 있다. 당신 앞에 있는 100미터 레인을 10미터로 압축한다면 당신은 경쟁자들보다 훨씬 빨리 결승선에 도착할 것이다.

그럼 이제 우리는 출발한다. 다만 상황은 조금 더 복잡해 보인다. 많은 문제 중 하나는 엄청난 양의 반물질(anti-matter, 반입자로 구성된 물질)을 사용해야 한다는 것이다. 반물질은 일반 물질과 반대되는 전하를 지닌다는 점을 제외하면 일반 물질과 같다. 일반 물질을 구성하는 입자 중 하나인 전자는 음전하를 지닌다. 따라서 전자의 파트너는 양전자이며 그것은 양전하를 지닌다.

반물질이 일반 물질과 충돌하면 폭발이 일어나면서 폭발의 진앙지에서 광속으로 이동하는 순수 방사선을 방출한다. 불행하게도 현재 우주에는 반물질이 많지 않다. 하지만 다행스럽게도 우리는 직접 반물질을 만들 수 있다. 유럽입자물리연구소(CERN)에 있는 것과 같은 고에너지 입자가속기는 반물질을 생성한다. 하지만 아쉽게도 CERN은 매년 고작 1~2피코그램 정도밖에 만들지 못한다. 피코그램은 1조분의 1그램이다. 이 정도로는 100와트 전구를 약 3초 동안 켤 수 있는데 성간 공간interstellar space[20] 여행을 위해서는 수 톤의 반물질이 필요하다는 점을 감안하면 이는 과학적인 용어로 표현하자면 그리 많지 않은 양이다. 하지만 화성으로 가는 여정에는 그저 100만분의 1그램이면 충분하며 NASA는 불과 수십 년 정도면 이를 달성할 수 있다

---

20 우주공간에서 별이 없는 부분을 말한다. 은하와 외부 은하 사이를 의미하며, 이상적인 진공에 가까우나 성간 물질이 포함되어 있다.

고 믿고 있다.

물론 웜홀은 항상 존재한다. 다시 말해, 이론상 당신은 출발하자마자 순식간에 먼 거리를 이동하여 어딘가에 도착할 수 있다는 뜻이다. 이 이론이 어떻게 적용될 수 있는지 설명하는 간단한 비유가 있다. 두 사람이 가운데로 접힌 침대 시트를 양끝에서 잡으면 두 겹이 된 침대 시트 사이에 공간이 생긴다. 볼링공을 위쪽에 있는 시트에 올려놓으면 가운데로 굴러가면서 시트에 굴곡이 생길 것이다. 아래쪽에 있는 시트에도 똑같은 힘이 작용하면서 위쪽으로 굴곡이 생긴다고 상상해보자. 이론상으로 만약 양쪽에 가해지는 힘이 충분히 강하다면 서로 몇 광년 정도 떨어진 두 곳을 연결하는 통로가 만들어져 두 곳 사이를 짧고 빠르게 여행할 수 있을 것이다. 이것이 바로 시간여행이다. 말도 안 되는 것 같은가?

이제 마지막으로 순간이동이 있다. 1998년에 캘리포니아 공과대학의 매우, 매우, 매우 똑똑한 몇몇 수재들이 광자(빛을 전달하는 에너지 입자)의 구조를 스캔한 후에 그 정보를 1미터 길이의 동축 케이블에 전송했고 거기서 그 광자가 복제되었다. 그들은 그 과정에서 원래의 광자가 파괴된다는 이론도 입증했다. 그 이유는 스캔을 하는 과정에 원래의 광자가 심하게 분열되어 사라지게 되면서 원본이 전송된 곳에는 복제된 광자만 남게 되기 때문이다. 이것은 본질적으로 우리가 인간을 순간이동 시킬 수 있는 단계에 도달하면 그때마다 원래의 사람은 죽이고 다른 장소에 복제 인간을 만들어야 한다는 뜻이다. 그것도 반복해서 말이다.

양자과학을 전공한 물리학자들은 캘리포니아 공과대학의 이 혁신적인 발견을 한층 보강했고 중국의 연구자들은 2012년에 광자 하나를 97킬로미터까지 순간이동 시켰지만 인간의 몸속에 있는 엄청나게 많은 원자를 복제해서 그 정보를 다른 행성으로 전송하는 것은 아직은 다소 요원해 보인다. 여러 연구에 따르면 우리가 누군가를 순간이동 시킬 수 있다고 해도 그것을 실행하려면 영국 전체에 100만 년 동안 공급할 정도의 전력이 필요할 것이라고 한다. 에너지 가격이 지금과 같다면 누가 선뜻 그것을 시작이라도 하려고 하겠는가. 하지만 현재 양자 정보 패킷을 수천 킬로미터 떨어진 곳으로 전송하는 연구가 진행되고 있다. 중국은 이미 그런 정보를 우주에 있는 인공위성에 전송했다. 여기서 얻을 수 있는 수확은 거의 해킹이 불가능한 통신 시스템이다. 하지만 중요한 것은 혹여 해킹이 된다고 해도 양자세계에서는 무언가를 관찰하면 그것이 변하기 때문에 전송자가 해킹 여부를 알 수 있다는 것이다. 대략 비유를 하자면, 당신이 자동차의 타이어 공기압을 점검할 때 아주 조금이라도 공기압이 변한다는 것이다.

이것은 불가능해 보이는 것이 어떻게 현실이 될 수 있는지를 보여준다. 우리는 계속 발전할 수 있다. 그렇다면 다른 행성들에 수많은 다양한 생명체가 존재할 가능성에 대해서는 어떻게 생각하는가? 우리 태양계 너머의 수많은 외부 행성들이 생명체가 존재할 수 있는 잠재적인 후보지들로 확인되었다. 이와 관련해 천체물리학자 닐 디그래스 타이슨은 이렇게 말한다.

"우주에 다른 생명체가 존재하지 않는다고 주장하는 것은 컵에 담아온 물을 바라보며 바다에는 고래가 없다고 주장하는 것과 다름없습니다."

그럼, 즐거운 여행 되세요!

우리는 우주의 알 수 없는 것들, 경이로운 것들, 재미있는 것들에 대해 추측하며 시간을 보낼 수도 있다. 하지만 온갖 꿈과 이론 속에서도 먼저 이 새로운 영역에서의 군비경쟁, 영토와 자원을 둘러싼 경쟁, 부족한 법적 제도와 다른 많은 부정적인 요소들과 같은 이미 우리가 당면한 도전들에 맞서야 한다.

미국의 대형 금융회사인 모건스탠리의 우주팀은 기술의 발전이 가져올 변화에 대해 언급한다. 그들은 1854년에 최초로 엘리베이터의 안전성을 공개 실연했던 사례를 제시한다. 당시에 그것이 도시 설계에 미치게 될 영향을 예측한 사람은 거의 없었지만 불과 20년 만에 뉴욕의 모든 고층빌딩은 중앙에 엘리베이터를 설치했고 건축물은 더 없이 높이 치솟았다. 재사용이 가능한 로켓 개발이 우주산업에서 비슷한 전환점이 될 수도 있다. 스페이스X가 선도하는 재사용이 가능한 로켓 덕분에 우주로 진출하는 비용이 낮아지면서 투자가 촉진될 것으로 예상되는데, 모건스탠리는 우주산업이 2040년에는 1조 달러 이상의 수익을 창출할 것으로 전망하는데 2022년에는 4,500억 달러의 수익을 창출했다.

이것은 인류가 지구에서 온실가스 순배출량이 제로가 되는 넷제로Net Zero 목표를 달성하는 데도 도움이 될 수 있다. 기술적으로 우주에서 대규모의 태양광 패널을 설치하는 것은 이미 가능한 수준이다. 그것을 통해 현재 모든 전력 수요를 충당할 수 있을 만큼 충분한 에너지를 집적해 아래쪽 지구로 보낼 수 있다. 또 우주에 공장을 건설하는 것도 가능하며 달과 소행성에서 희토류와 다른 자원들을 채굴하는 것도 가시권에 들어와 있다.

  인류의 모든 역사를 돌이켜볼 때 우리가 보편적 인간성을 인식하고 우주에서 서로 협력해 가며 부를 획득하고 또한 그 부를 공평하게 분배할 가능성은 희박하지만, 설령 각 국가와 그들이 속한 국제기구가 서로 경쟁할지라도 우리 모두를 위한 공동의 이익은 존재할 것이다. 국가가 상호 인정하는 영토에 대해 권한을 갖는다는 현재의 주권 개념을 우주에까지 투영하려는 시도가 같은 종으로서 우리의 운명을 방해하게 해서는 안 될 것이다.

  스티븐 호킹은 그의 생애 거의 마지막에 다음과 같은 말을 남겼다.

  "우주로 나가는 것이 우리를 우리 자신으로부터 구할 수 있는 유일한 길입니다. 나는 인류가 지구를 떠나야 한다고 굳게 믿고 있습니다."

  그럼, 즐거운 여행 되세요!

맺음말

우주가
우리 호모 사피엔스를 기다리고 있다

"과거는 어느 시작의 시초이며
지금까지 있었던 모든 것들은 그저 새벽의 황혼에 불과하다."
– H. G. 웰스

    우리는 항상 가만히 있지를 못하는데 그것은 우리의 유전적 구성에 기인하는 듯하다. 우리는 산 정상에 무엇이 있는지 보고 싶어 했다. 또 드넓은 바다를 항해하고 싶은 충동도 느꼈다. 이제 지구라는 영역을 완전히 파악하자 더 먼 곳으로 나아가고 싶은 순간이 찾아오는 것은 당연했고 우리는 바로 실행에 옮겼다.

    처음에 우리는 한 장소에서 다른 장소까지 걸어서 가는 데 걸리는 시간으로 거리를 측정했지만 이후에는 점차 말을 타고 가는 데 걸리는 시간, 자동차로 운전해서 가는 시간, 비행기를 타고 가는 데 걸리는 시간 등으로 측정했다. 이제 우리는 빛의 속도와 일반 계산기가 처리할 수 있는 것보다 훨씬 더 많은 자릿수를 다루는 고차원의 수학으로 옮겨가고 있다. 어떤 사람들은 "기술이 지리를 무력화한다"고 주장하지만 우주에서 기술이 해낸 것은 그간의 방정식을 바꾼 것이 전부다. 하지만 아마도 우주는 인류의 권력투쟁과 대립관계의 기나긴 역사를 뛰어넘을 만큼 광활할 것이다. 저명한 천문학자인 칼 세이건은 이렇게 말했다.

"어떤 사람이 당신과 다른 생각을 지니고 있다면 그대로 놔두세요. 1,000억 개의 은하 안에서 당신은 그런 사람을 또 찾을 수는 없을 것입니다." 아마도 그럴 것이다.

확실한 것은 우리는 지구에서 아주 멀리 떨어진 곳까지 모험을 계속하리라는 것이다. 우리는 달에 정착할 것이다. 우리는 화성과 그 너머에서 살 것이다. 비록 시간은 걸리겠지만 우리는 지금은 상상도 할 수 없는 변화를 이끌어낼 기술적인 혁신들 또한 이루어낼 것이다. 공상과학 소설가인 아서 C. 클라크는 이렇게 말했다.

"불이나 전기가 물고기의 상상력을 초월한 것처럼 그런 기술적인 혁신들도 현재 우리의 비전을 훨씬 초월한 것입니다."

하지만 시간이 우리의 발전을 저해하도록 놔두어선 안 된다. 자신들이 살아 있는 동안 완성되는 모습을 보지 못할 것을 알면서도 문명은 세대를 거듭하면서 위대한 금자탑을 쌓아왔다. 문명이라는 유산에는 이런 메시지가 담겨 있다.

"이것은 우리가 여기 있을 때 한 일이다. 이것은 우리를 위한 것이며, 또한 여러분을 위한 것이다."

과학의 영역도 마찬가지다. 2023년 3월 3일에 한 사례가 탄생했다. 세계 최초로 캘리포니아 공과대학의 과학자들이 우주에서 태양광 패널로 얻은 에너지를 빔의 형태로 지구에 전송했다. 그 태양광 패널들은 저궤도 전력전송 실험용 마이크로파 어레이(MAPLE)라고 불리는 우주선에 탑재되었다. MAPLE의 장비는 태양에너지를 마이크로파를 통해 무선으로 전송할 수 있는 형태로 전환했다. 그러면 지구의 수신 장비는 전송된 에너지를 전기로 변환했다. 그것은 적은 양이었지만 엄청난 도약이었다. 이는 불과 몇 년 후면 우리가 우주에 있는 그런 패널들에서 24시간 내내 특정한 지역들로 에너지를 전송해 국가나 지역에 공급할 수도 있다는 것을 의미한다.

그와 같은 시스템을 대규모로 구축하는 것은 무척 어려울 뿐만 아니라 비용도 많이 들 것이다. 하지만 일단 구축할 수 있다면 인류가 얻는 혜택은 어마어마할 것이다. 그렇게 되면 캘리포니아 공과대학은 우주시대의 위대한 금자탑인 스푸트니크, 아폴로, 소유스, 국제우주정거장, 그리고 현재의 아르테미스와 오리온 등과 같은 대열에 합류할 수 있을 것이다. 미래 세대는 그들을 돌아보며 만약 그들이 없었고 피타고라스, 뉴턴, 치올콥스키, 가가린, 암스트롱 같은 사람들이 없었다면 그들은 지금 있는 곳에 존재하지 못하리라는 것을 알게 될 것이다.

아마도 그때쯤이면 그들은 우리의 130억 년 여정의 첫 순간을 되돌아보며 무의 상태가 아닌 뭔가를…… 발견할 수 있을지도 모른다. 우리가 상상했던 것뿐만 아니라 상상하지 못했던 모든 경이로운 것들이 저기 우주에서 호모 사피엔스에 의해 발견되기를 기다리고 있다.

감사의 말

에브렛 돌먼 교수, 블레딘 보웬 박사, 상기타 압두 조티 교수, 폴 갓프리 공군 소장, 존 뷰 교수, 영국국립우주센터, 그리고 자신들의 소중한 시간과 지식을 너그러이 베푸시면서도 이름 밝히기를 원하지 않으신 외교계와 학계의 많은 분들께 진심으로 감사의 말을 전합니다.

그리고 항상 그랬던 것처럼 내가 원하는 것을 자유롭게 쓸 수 있게 해준 론 포사이스부터 내 글을 읽기 쉽게 다듬어준 제니 콘델과 피파 크레인, 에이미 그레이브스와 메리엔 손달까지 엘리엇&톰슨의 팀 전체에도 감사의 마음을 전합니다.

참고문헌

'African space strategy: Towards social, political and economic integration', African Union Commission, 7 October 2019; https://au.int/sites/default/files/documents/37434-doc-au_space_strategy_isbn-electronic.pdf

Ancient Origins, www.ancient-origins.net

'Apollo 11 Astronauts Return from the Moon, 24 July 1969', Richard Nixon Foundation; https://www.nixonfoundation.org/2011/07/7-24-1969-apollo-11-astronauts-return-from-the-moon/

The Artemis Accords, NASA, 13 October 2020; https://www.nasa.gov/specials/artemis-accords/img/Artemis-Accords-signed-13Oct2020.pdf

Bowen, Bleddyn E., *Original Sin* (London: Hurst Publishers, 2022)

Bowen, Bleddyn E., 'Space is not a high ground', SpaceWatch.Global, April 2020;https://spacewatch.global/2020/04/spacewatch-column-april/

Brunner, Karl-Heinz, 'Space and security – NATO's role', Science and Technology Committee, NATO Parliamentary Assembly, 10 October 2021; https://www.nato-pa.int/download-file?filename=/sites/default/files/2021-12/025%20STC%2021%20E%20rev.%202%20fin%20-%20SPACE%20AND%20SECURITY%20-%20BRUNNER.pdf

Brzeski, Patrick, '*Wandering Earth* director Frank Gwo on making China's first sci-fi blockbuster', *Hollywood Reporter*, 20 February 2019; https://www.hollywoodreporter.com/movies/movie-news/wandering-earth-director-making-chinas-first-sci-fi-blockbuster-1187681/

Brzezinski, Matthew, *Red Moon Rising: Sputnik and the Rivalries that Ignited the Space Age* (London: Bloomsbury, 2007)

Central Committee Presidium Decree, 'On the creation of an artificial satellite of the Earth', 8 August 1955, Wilson Center Digital Archive; https://digitalarchive.wilsoncenter.org/document/cpsu-central-committee-presidium-decree-creationartificial-satellite-earth

Chief of Space Operations Planning Guidance 2020, Space Force; https://media.defense.gov/2020/Nov/09/2002531998/-1/-1/0/CSO%20PLANNING%20

GUIDANCE.PDF
China National Space Administration; http://www.cnsa.gov.cn/english/
'China's film authority hails *The Wandering Earth*', *Global Times*, 22 February 2019;http://en.people.cn/business/n3/2019/0222/c90778-9548796.html
'China's Space Program: A 2021 Perspective', The State Council Information Office of the People's Republic of China, January 2022; https://english.www.gov.cn/archive/whitepaper/202201/28/content_WS61f35b3dc6d09c94e48a467a.html
Chow, Brian G., 'Stalkers in space: Defeating the threat', *Strategic Studies Quarterly*, vol. 11, no. 2 (2017); https://www.airuniversity.af.edu/Portals/10/SSQ/documents/Volume-11_Issue-2/Chow.pdf
David, Leonard, 'Is war in space inevitable?', Space.com, 11 May 2021; https://www.space.com/is-space-war-inevitable-anti-satellite-technoloy
Defence Space Strategy, Royal Australian Airforce; https://www.airforce.gov.au/our-work/strategy/defence-space-strategy
'Defence Space: Through adversity to the stars?', House of Commons Defence Committee, Third Report of Session 2022–23, 19 October 2022; https://committees.parliament.uk/publications/30320/documents/175331/default/
Doboš, B., 'Geopolitics of the Moon: A European perspective', *Astropolitics*, vol. 13, no. 1 (2015), pp. 78–87; www.doi.org/10.1080/14777622.2015.1012005
Dolman, E., 'Geostrategy in the space age: An astropolitical analysis', *Journal of Strategic Studies*, vol. 22, nos 2–3 (1999), pp. 83–106
Foust, Jeff, 'Defanging the Wolf Amendment', The Space Review, 3 June 2019; https://www.thespacereview.com/article/3725/1
Gillett, Stephen L., 'L5 news: The value of the moon', National Space Society, August 1983; https://space.nss.org/l5-news-the-value-of-the-moon/
Goh, Deyana, 'The life of Qian Xuesen, father of China's space programme', SpaceTech Asia, 23 August 2017; https://www.spacetechasia.com/qian-xuesenfather-of-the-chinese-space-programme/
Goldsmith, Donald, and Rees, Martin, 'Do we really need to send humans into space?', *Scientific American*, 6 March 2020; https://blogs.scientificamerican.com/observations/do-we-really-need-to-send-humans-into-space/
Goldsmith, Donald, and Rees, Martin, *The End of Astronauts: Why Robots Are the Future of Exploration* (Cambridge, MA: Belknap Press 2022)
Grid Assurance; https://gridassurance.com
Gwertzman, Bernard, 'US officials deny pressure on Paris to go into Chad', *New York Times*, 18 August 1983; https://www.nytimes.com/1983/08/18/world/us-officials-deny-pressure-on-paris-to-go-into-chad.html
Hayden, Brian, and Villeneuve, Suzanne, 'Astronomy in the Upper Palaeolithic?', *Cambridge Archaeological Journal*, vol. 21, no. 3 (2011), pp. 331–55; www.doi.

org/10.1017/S0959774311000400

Haynes, Korey, 'When the lights first turned on in the universe', Astronomy.com, 23 October 2018; www.astronomy.com/news/2018/10/when-the-lights-firstturned-on-in-the-universe

Hendrickx, B., 'Kalina: A Russian ground-based laser to dazzle imaging satellites', The Space Review, 5 July 2022; https://www.thespacereview.com/article/4416/1

Hilborne, Mark, 'China's space programme: A rising star, a rising challenge', China in the World, Lau China Institute Policy Series 2020; https://www.kcl.ac.uk/lci/assets/ksspplcipolicyno.2-final.pdf

Horvath, Tyler, Hayne, Paul O., and Paige, David A., 'Thermal and illumination environments of lunar pits and caves: Models and observations from the diviner lunar radiometer experiment', *Geophysical Research Letters*, vol. 49, no. 14 (2022); www.doi.org/10.1029/2022GL099710

'International Space Station legal framework', The European Space Agency; https://www.esa.int/Science_Exploration/Human_and_Robotic_Exploration/International_Space_Station/International_Space_Station_legal_framework

'Jodrell Bank Lovell Telescope records Luna 15 crash', YouTube; www.youtube.com/watch?v=MJthrJ5xpxk

'Joined by Allies and Partners, the United States imposes devastating costs on Russia', White House fact sheet, 24 February 2022; https://www.whitehouse.gov/briefing-room/statements-releases/2022/02/24/fact-sheet-joined-by-alliesand-partners-the-united-states-imposes-devastating-costs-on-russia/

Joint Statement Between CNSA And ROSCOSMOS Regarding Cooperation for the Construction of the International Lunar Research Station, 29 April 2021; http://www.cnsa.gov.cn/english/n6465652/n6465653/c6811967/content.html

Kaku, Michio, *The Future of Humanity: Terraforming Mars, Interstellar Travel, Immortality, and Our Destiny Beyond* (London: Penguin Random House, 2019)

Kameswara Rao, N., 'Aspects of prehistoric astronomy in India', *Bull. Astr. Soc. India*, vol. 33 (2005), pp. 499–511; https://www.astron-soc.in/bulletin/05December/3305499-511.pdf

Khan, Z., and Khan, A., 'Chinese capabilities as a global space power', *Astropolitics*, vol. 13, no. 2 (2015), pp. 185–204; www.doi.org/10.1080/14777622.2015.1084168

Korenevskiy, N., 'The role of space weapons in a future war', Central Intelligence Agency, 7 September 1962; https://www.cia.gov/library/readingroom/]document/cia-rdp33-02415a000500190011-3

Letter from President Kennedy to Chairman Khrushchev, 21 June 1961, Foreign Relations of the United States, 1961–1963, volume VI, Kennedy–Khrushchev Exchanges; https://history.state.gov/historicaldocuments/frus1961-63v06/d17

Li, C., Wang, C., Wei, Y., and Lin, Y., 'China's present and future lunar exploration program', *Science*, vol. 365, no. 6450 (2019), pp. 238–9; www.doi.org/10.1126/science.aax9908

Maltsev, V. V., and Kurbatov, D. V., 'International legal regulation of military space activity', *Military Thought: A Russian Journal of Military Theory and Strategy*, vol. 15, no. 1 (2006)

'Mars & Beyond', SpaceX; www.spacex.com/human-spaceflight/mars/

Massimino, Mike, *Spaceman: An Astronaut's Unlikely Journey to Unlock the Secrets of the Universe* (London: Simon & Schuster, 2017)

Memorandum of Understanding between the National Aeronautic and Space Administration and the United States Space Force, 2020; https://www.nasa.gov/sites/default/files/atoms/files/nasa_ussf_mou_21_sep_20.pdf

'Military lunar base program, volume 1', US Air Force Ballistic Missile Division, 1960; https://nsarchive2.gwu.edu/NSAEBB/NSAEBB479/docs/EBB-Moon03.pdf

'Military uses of space', Parliamentary Office of Science and Technology, December 2006; https://researchbriefings.files.parliament.uk/documents/POST-PN-273/POST-PN-273.pdf

Ministerial Statement to the Parliament of Australia by Minister for Defence Mr Stephen Smith, 26 June 2013, Hansard P7071; https://parlinfo.aph.gov.au/parlInfo/search/display/display.w3p;query=Id%3A%22chamber%2Fhansardr%2F4d60a662-a538-4e48-b2d8-9a97b8276c77%2F0016%22

Mosteshar, Sa'id, 'Space law and weapons in space', *Oxford Research Encyclopedia of Planetary Science* (2019); www.doi.org/10.1093/acrefore/9780190647926.013.74

National Tracking Poll #210264, February 12–15, 2021, Morning Consult; https://assets.morningconsult.com/wp-uploads/2021/02/24152659/210264_crosstabs_MC_TECH_SPACE_Adults_v1_AUTO.pdf

The North Atlantic Treaty, 4 April 1949; https://www.nato.int/cps/en/natolive/official_texts_17120.htm

NPP Advent, presentation on a mobile laser system to shoot down drones; https://ppt-online.org/928735

Oberg, James E., 'Yes, there was a Moon race', *Air & Space Forces Magazine*, 1 April 1990; https://www.airandspaceforces.com/article/0490moon/

'On the state and development of the space industry and the desire to fly into space', Public Opinion Foundation (FOM) Russia; https://fom.ru/Budushchee/14192

Oughton, Edward J., Skelton, Andrew, Horne, Richard B., Thomson, Alan W. P., and Gaunt, Charles T., 'Quantifying the daily economic impact of extreme space weather due to failure in electricity transmission infrastructure', *Space Weather*, vol. 15, no. 1 (2017), pp. 65–83; www.doi.org/10.1002/2016SW001491

President John F. Kennedy's Inaugural Address (1961); www.archives.gov/milestone-documents/president-john-f-kennedys-inaugural-address

'Reaction to the Soviet satellite', memo to White House staff, 15 October 1957; https://www.eisenhowerlibrary.gov/sites/default/files/research/onlinedocuments/sputnik/reaction.pdf

Reesman, Rebecca, and Wilson, James, 'The physics of space war: How orbital dynamics constrain space-to-space engagements', Center for Space Policy and Strategy, Aerospace, 16 October 2020; https://csps.aerospace.org/sites/default/files/2021-08/Reesman_PhysicsWarSpace_20201001.pdf

Sagan, Carl, *Billions and Billions* (London: Random House, 1997)

Sagan, Carl, *Cosmos* (London: Random House, 1980)

Salas, Erick Burgueño, 'Government expenditure on space programs in 2020 and 2022, by major country', Statista; https://www.statista.com/statistics/745717/global-governmental-spending-on-space-programs-leading-countries/

Sankaran, Jaganath, 'Russia's anti-satellite weapons: An asymmetric response to U.S. aerospace superiority', Arms Control Association, March 2022; https://www.armscontrol.org/act/2022-03/features/russias-anti-satellite-weaponsasymmetric-response-us-aerospace-superiority

'Satellite-derived time and position: A study of critical dependencies', Government Office for Science, 30 January 2018; https://assets.publishing.service.gov.uk/government/uploads/system/uploads/attachment_data/file/676675/satellitederived-time-and-position-blackett-review.pdf

SBSS (Space-based Surveillance System), eoPortal; https://www.eoportal.org/satellite-missions/sbss#sbss-space-based-surveillance-system

Silverstein, Benjamin, and Panda, Ankit, 'Space is a great commons. It's time to treat it as such', Carnegie Endowment for International Peace, 9 March 2021; https://carnegieendowment.org/2021/03/09/space-is-great-commons.-it-s-time-to-treatit-as-such-pub-84018

South African Astronomical Observatory, www.saao.ac.za

The Space Café Podcast, SpacewatchGlobal; https://spacewatch.global/space-cafepodcast-archive/

'Space: Investing in the Final Frontier', Morgan Stanley Research, 24 July 2020; https://www.morganstanley.com/ideas/investing-in-space

'Sputnik: The beep heard round the world, the birth of the Space Age', NASA [podcast]; https://www.nasa.gov/multimedia/podcasting/jpl-sputnik-20071002.html

'Tactical lasers', GlobalSecurity.org; https://www.globalsecurity.org/military/world/russia/lasers.htm

'Treaty on Prevention of the Placement of Weapons in Outer Space and of the Threat or Use of Force against Outer Space Objects', draft texts submitted by the Russian Federation and the People's Republic of China, 12 February 2008; https://digitallibrary.un.org/record/633470?ln=en

'Treaty on Principles Governing the Activities of States in the Exploration and Use of Outer Space, including the Moon and Other Celestial Bodies', United Nations Office for Outer Space Affairs, 19 December 1966; https://www.unoosa.org/oosa/en/ourwork/spacelaw/treaties/outerspacetreaty.html

United States Space Priorities Framework, December 2021; https://www.whitehouse.gov/wp-content/uploads/2021/12/United-States-Space-Priorities-Framework-_-December-1-2021.pdf

'USAID safeguards internet access in Ukraine through public-private-partnership with SpaceX', United States Agency for International Development (USAID) Press Release, 5 April 2022; https://www.usaid.gov/news-information/press-releases/apr-05-2022-usaid-safeguards-internet-access-ukraine-throughpublic-private-partnership-spacex

Vidal, Florian, 'Russia's space policy: The path of decline?', French Institute of International Relations (2021); https://www.ifri.org/sites/default/files/atoms/files/vidal_russia_space_policy_2021_.pdf

Weeden, Brian, '2007 Chinese anti-satellite test fact sheet', Secure World Foundation; https://swfound.org/media/9550/chinese_asat_fact_sheet_updated_2012.pdf

Whitehouse, David, *Space 2069* (London: Icon Books, 2021)

Wilford, John Noble, 'Russians finally admit they lost race to Moon', *New York Times*, 18 December 1989; https://www.nytimes.com/1989/12/18/us/russians-finallyadmit-they-lost-race-to-moon.html

Zhao, Yun, 'Space commercialization and the development of space law', *Oxford Research Encyclopedia of Planetary Science* (2018); www.doi.org/10.1093/acrefore/9780190647926.013.42

옮긴이 윤영호

한국외국어대학교 언어학과를 졸업했으며 현재 전문 번역가로 활동 중이다. 옮긴 책으로는 『자본의 미스터리』, 『아름다운 비즈니스』, 『고통 없는 변화』, 『진정성의 힘』, 『권력의 미래』, 『화폐의 전망』, 『어떻게 세계는 서양이 주도하게 되었는가』, 『공간과 장소』, 『삼성 라이징』 등이 있다.

지리의 힘 3

1판 1쇄 펴냄   2025년 4월 30일
1판 2쇄 펴냄   2025년 6월 20일

지은이   팀 마샬
옮긴이   윤영호
펴낸이   권선희
펴낸곳   사이
출판등록 제313-2004-00205호
주소 03938 서울시 마포구 월드컵로 36길 14 516호
전화 02-3143-3770
팩스 02-3143-3774

ⓒ 사이, 2025, Printed in Seoul, Korea

ISBN 978-89-93178-32-6 03300

• 잘못된 책은 구입하신 서점에서 교환해 드립니다.